权威·前沿·原创

皮书系列为
"十二五""十三五"国家重点图书出版规划项目

茶业蓝皮书

BLUE BOOK OF
TEA INDUSTRY

中国茶产业发展研究报告
（2018）

ANNUAL DEVELOPMENT AND RESEARCH
REPORTS ON CHINA'S TEA INDUSTRY
(2018)

主　编／杨江帆　李闽榕
副主编／管　曦　萧力争　陈　潜
　　　　周红杰　黎星辉　张冬川

社会科学文献出版社
SOCIAL SCIENCES ACADEMIC PRESS (CHINA)

图书在版编目(CIP)数据

中国茶产业发展研究报告.2018/杨江帆,李闽榕主编. -- 北京:社会科学文献出版社,2019.3
（茶业蓝皮书）
ISBN 978-7-5201-4428-5

Ⅰ.①中… Ⅱ.①杨…②李… Ⅲ.①茶叶-产业发展-研究报告-中国-2018 Ⅳ.①F326.12

中国版本图书馆 CIP 数据核字(2019)第 040661 号

茶业蓝皮书
中国茶产业发展研究报告（2018）

主　　编 / 杨江帆　李闽榕
副主编 / 管　曦　萧力争　陈　潜　周红杰　黎星辉　张冬川

出版人 / 谢寿光
项目统筹 / 王　绯　赵慧英
责任编辑 / 赵慧英

出　　版 / 社会科学文献出版社·社会政法分社 (010) 59367156
　　　　　　地址:北京市北三环中路甲29号院华龙大厦　邮编:100029
　　　　　　网址:http://www.ssap.com.cn

发　　行 / 市场营销中心 (010) 59367081　59367083
印　　装 / 三河市龙林印务有限公司

规　　格 / 开　本:787mm×1092mm　1/16
　　　　　　印　张:22.25　字　数:336千字
版　　次 / 2019年3月第1版　2019年3月第1次印刷
书　　号 / ISBN 978-7-5201-4428-5
定　　价 / 118.00元

皮书序列号 / PSN B-2010-164-1/1

本书如有印装质量问题,请与读者服务中心 (010-59367028) 联系

▲ 版权所有 翻印必究

编 委 会

顾　　　问	陈宗懋　江用文　王　庆　刘仲华　范增平
编委会主任	黄恒学　刘勤晋　叶乃兴
编委会副主任	李闽榕　杨江帆　王岳飞　陈荣生　张　渤 林　治　陈富桥　林　畅　林金科
主　　　编	杨江帆　李闽榕
副　主　编	管　曦　萧力争　陈　潜　周红杰　黎星辉 张冬川
编　　　委	苏祝成　尹北晖　黄建璋　陈明成　陈奕甫 陈富桥　陈秋心　贺　鼎　谢向英　周　萍 陈岱卉　林　才　黄建锋　吴芹瑶　陈祖武 彭婵娟　陈　暄
编写人员	江　铃　李新家　刘少群　陈子薇　赵先明 黄韩丹　李亚莉　单治国　高　路　杨杏敏 涂　青　汪　静　李嘉婷　付子祎　辛　颖 马玉青　陶琳琳　方　欣　熊思燕　熊　燕 季晓偲　刘芷君　吴忆源　江　明　杨洁洁 王海燕　曾文治　陈宇凡　DOAN BA TOAI

摘　要

中国是世界上最重要的茶叶生产国、贸易国和消费国，2017年中国茶叶产量272.92万吨，茶园面积达到305.49万公顷，茶叶出口35.53万吨，各项指标均位居世界前列。中国以占全球产量42.6%，茶叶出口占全球23.1%的超大体量，深刻影响和引领着全球的茶产业发展。因此，无论是中国茶叶的生产效率，还是茶叶流通的建设，抑或是国内茶叶供求的失衡，以及茶叶出口的差异化特征，对中国茶产业的现状分析和系统梳理，都具有举足轻重的作用。

基于中国在全球茶产业中的地位愈发重要，本系列皮书长期坚持用学术的视野和科学的方法，在中国茶产业整体数据较为分割和细碎的大背景下，致力于茶产业数据的整合，做到以数据为依据，结合方法和视角的创新，对中国茶产业的发展及其热点问题进行梳理和思考。在延续原有报告分析框架的基础上，结合2016年中国茶产业发展实践中出现的新问题和新现象，本报告从以下几个方面展开了相对应的分析。

1. 中国茶产业整体分析

系统梳理了2016年以来中国茶产业生产、流通、消费和文化四个领域的发展情况，特别是结合中国茶产业出现的新现象和新问题，对中国茶产业的发展不均衡、国内供求失衡、"一带一路"的茶叶出口效应、茶文化旅游等展开了分析。在此基础上提出了未来中国茶产业发展的政策建议。

2. 中国不同茶区的分析报告

延续茶业蓝皮书的传统，通过对各个茶区最新发展的分析和观察，勾画出中国茶产业近年来的动态变化及其特征。

3. 中国茶产业特色报告

围绕2016年以来茶产业的发展趋势，从宏观、中观和微观三个层面展

开细致的分析。宏观层面的分析包括中国茶叶价格现状及合理性分析、茶产业业态革命中的路径选择思考等问题，中观层面的分析包括茶产业气候品质认证体系的构建、茶产业新媒体传播方式、新时代茶叶消费特征、茶产业在部分出口国生产网络中的分工地位研究等，微观层面的分析包括茶产业企业纵向协作的分析、茶产业第三方平台大数据体系的构建等。

关键词： 茶产业　大数据　茶叶

目 录

Ⅰ 第一部分 总报告

B.1 中国茶产业发展报告（2018） …………………………………… 001

Ⅱ 第二部分 区域篇

B.2 福建茶产业发展研究报告 ………………………………………… 072
B.3 广东省茶产业发展研究报告 ……………………………………… 089
B.4 湖北省茶产业发展研究报告 ……………………………………… 115
B.5 湖南省茶产业发展研究报告 ……………………………………… 130
B.6 江苏省茶产业发展研究报告 ……………………………………… 146
B.7 四川省茶产业发展研究报告 ……………………………………… 158
B.8 云南省茶产业发展研究报告 ……………………………………… 173
B.9 浙江省茶产业发展研究报告 ……………………………………… 200
B.10 重庆市茶产业发展研究报告 ……………………………………… 218

Ⅲ 第三部分 专题篇

B.11 中国茶叶业态变革之中寻找智慧路径 …………………… 231

B.12 中国茶产业在南亚8国生产网络中的分工地位分析 ………… 242

B.13 第三方茶叶平台大数据分析系统建设探讨 ………………… 257

B.14 茶叶企业的纵向协作影响因素分析——以福建为例 ………… 268

B.15 从"气候佳"到"气候+"——福建省茶叶气候品质认证

体系的构想与实现 ……………………………………… 292

B.16 中国茶叶价格现状及合理性分析 …………………………… 298

B.17 新时代茶叶消费的特征与营销对策建议 …………………… 306

B.18 中国茶新媒体传播方式的研究与应用 ……………………… 322

Abstract ……………………………………………………… 334

Contents ……………………………………………………… 336

第一部分　总报告

Overall Reports of the Chinese Tea Industry

B.1
中国茶产业发展报告（2018）

杨江帆　管曦　谢向英　林畅　陈潜　陈奕甫*

摘　要： 通过系统梳理2016年以来中国茶产业生产、流通、消费和文化四个领域的发展情况，并结合中国茶产业出现的新现象和新问题，本章对中国茶产业的发展不均衡、"一带一路"的茶叶出口效应、茶文化经济、茶叶电子商务大数据等展开了分析。并在此基础上提出了未来中国茶产业发展的政策建议。

关键词： 茶产业　不均衡　"一带一路"　茶文化

---

* 杨江帆，福建农林大学教授、博士生导师；管曦，福建农林大学副教授；谢向英，福建农林大学副教授；林畅，福建农林大学讲师；陈潜，福建农林大学副教授；陈奕甫，福建农林大学茶叶科技与经济研究所特聘研究员。

一 茶叶生产

2016年是"十三五"规划的开局之年,也是全面建成小康社会的决胜之年。在继续夯实茶产业发展的基础、稳步推进茶产业"一带一路"建设的大背景下,2016年以来,一方面,中国茶产业继续发扬原有特色和优势,茶叶产量稳步增加,产值继续快速上涨,茶叶单产效益有所提升,与消费市场高度接轨下的茶类结构不断优化;另一方面,随着发展体量的不断扩张,中国茶产业长期以来的失衡问题逐渐凸显出来;茶叶成本呈现刚性上涨态势,对中国茶产业的影响越来越大。

(一)茶叶产量稳步增加,茶类结构不断优化

2016~2017年中国茶叶产量稳步增长,两年间全国茶叶产量增加48.03万吨,增幅为21.36%,是同期茶园面积扩张速度9.44%的2倍多,其中2016年的增长率为6.9%,低于2017年的13.49%。茶叶产量整体增长过快,既有新增茶园投产带来的规模扩张效应,也有运用新技术、新设备导致的效率改进效应。考虑到中国部分茶区(尤其是绿茶产区)大多一年只做春季一季茶叶的现状,如果进一步充分开发夏暑茶,中国的茶叶产量增速将更快,而这需要一定增速的茶叶消费与之相匹配,否则中国茶叶的产销失衡将进一步加剧。具体到中国不同产区,贵州的茶叶产量增加了177.19%,远远高于全国平均水平和其他产区,2017年贵州的产量达到了32.72万吨,位居全国第三。其他高于全国产量变动均值的还包括陕西(增幅65.57%)、山东(增幅44.83%)、海南(增幅24.42%)和江西(增幅23.00%)。传统的产茶区如江苏、浙江和安徽,则出现了部分年份产量的负增长。2016年1月和3月全国出现了大范围的寒潮和低温天气,导致以上以春季绿茶为主要产品的茶区茶叶开采期有所滞后,采摘期缩短,茶叶产量有所减少。从茶叶产量的横向比较来看,2017年位居全国茶叶产量前五位的分别是福建(44.00万吨)、云南(38.76万吨)、贵州(32.72万吨)、湖北(31.23万

吨）和四川（28.00万吨），除贵州外，其他四省的茶叶产量增长率都低于同期全国茶叶产量的平均增长率（见表1）。

表1 2016～2017年中国茶叶产量变动情况

地区	2015年茶叶产量（吨）	2016年茶叶产量（吨）	较2015年增减（%）	2017年茶叶产量（吨）	较2016年增减（%）	2015～2017年茶叶产量增长率（%）
江苏	14469	13951	-3.58	14298	2.49	-1.18
浙江	172530	172185	-0.20	179000	3.96	3.75
安徽	112915	112141	-0.69	134300	19.76	18.94
福建	402328	426834	6.09	440000	3.08	9.36
江西	51868	57528	10.91	63871	11.03	23.14
山东	18909	21648	14.49	27418	26.65	45.00
河南	64855	68571	5.73	67451	-1.63	4.00
湖北	268774	296097	10.17	312347	5.49	16.21
湖南	175704	186049	5.89	197448	6.13	12.38
广东	79344	86797	9.39	90100	3.81	13.56
广西	63593	68065	7.03	79434	16.70	24.91
海南	864	975	12.85	1075	10.26	24.42
重庆	35173	37036	5.30	36949	-0.23	5.05
四川	248414	267741	7.78	280000	4.58	12.72
贵州	118031	141285	19.70	327170	131.57	177.19
云南	365840	384480	5.10	387560	0.80	5.94
陕西	53987	62136	15.09	89387	43.86	65.57
甘肃	1302	1327	1.92	1348	1.58	3.53
合计	2248900	2404846	6.93	2729156	13.49	21.36

数据来源：中华人民共和国农业部种植业管理司，历年《中国农村统计年鉴》。表2同。

分析自2000年以来中国茶叶产量的变化，可以看出虽然整体产量增长率达到292%，但是基于不同时间段的分析来看，无论是产量绝对值的阶段性增加，还是阶段性的增长率，中国茶叶产量都扩张得越来越快。2000～2005年、2005～2010年和2010～2017年三个时间段的产量增速分别为36.8%、57.8%和85%，同期产量分别增加251530、540204和1254098吨。2000年以来，福建、四川、云南三省贡献了整个中国茶叶产量增加量的45.5%，成为中国当前产量居于前三的茶区，其中福建和云南在2000年就

是中国茶叶产量第一和第三的省份，而2000年全国产量位居第二的浙江，近年来茶园扩张较为温和，茶叶产量17年间仅仅增加53.84%，2017年的茶叶产量已经退到全国第七。横向比较来看，2000~2017年产量增速最快的是贵州、陕西和山东，增幅分别达到16.8倍、13.6倍和11.2倍，仅有浙江、江苏和海南的茶叶产量增幅小于1倍，海南甚至出现了茶叶产量的负增长（见表2）。整体来看，中国不同茶区基本上都保持着一定的增长，而不同茶区多样化的茶类和多元化的品种，对于21世纪以来中国茶叶消费碎片化、区域化的趋势，无异于一种良好的匹配。

表2 2000~2017年中国茶叶产量的动态变化

地区	2000年茶叶产量（吨）	2005年茶叶产量（吨）	2010年茶叶产量（吨）	2017年茶叶产量（吨）	2000~2017年增长率（%）	2000~2017年增长量（吨）	不同茶区的增长贡献率（%）
江苏	12029	12068	14861	14298	18.86	2269	0.11
浙江	116352	144370	162746	179000	53.84	62648	3.06
安徽	45376	59619	83276	134300	195.97	88924	4.35
福建	125969	184826	272616	440000	249.29	314031	15.35
江西	15703	16691	29808	63871	306.74	48168	2.35
山东	2254	6645	11924	27418	1116.42	25164	1.23
河南	9163	16902	42732	67451	636.12	58288	2.85
湖北	63703	84976	165709	312347	390.32	248644	12.15
湖南	57294	71978	117678	197448	244.62	140154	6.85
广东	42124	44465	53319	90100	113.89	47976	2.35
广西	17923	26181	39158	79434	343.20	61511	3.01
海南	2239	950	1227	1075	-51.99	-1164	-0.06
重庆	14526	16545	25237	36949	154.36	22423	1.10
四川	54513	97941	169276	280000	413.64	225487	11.02
贵州	18376	22915	52262	327170	1680.42	308794	15.09
云南	79396	115880	207341	387560	388.14	308164	15.06
陕西	6126	11382	25052	89387	1359.14	83261	4.07
甘肃	257	520	836	1348	424.51	1091	0.05
合计	683323	934854	1475058	2729156	299.39	2045833	100.00

从不同茶类的产量来看，相较于 2016 年，2017 年我国六大茶类普遍增产，其中绿茶增产 10.24 万吨，达到 169.0 万吨，增长 6.45%；黑茶（含其他茶）增产 6.86 万吨，达到 35.91 万吨，增长 23.6%；红茶增产 13.33 万吨，达到 35.16 万吨，增长 61.0%；乌龙茶增产 0.57 万吨，达到 29.13 万吨，增长 2.0%；白茶增产 0.84 万吨，达到 3 万吨，增长 38.5%；黄茶达到 6729.7 吨。随着消费市场的茶类板块轮动，黑茶和红茶产量在 2017 年分别排在六大茶类的第二和第三，而乌龙茶近些年的产量增幅明显放缓。从不同茶类的主产茶区分布来看，云南、湖北和贵州的红茶生产快速崛起，福建作为世界红茶的发源地，红茶产量虽然仍排在全国第二，但是增长幅度明显低于云贵鄂；绿茶的生产主要在四川、贵州、湖北和云南，传统绿茶优势产区如浙江和安徽仅排在全国绿茶生产的第五位和第七位；乌龙茶区中，传统的优势茶区福建和广东两省的乌龙茶产量约占全国乌龙茶总量的 95%；黑茶生产省份中，云南、湖南和湖北三省约占到全国黑茶产量的 78.6%；白茶和黄茶方面，福建和安徽的领先地位仍然较为突出。整体来看，贵州延续着之前的发展速度，继续挖掘优越的生态环境，在各大茶类上都有所发展，成为后进茶区中发展最快的地区（见表 3）。值得关注的是，越来越多的产区都不再从事单茶类生产，而是逐步转入多茶类的生产加工。2017 年，有统计数据的 18 个产茶区中，浙江、湖北、湖南、贵州和广西 5 省区实现了 6 大茶类的全茶类覆盖，这种打破地域界限，不再强调地区特色优势茶类的发展道路，对于中国茶产业强调地域和环境的传统，是一种全新的挑战，有助于形成不同茶区之间的良性竞争和互动，对于未来中国茶产业的发展，有着重要的推动作用。

表 3　2016～2017 年中国茶叶不同茶类产量情况

单位：吨

地区	绿茶 2016	绿茶 2017	红茶 2016	红茶 2017	青茶 2016	青茶 2017	黑茶及其他茶 2016	黑茶及其他茶 2017	白茶 2016	白茶 2017	黄茶 2016	黄茶 2017
江苏	11296	11102	2500	3121	—	0	152	75	4	0	—	0.02
浙江	166169	163955	1349	7100	—	360	4666	7050	—	480	—	55
安徽	104423	120040	5986	9570	31	330	1557	210	144	0	—	4150
福建	129962	131000	49947	51000	228256	233000	1186	0	17483	25000	—	0

续表

地区	绿茶 2016	绿茶 2017	红茶 2016	红茶 2017	青茶 2016	青茶 2017	黑茶及其他茶 2016	黑茶及其他茶 2017	白茶 2016	白茶 2017	黄茶 2016	黄茶 2017
江西	46988	50091	5837	12188	787	1586	2919	0	955	0	42	6
山东	21648	24046	—	3368	—	4	0	0	—	0.23	—	0.16
河南	63567	55375	5004	8756	—	0	0	3317	—	3	—	0
湖北	212117	199302	31177	48372	1533	2572	49545	61794	1315	267	410	40
湖南	78384	85023	21348	24257	3310	3315	82941	81352	32	1558	36	1943
广东	33471	36800	5707	9800	39989	43400	7621	0	—	0	9	100
广西	43432	31298	16470	30650	315	1512	7846	15900	2	68	—	5.5
海南	421	1005	388	70	—	—	166	0	—	0	—	0
重庆	31940	31387	3719	4300	49	600	1313	662	16	0	—	0
四川	223804	240700	4419	15200	5438	2800	33501	21000	473	0	106	300
贵州	116237	255220	7146	42819	769	1025	15803	25480	1268	2496	62	130
云南	244613	170436	54284	77122	5122	750	80458	139072	3	180	—	0
陕西	58204	82373	3082	3810	—	22	850	3182	—	0	—	0
甘肃	1327	1218	—	130	—	0	0	0	—	0	—	0
合计	1588003	1690371	218363	351633	285599	291276	290524	359094	21695	30052	665	6729.7

数据来源：2016年数据来自《中国农村统计年鉴》，2017年数据根据中华人民共和国农业部种植业管理司提供的数据整理所得。由于统计口径并不完全一致，本文做了适当调整。"—"代表数据不可得。

（二）茶叶产值继续上涨，茶叶单产效益有所提升

2016年中国茶叶产值达到1360亿元，较2015年增加59亿元，增幅为4.58%。从不同的区域来看，贵州无论是产值的增幅还是绝对值增加，均位居全国第一，2016年贵州茶叶产值达到126.5亿元，增幅为35.15%。此外，福建、浙江和四川的茶叶产值分别增加15.6亿元、11.4亿元和8.2亿元，分别位列贵州之后排名2~4位，在产值的增长率方面，海南、广东、广西和江西则以超过10%的增长率位居全国2~5位。值得关注的是，2016年河南出现了茶叶产值的大幅度下降，茶叶产值减少34.3亿元，而江苏和安徽的茶叶产值也出现了不同程度的下降（见表4）。2010年以来，福建、云南、四川、浙江和湖南等5省份先后提出打造千亿茶产业的目标，随着茶产业

链中种植业环节的产值增幅放缓,其增长潜力有限,未来茶产值提升的重点将日益集中到产业链后端如茶叶衍生品和深加工产品开发、茶文化旅游上。

表4 2016年中国茶叶产值变动情况

地区	2015年茶叶产值（亿元）	2016年茶叶产值（亿元）	较2015年增（％）	较2015年增（亿元）
江苏	49.5	48.30	-2.42	-1.2
浙江	144.0	155.40	7.92	11.4
安徽	54.1	53.70	-0.74	-0.4
福建	204.2	219.80	7.64	15.6
江西	12.6	13.90	10.32	1.3
山东	17.2	18.60	8.14	1.4
河南	190.0	155.70	-18.05	-34.3
湖北	131.5	138.50	5.32	7
湖南	100.9	105.90	4.96	5
广东	30.4	35.70	17.43	5.3
广西	24.8	27.60	11.29	2.8
海南	0.60	0.80	33.33	0.2
重庆	14.00	14.70	5.00	0.7
四川	122.00	130.20	6.72	8.2
贵州	93.6	126.50	35.15	32.9
云南	74.9	76.90	2.67	2
陕西	35.8	37.90	5.87	2.1
甘肃	0.5	0.50	0.00	0
合计	1301.00	1360.60	4.58	59.6

数据来源：历年《中国农村统计年鉴》。

注：由于不同统计口径得出的2017年数据相差较大,本文只使用《中国农村统计年鉴》提供的数据,该数据目前只截止到2016年。

2015~2017年,中国茶产业的亩产量继续增加,这主要源于大量新增茶园进入投产期,且新增茶园大多使用新品种。由于中国茶区多达20个省（直辖市、自治区）,多数茶区都生产加工多茶类且主产茶类各不相同,这导致无法通过分解得到某个茶区某一具体茶类的茶园规模,进而无法对不同茶区相同茶类的产值效益展开对比分析。但是中国茶产业自20世纪90年代中后期就进入了竞争主导的新时代,以满足消费者和市场需求为目标,不同

茶区间的竞争早已不再表现为相同茶类的竞争,更多体现为不同茶类之间的竞争,如安溪铁观音、武夷岩茶、普洱茶、白茶、红茶等不同茶类间的竞争,就远大于同一茶类内部的竞争,进而表现为不同年份茶叶市场上的"板块(茶类)轮动"。各个茶区也在根据市场主导产品积极调整内部茶类结构,其茶叶产值在一定意义上可以综合反映茶产业的生产规模及其市场效应。

从全国层面来看,全国整体茶园的亩产量由2015年的53.71千克增加到2017年的59.56千克,增幅达到10.9%。从不同茶区来看,基于主产茶类的生产季节性和品种特点,茶园亩产与不同地区主产茶类呈现出一定的关联性。2017年福建和广东的亩产均超过100千克,分别达到了115.8千克和105.6千克,可能的解释一是当地作为乌龙茶主产地茶叶大多为无性系品种,二是这些乌龙茶产区每年茶季多达3~4季,包括春茶、夏暑茶和秋茶等。湖南和云南作为全国黑茶和普洱茶的主产区,茶园亩产量也达到90.24千克和72.21千克。在传统以绿茶为主的茶区如浙江、江苏、安徽、湖北和四川,茶园亩产的年度变化并不大,基本都在60千克以内,这与传统绿茶产区每年大多只生产春茶一季茶有关。

从干茶单价的年度变动情况来看,整体上中国茶叶的单价由2015年的57.85元/千克下降到2016年的56.58元/千克,略有下降。从分省层面来看,江苏和河南的茶叶单价最高,分别达到了346.21元和227.06元,浙江作为中国名优绿茶的主产区,茶叶单价达到了90元,贵州作为后发崛起的茶叶省份,单价为89.5元,接近浙江(见表5)。但需要注意的是,这里的单价并不能完全反映中国茶产业整体的价格情况,原因在于受茶叶销量数据可得性的限制,目前全国层面并没有完整的历年茶叶销售的相关数据,因此茶叶产量并不能完全等同于茶叶销量。而已有的研究大都利用当年茶叶产值与茶叶产量的比值来估算茶叶价格,这会导致茶叶单价被低估。管曦等(2017)利用中国三大茶叶市场的年度销售数据尝试拟合了中国茶叶国内市场供求的相关数据,得出中国茶产业供大于求的现状,供求之间的差距大于20%。因此,只有在充分考虑各茶区历年的茶叶销售数据后,才可以得出更为准确的茶叶单价数据。

表5　2016～2017年中国茶叶亩产量和单价

地区	干茶单价(元/千克) 2015年	2016年	2017年	亩产量(千克/亩) 2015年	2016年	2017年
江苏	342.11	346.21	—	28.54	27.52	28.04
浙江	83.46	90.25	—	59.13	58.27	59.77
安徽	47.91	47.89	—	44.83	43.52	49.74
福建	50.75	51.50	—	107.23	113.22	115.79
江西	24.29	24.16	—	40.62	42.55	42.58
山东	90.96	85.92	—	49.37	53.58	44.73
河南	292.96	227.06	—	37.93	38.63	28.13
湖北	48.93	46.78	—	55.28	58.16	58.93
湖南	57.43	56.92	—	89.28	89.40	90.24
广东	38.31	41.13	—	107.08	108.90	105.63
广西	39.00	40.55	—	61.50	63.26	72.21
海南	69.44	82.05	—	43.20	42.39	46.74
重庆	39.80	39.69	—	58.72	58.32	47.13
四川	49.11	48.63	—	51.47	52.16	56.00
贵州	79.30	89.54	—	18.78	21.42	45.59
云南	20.47	20.00	—	57.41	58.93	62.56
陕西	66.31	61.00	—	28.22	30.43	35.61
甘肃	38.40	37.68	—	7.11	7.06	7.57
合计	57.85	56.58	—	53.71	55.25	59.56

数据来源：根据2016年和2017年《中国农村统计年鉴》提供的数据整理所得。

（三）茶产业发展区域性和阶段性的不平衡

经历了2014～2015年较为温和的扩张后，中国茶产业规模在2016～2017年继续保持增长，年度茶园面积分别增加3.96%和5.27%，2017年末中国茶园面积达到4582.3万亩，较2015年末的4187.1万亩，增加9.44%。虽然茶园总体面积增长较为温和，但是茶产业发展的不平衡问题日益突出，这种不平衡一是反映在不同区域的茶园规模扩张上，即传统茶区和新兴茶区在茶园的规模化扩张上呈现出完全不同的态势；二是反映在不同时间段的茶园规模化扩张上，茶园规模增长越来越快。

从表6可以看出，与2015年相比，2017年传统茶区福建、浙江、四川和云南的茶园基本保持稳定，甚至出现了部分茶区茶园面积逐步缩小的态势，如四川和云南的茶园规模有所收缩，2017年较2016年出现了一定程度的负增长，福建和浙江的茶园增长率也基本维持在1%～2%之间。但部分新兴茶区继续保持较快的扩张速度，如河南、山东和重庆2015～2017年的茶园增长率达到了30%以上。贵州作为中国茶园面积最大的省份，虽然2015～2017年间整体茶园扩张的增长率为14.19%，但是由于贵州茶园规模整体基数较大，两年间增加茶园89.2万亩，而同期中国茶园整体规模扩张395.2万亩，贵州占了其中的43.27%，成为中国新兴茶区的领头羊。在这些新兴茶区，茶产业日益成为地区支柱产业，在地方精准扶贫、带动农户致富、创造农业就业等方面发挥了重要作用。

表6　2016～2017年中国茶园面积变动情况

地区	2015年茶园面积（万亩）	2016年茶园面积（万亩）	较2015年增减（%）	2017年茶园面积（万亩）	较2016年增减（%）	2015～2017年茶园增长率（%）
江苏	50.7	50.7	0.00	51.0	0.59	0.59
浙江	291.8	295.5	1.29	299.5	1.35	2.64
安徽	251.9	257.7	2.32	270.0	4.77	7.19
福建	375.2	377.0	0.48	380.0	0.81	1.28
江西	127.7	135.2	5.88	150.0	10.99	17.46
山东	38.3	40.4	5.49	61.3	51.92	60.05
河南	171.0	177.5	3.77	239.8	35.14	40.23
湖北	486.2	509.1	4.72	530.0	4.11	9.01
湖南	196.8	208.1	5.72	218.8	5.17	11.18
广东	74.1	79.7	7.49	85.3	7.09	15.11
广西	103.4	107.6	4.06	110.0	2.28	6.38
海南	2.0	2.3	15.38	2.3	2.22	15.00
重庆	59.9	63.5	6.02	78.4	23.56	30.88
四川	482.6	513.3	6.37	500.0	-2.59	3.61
贵州	628.4	659.7	4.99	717.6	8.78	14.19
云南	637.2	652.4	2.38	619.5	-5.04	-2.78
西藏	0.9	0.8	-16.67	—	—	—
陕西	191.3	204.2	6.75	251.0	22.95	31.21
甘肃	18.3	18.8	2.46	17.8	-5.07	-2.73
合计	4187.1	4352.9	3.96	4582.3	5.27	9.44

数据来源：中华人民共和国农业部种植业管理司。"—"代表数据不可得。

从更长的时间来看，如表7所示，2000~2017年，中国茶园规模的变化在不同时间段呈现出一定的差异。2000年全国茶园规模仅为1633.5万亩，到2005年仅增加394.65万亩，达到2028.15万亩，增幅为24%；2005~2010年中国茶园规模扩展达到927.3万亩，扩展速度达到45%；2010~2017年更是新增茶园1626.85万亩，增加55%。茶园规模化扩张速度越来越快，新增茶园越来越多，考虑到茶园整体基数不断上涨，可以看出中国茶园的阶段性扩张速度不断加快。从区域分布来看，17年间，贵州的茶园规模扩张近10倍，达到967.86%，此外甘肃和河南的扩张速度分别为8倍和7倍左右，从茶园扩张的绝对量来看，地处西南茶区的贵州、四川和云南三省，分别新增茶园650.4万亩、375.8万亩和368.4万亩，三省合计占了2000~2017年中国新增茶园的47.29%，而其他茶区的茶园整体扩张较为缓慢。

表7 2000~2017年中国茶园面积的动态变化

地区	2000年茶园面积(万亩)	2005年茶园面积(万亩)	2010年茶园面积(万亩)	2017年茶园面积(万亩)	2000~2017年增长率(%)	2000~2017年增长量	不同茶区的增长贡献率(%)
江苏	29.85	35.85	48.6	51.0	70.85	21.15	0.72
浙江	193.35	232.05	266.85	299.5	54.90	106.15	3.60
安徽	162.6	176.4	200.25	270.0	66.05	107.4	3.64
福建	193.8	232.8	301.8	380.0	96.08	186.2	6.31
江西	75.15	57.3	85.2	150.0	99.60	74.85	2.54
山东	13.2	21.75	27.45	61.3	364.39	48.1	1.63
河南	31.05	49.65	97.8	239.8	672.30	208.75	7.08
湖北	181.5	207.6	321.9	530.0	192.01	348.5	11.82
湖南	111.15	120.15	145.5	218.8	96.85	107.65	3.65
广东	64.8	54	61.2	85.3	31.64	20.5	0.70
广西	39.15	55.35	75	110.0	180.97	70.85	2.40
海南	4.95	2.25	1.8	2.3	-53.54	-2.65	-0.09
重庆	35.7	38.7	48.45	78.4	119.61	42.7	1.45
四川	124.2	228	328.35	500.0	302.58	375.8	12.74
贵州	67.2	89.55	250.8	717.6	967.86	650.4	22.06

续表

地区	2000年茶园面积(万亩)	2005年茶园面积(万亩)	2010年茶园面积(万亩)	2017年茶园面积(万亩)	2000~2017年增长率(%)	2000~2017年增长量	不同茶区的增长贡献率(%)
云南	251.1	327.75	551.55	619.5	146.71	368.4	12.49
陕西	52.95	89.25	128.1	251.0	374.03	198.05	6.72
甘肃	1.95	9.45	14.55	17.8	812.82	15.85	0.54
合计	1633.5	2028.15	2955.45	4582.3	180.52	2948.8	100.00

数据来源：农业部种植业管理司，历年《中国统计年鉴》。

由上可见，短期来看，中国的茶叶增长保持温和的速度，仅仅体现为不同茶区之间增长速度上的差异。从一个较长的时间段来看，当前的茶园规模处于螺旋式上升、增速不断加快的阶段。随着不同茶区间规模的差异不断加大，传统茶区和新兴茶区的发展愈发不同，在中国茶产业产销日益失衡的大背景下，外延式的规模扩展道路和内涵式的优化配置道路孰优孰劣，有待未来中国茶产业发展的实践去检验。

（四）茶叶生产成本刚性上升

2016年以来，中国茶叶生产成本继续上升，其中人工成本呈现出刚性上涨的态势。根据国家茶产业技术体系对全国茶叶生产成本的统计数据，2017年中国茶叶生产物质投入平均成本上涨3.61%，全国茶叶采工均价为116.9元/天，同比上涨4.94%。在部分茶区，茶叶集中采摘带来的短期劳动力短缺问题仍然严重，而各地区茶叶采工老龄化导致的采摘低效率，进一步提升了茶叶成本。由于整体茶叶生产的物质投入成本和采工成本持续上涨，各地区春茶茶青销售价格迅猛上升。

根据中国茶叶流通协会的数据，2016年中国各地茶区的采工薪酬普遍在130~150元/天，其中江苏采茶劳动力薪酬达到130~140元/天，浙江的采茶劳动力用工为120~150元/天，湖南采茶工薪酬为150元/天左右；2017年中国各地区的采茶工季节性短缺问题仍然存在，如安徽的采茶工工资120~145元/天，广西采茶工日工资一般维持在100~150元，贵州省因间歇性低温，开采未呈现井喷式的忙碌状况，因此全省采茶工的平均工资为90~150元/天。

需要注意的是，作为茶叶生产加工中的重要投入，茶叶采摘环节和加工环节的劳动力需求不仅在数量需求上并不一致，在与资本的可替代性上也存在一定的差异，导致采摘环节的劳动力成本日益成为茶叶成本的主要影响因素，劳动力成本与茶叶成本呈现互为推动的螺旋式上升过程。基于中国不同茶区茶树品种的差异性有所下降，各地鲜叶采摘期不断趋于重合，带来了短期对劳动力的大量需求。在缺乏专业采工的情况下，现有的茶叶采工大多以中老年人和女性为主，生产效率相对较低，这又推动茶叶成本进一步上涨。这也为未来的茶产业发展，尤其是机械化发展提出了新的要求，即如何能既有效替代劳动力，又保证鲜叶品质符合要求，从而大幅降低茶叶采摘环节对劳动力的季节化和集中化需求导致的高成本。

二 茶叶流通

2016年以来，随着中国茶叶产销失衡问题的日益突出，如何建设符合消费端需求的有效流通渠道，成为中国茶产业流通领域的重要问题。

（一）规模化茶叶市场建设日趋饱和

根据《中国商品交易市场统计年鉴》的最新数据，2016年我国茶叶市场商品交易额超过亿元的共有28家，具体见表8。

表8 2015~2016年全国主要茶叶市场情况

地区	市场数量（个）	总摊位数（个）	年末出租摊位数（个）	营业面积（平方米）	成交额（万元）
北京	1(1)	150(150)	150(150)	4500(4500)	39600(42000)
上海	2(2)	671(673)	669(669)	38000(38000)	66005(45907)
浙江	6(6)	12918(12648)	3009(2728)	382218(382218)	1142769(1142719)
安徽	1(1)	835(835)	827(827)	135000(135000)	187500(180462)

续表

地区	市场数量（个）	总摊位数（个）	年末出租摊位数（个）	营业面积（平方米）	成交额（万元）
福建	1(1)	2192(2090)	2192(2090)	55000(55000)	307158(277900)
山东	3(3)	1160(1160)	1160(1160)	226000(220000)	377700(353820)
湖北	2(2)	1335(1335)	1225(1303)	7600(16300)	150722(211079)
广东	3(2)	619(454)	607(454)	46560(30000)	98304(78255)
广西	2(2)	240(240)	240(240)	12500(12500)	91442(79247)
贵州	1(1)	125(120)	68(55)	4500(4200)	44300(42270)
重庆	1(1)	214(215)	214(215)	28000(28000)	38000(32000)
四川	2(1)	326(260)	326(260)	28116(30000)	78857(50000)
云南	2(2)	756(722)	756(722)	69371(60082)	88734(75672)
陕西	1(1)	1616(1616)	1616(1616)	51000(51000)	79325(78206)
全国	28(26)	23157(22518)	13059(12489)	1088365(1066800)	2790416(2689537)

资料来源：2016年和2017年的《中国商品交易市场统计年鉴》，小括号中为2015年数据。

从茶叶交易市场的分布来看，除北京和上海外，其他的茶叶市场大多以产地茶叶市场为主，贵州作为近年来快速发展的茶区，其茶叶市场的交易额达到4.43亿元，虽然拥有的125个摊位年末仅出租出去68个，但是单位出租摊位创造的交易额达到651万元，位居全国第一，这与近年来贵州茶产业产销两旺的现状基本吻合。浙江则以6个茶叶市场创造出114.28亿元的交易额，不论是茶叶市场数量还是交易额，都排在全国第一位。

虽然我国的茶叶市场发展很快，但是值得注意的是，2016年全国28家规模茶叶市场有23157个摊位，年末实际出租仅为13059个，摊位空置率为43.7%。按照茶叶市场的性质进行分类，26家茶叶市场为全年经营，在摊位数和成交额上都占据主导地位，2家茶叶市场是季节性经营，并出现了摊位空置现象，它们主要在春季经营，其他季节这些摊位基本没有业务，市场配置效率相对较低。以茶叶市场从事批发还是零售业务来进行区分，可以看出，2016年有23家茶叶市场主要从事批发业务，5家茶叶市场从事针对消费者的零售业务，茶叶批发市场主要针对中间商，因此其交易主要集中于茶季；茶叶零售市场则主要针对各个地区的消费者，常年经营，摊位基本没有空置情况（见表9）。

表9 2015~2016年中国茶叶市场性质

茶叶市场分类	市场数量（个）	总摊位数（个）	年末出租摊位数（个）	营业面积（平方米）	成交额（万元）
常年营业	26(24)	13035(12396)	12633(12063)	1013365(991800)	2248690(2177417)
季节性营业	2(2)	10122(10122)	426(426)	75000(75000)	541726(512120)
茶叶批发市场	23(22)	20528(20000)	10432(9975)	962360(953200)	2552456(2496398)
茶叶零售市场	5(4)	2629(2518)	2627(2514)	126005(113600)	237960(193139)

资料来源：2016年和2017年的《中国商品交易市场统计年鉴》，括号中为2015年数据。

2016年中国最大20家茶叶市场的情况见表10。

表10 2016年中国最大20家茶叶市场

1 浙江浙南茶叶市场有限公司（丽水市）
2 新昌中国茶市（绍兴市）
3 安溪茶叶批发市场（泉州市）
4 安徽江南第一茶市（芜湖市）
5 德州金华茶城
6 济南博茗茶叶市场
7 宜昌三峡国际旅游茶城
8 淳安千岛湖茶叶市场（杭州市）
9 西安金康茶叶街市场
10 昆明雄达茶文化城
11 广州市穗芳东兴实业有限公司
12 南宁市佳禾市场投资开发有限公司－茶叶市场
13 杭州西湖茶叶市场
14 上海大宁国际茶城市场
15 茶叶市场（成都）
16 湄潭县西南茶城（遵义市）
17 北京市京华沅茶叶市场
18 重庆恒康茶叶批发市场
19 南宁市佳禾市场投资开发有限公司－茉莉花市场
20 武义县茶城（金华市）

数据来源：2017年《中国商品交易市场统计年鉴》。

从中国 3 大主要茶叶市场的交易情况（见表 11）来看，2015～2016 年三个市场出现了不一致的变化趋势，浙南茶叶市场的交易量在基本稳定的情况下，茶叶交易额显著上涨，增幅达到 13.5%；新昌茶叶市场则出现交易量价齐升的情况，交易量达到 16632 吨，交易额达到 51 亿元，分别增加 14.4% 和 32.6%；安溪茶叶市场的交易量则由 21247 吨下降到 19346 吨，而交易额不降反升，达到 23.66 亿元，小幅上涨 1.95%。

表 11　中国 3 大主要茶叶市场历年交易情况

年份	浙南茶叶市场松阳绿茶 销售量（吨）	销售额（万元）	新昌茶叶市场大佛龙井 销售量（吨）	销售额（万元）	安溪茶叶市场安溪铁观音 销售量（吨）	销售额（万元）
2012	67758	343879	11560	233262	19117	221296
2013	51561	319715	13581	347920	22131	244941
2014	76561	461540	13400	335072	22485	252332
2015	73756	469970	15502	339351	20846	230033
2016	76193	502226	14540	384463	21247	232079
2017	76774	570105	16632	509962	19346	236607

数据来源：中国茶叶流通协会网站。

（二）茶叶电子商务持续发展

随着信息技术的进一步普及，茶叶的电子商务发展日益加速。以中国目前最大的电子商务平台阿里为例，根据阿里研究院历年的《农产品电子商务白皮书》相关资料，2015 年各类茶叶在阿里零售平台上共完成 88.14 亿元的交易额，同比增长 27.39%。2016 年该平台茶叶交易额突破 100 亿元，在所有农产品中仅次于坚果。2017 年所有的交易茶叶类别中，代用及再加工茶（包括花草茶等）、普洱茶、绿茶、乌龙茶和红茶的交易额位居前列，其中代用及再加工茶的交易额占比达到 25.44%，普洱茶的交易额达到 22.18%，绿茶、乌龙茶和红茶分别占交易额的 16%、16% 和 14%。而除乌龙茶和黄茶较 2016 年有所下降外，其他各茶叶类别的交易金额均出现了一定程度的增加。

从茶叶电子商务的买卖双方情况来看，2017年天猫平台茶叶商家的竞争不断加剧，年初约有320万家涉茶卖家，到12月份这一数字下降到2535618家，降幅达到21%。从不同交易茶叶类别来看，代用茶和绿茶商家最多，分别占总量的48%和33%。从买方的数据来看，2017年天猫平台各类涉茶访客数中，代用及再加工茶的访客达到4亿人次，绿茶、乌龙茶、红茶和普洱茶的访客人数均超过1亿人次，白茶和黑茶约为1600万人次。在客单价这一指标上，白茶的客单价为302元，位居第一，普洱和黑茶的客单价也分别达到239元和219元，而访客人数最多的代用及再加工茶客单价最低，仅为48元左右。

以双十一的销售情况（见表12）为例，2017年的双十一茶叶全品类访客数达到582万人次，比2016年增加90多万人次，客单价上涨3.25元，支付件数多出近70万件，搜索点击人数提高近24万人次。在各个茶叶类别成交金额占比上，普洱茶、白茶、代用及再加工茶相比2016年保持上升趋势，乌龙茶、红茶、绿茶、黑茶、黄茶有所下降。其中，普洱茶依然位列第一，占比由2016年的31.41%上升到2017年的35.65%，增加4.24个百分点，白茶提高0.5个百分点，代用及再加工茶提高0.36个百分点，其他茶类的占比则同比下降。这反映出线上和线下交易趋于一致，2017年线下受到热捧的白茶在线上交易也持续增长。

表12　2016年和2017年双十一天猫茶叶销售情况

年份	访客数	浏览量	卖家数	客单价	被支付卖家数	支付件数	搜索点击人数
2017	5819858	55305112	82648	215.15	18582	7447901	1456242
2016	4914619	37812219	110256	211.9	18905	6752116	1216719

数据来源：天猫年度报告。

整体来看，中国茶叶电商的市场规模已经较大，但仍然存在诸如虚假营销、以次充好、恶意竞争等问题。尤其是考虑到中国网民的年龄结构，他们大多为35岁以下的中青年群体，这部分消费群体的饮茶习惯没有完全固化，茶叶消费黏性不高，重复购买率低。茶叶中高端消费群体年龄又主要在35

岁以上，相较于网购更青睐于线下购茶。针对35岁以上群体展开相应的网络营销，这是中国茶叶电子商务未来发展的重点。

三 茶叶消费

分别从2017年中国茶叶国际市场流通状况和国内市场流通状况两个角度进行分析。从国内消费来看，2017年国内茶叶消费量仍保持上升趋势，消费的主要种类仍是绿茶，但其比例在下降，黑茶、白茶等特种茶类消费量异军突起。中档茶、大众茶的消费增长快于礼品茶和高档茶，茶叶的销售渠道也出现多样化趋势。2017年茶叶价格普遍出现小幅下降趋势。从国际贸易来看，中国茶叶出口仍呈现增长趋势，但增长势头不如世界其他茶叶出口国。其中出口利润最高的是小包装红茶，其出口增长也最为迅速，但其在中国茶叶出口中所占的比重最小，有进一步发展的潜力。近年来，随着国际经济环境的变化和中国经济的发展，人民生活水平的提高，对高品质食品、多样化食品需求的增加，人们开始重新审视并重视进口贸易。这种情况亦发生在茶叶进口中，2017年中国茶叶进口的增长远快于出口，但进口增长较不平稳，波动幅度较大。进口的茶类主要是红茶，来源于传统的产茶大国。

（一）茶叶内销

由于相关数据缺失，在国内茶叶消费的计算上，现有研究大多以年度茶叶产量与茶叶出口量的差额作为茶叶国内消费的估算值。这种估算方法隐含着一个前提，即国内茶叶供给完全等同于需求，茶叶国内市场不存在供求失衡问题。现实情况是国内茶叶供求失衡日益加剧，供求差距不断加大。因此，本报告利用管曦（2015）年拟合国内茶叶消费的相关思路，对2016年和2017年国内茶叶消费需求的数据进行了估算（见表13）。

在拟合中考虑了每年用于茶叶深加工和中式调饮茶的数量后，中国茶叶的国内供求差距相对来说有所减少，但整体上仍保持不断上升的趋势。2017

表 13 中国茶产业国内茶叶消费量拟合

单位：万吨，%

年份	产量	三大市场茶叶交易量	三大市场茶叶交易变化	出口量	进口量	国内茶叶市场供给量	国内茶叶消费量拟合	深加工茶叶量	供求差距拟合值
2012	178.98	9.84	0.00	31.35	1.85	149.48	149.48	15.00	0
2013	192.40	8.73	-0.11	32.58	1.96	161.78	132.53	15.00	14.25
2014	209.19	11.24	0.29	30.15	2.26	181.30	170.75	15.00	-4.45
2015	227.76	11.01	-0.02	32.50	2.29	197.55	167.20	15.00	15.35
2016	243.00	11.20	0.02	32.87	2.27	212.40	170.04	15.00	27.36
2017	272.92	11.28	0.01	35.53	2.97	240.36	171.21	20.00	49.15

年国内茶叶产量供求差距达到49.15万吨，约占当年茶叶产量的20.45%，较之2016年的27.36万吨和12.88%，无论绝对值还是相对比例都呈现出失衡越来越快的态势。但是考虑到中国茶类的多样性及不同茶类的特点，如黑茶和白茶等能够储存较长时间，无论是消费端还是供给端，黑茶和白茶都会有一定数量的合理库存，这在一定程度上会减少中国茶叶的供求差距，但并不能完全改变中国国内茶叶市场供求失衡逐渐加快的趋势。需要说明的是，由于欠缺不同途径茶叶交易额的情况，这里的拟合仅仅以三大茶叶交易市场额的年度变化来反映中国茶叶整体交易额的年度变化，没有考虑到其他途径的变化情况，在今后获取茶叶电子商务网络的年度销售数据、茶叶连锁经营的年度销售数据后，这一针对国内茶叶消费的拟合值将更为精确。

根据中国茶叶流通协会的相关数据，2017年绿茶消费仍是国内茶叶消费的重点，其消费量占总消费量的52.32%，但该比例在不断下降；其次是黑茶，占总消费量的12.75%，黑茶是近几年茶叶市场的消费热点，扩张十分迅速；红茶和乌龙茶所占比例与黑茶相差无几，分别为12.52%和11.11%；而白茶作为近年来茶叶界的新宠，其所占的比例也在持续走高，达到0.92%，仍有进一步上涨的空间；茉莉花茶市场基本稳定，占4.26%（见图1）。

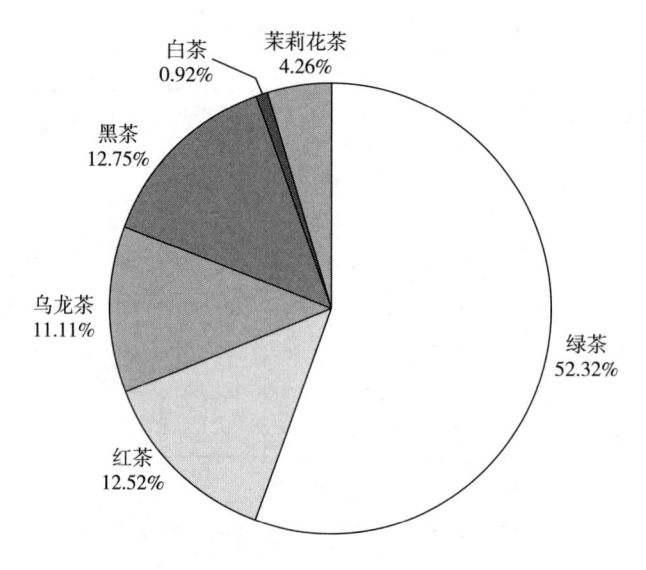

图1　2017年茶叶国内消费产品结构分布

数据来源：中国茶叶流通协会网站。

饼图数据：绿茶 52.32%；黑茶 12.75%；红茶 12.52%；乌龙茶 11.11%；茉莉花茶 4.26%；白茶 0.92%。

从使用用途来划分，茶叶消费市场继续呈现礼品茶、高档茶的消费量小幅减少，中档茶、大宗茶消费量略有上升的趋势。从销售渠道来看，除了传统零售渠道外，电商渠道的销售数量仍在持续上升，同时，茶文化旅游等销售渠道多样化日益显现。

同时，茶叶消费还出现了两种风潮，一是以新式茶饮为代表的"网红经济"的影响渐起；二是"极简主义"风格逐渐得到消费者的认同。在价格上，从整体看，2017年茶叶价格大体上出现下降的趋势。2017年绿茶的价格出现了较为明显的分化，其中大佛龙井价格指数略有下降，从2016年的193.6下降到2017年的186.42，松阳绿茶价格指数则略有上升，从2016年的251.5上升到2017年的251.7，而信阳毛尖价格指数则出现了大幅上升，从2016年78.44上升到125.67，将近上升一倍。2017年乌龙茶中安溪铁观音的价格指数出现下降趋势，从2016年的143.9下降到136，茉莉花茶价格指数也出现了大幅下降，从2016年的190.72下降到2017年的117.5（见表14）。

表14　2011~2017年中国茶叶价格指数比较

	2011	2012	2013	2014	2015	2016	2017
大佛龙井	124	157.5	174.6	178.1	179.3	193.6	186.42
松阳绿茶	200.6	167.1	181.7	182	247.9	251.5	251.7
信阳毛尖	—	—	—	—	75.76	78.44	125.67
安溪铁观音	152.2	132.1	125.5	126.8	105	143.9	136
茉莉花茶	123.11	292.35	209.19	117.63	371.13	190.72	117.5

数据来源：中国茶叶流通协会网站。

值得关注的是，我们利用CKB的数据通过对茶叶消费的统计学分析发现，第一，家庭收入和饮茶历史对茶叶消费者的饮茶频率、每日饮茶杯数和茶叶消费量具有显著的正向影响，女性相较于男性参与饮茶（的可能性）、饮茶频率都明显更低；第二，年龄对中国消费者是否饮茶具有显著的负向影响，但是对于饮茶者消费频率具有显著的正向影响，并与重度茶叶消费者的每日饮茶量和每日饮茶杯数呈现负相关；第三，采用每日饮茶杯数分析消费者的茶叶消费行为，会导致结论存在较大偏差，更为合理的是使用消费者的每日饮茶数量；第四，大部分的茶叶消费者都是在24岁左右形成饮茶习惯，针对这一年龄段消费者进行有针对性的市场营销有助于茶叶消费市场拓展；第五，使用整体饮茶率衡量某一群体的茶叶消费情况，可能会忽略消费者个体饮茶习惯的变化所导致的饮茶群体的结构变化，茶叶消费的研究需要从微观层面的消费者个体展开。

因此，今后关于茶叶消费的分析，不能再采用"是否"的简单二分法，而应该将茶叶消费视为一个由不饮茶到经常饮茶甚至是嗜茶如命的连续"光谱"分布，"光谱"的一端是完全不饮茶者，另外一端则是嗜茶如命的老茶客，中间存在偶尔饮茶、间歇饮茶等不同的饮茶习惯。今后对于中国茶叶消费的相关研究，首先，不仅要将消费者区分为饮茶者和非饮茶者，还要将饮茶者做轻度茶叶消费者、中度茶叶消费者和重度茶叶消费者的分类，因为不同类型的茶叶消费者其饮茶行为的影响因素完全不同；其次，对于茶叶消费情况的调查，最好以每日茶叶消费量来取代每日饮茶杯数，以减少一次投放多次续水的饮茶杯数对研究结论的夸大；最后，对于消费者饮茶习惯的关注，不仅要关注两端的不饮茶者和经常饮茶者，更要重视中间形态在其中发挥的承上启下作用，重视不同饮茶习惯间的变化。

（二）茶叶外销

1. 茶叶整体贸易增长状况

2017年中国茶叶出口数量为3.55亿千克，出口金额为16.10亿美元，都继续保持上升趋势。与同期世界整体茶叶出口形势相比，可以看出，2017年，中国茶叶出口势头不如世界其他茶叶出口国，导致中国茶叶出口额占世界茶叶出口总额的比例从2015年的9.42%下降到2017年的4.73%。同时出口价格也持续上升，2017年出口单价为4.53美元/千克，与世界同期相比，可以看出，中国茶叶的出口价格都高于世界一般水平（见表15）。

表15　2013~2017年中国茶叶出口情况

年份	出口 数量（千克）	占比（%）	金额（美元）	占比（%）	单价（美元/千克）	世界 数量（千克）	金额（美元）	单价（美元/千克）
2013	325806269	4.41	1246307778	4.59	3.83	7379918280	27159906802	3.68
2014	301484187	5.23	1272663469	6.08	4.22	5759251578	20931887852	3.63
2015	324951045	7.78	1381530399	9.42	4.25	4177999732	14662003642	3.51
2017	355258256	3.95	1609959814	4.73	4.53	8991843893	34050207904	3.79

数据来源：UNComtrade数据库。

注：2016年由于茶叶大国肯尼亚共和国没有上报出口数据，故不计算2016年数据。

通过比较进出口的增长幅度可以看出，2017年进口增长33.75%，远高于出口的8.41%。可见，近年来，随着中国进口政策的开放，茶叶的进口势头旺盛，这一方面是由国内需求的多样性导致的，另一方面也将对国内茶叶企业带来一定的冲击。同时，在2009~2017年，进口增长的波动幅度远大于出口，可见，中国茶叶进口的不稳定性更大，对于政策的依赖性更大（见图2）。

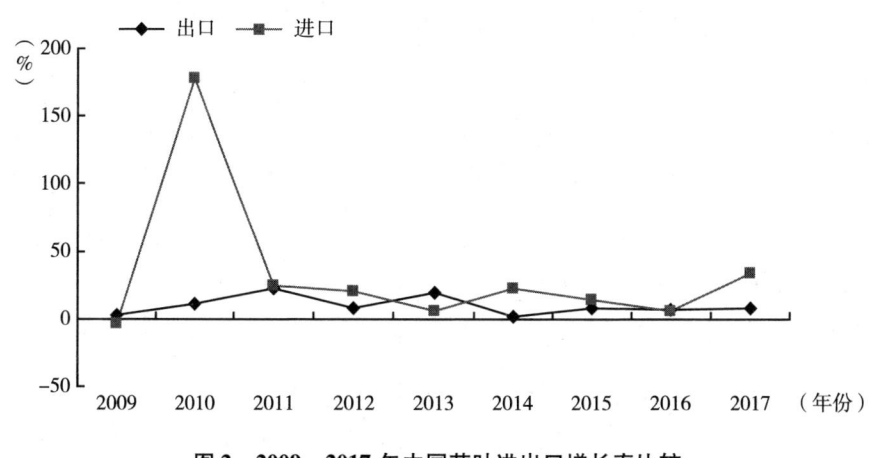

图 2　2009~2017 年中国茶叶进出口增长率比较

数据来源：uncomtrade 数据库。

2. 分类别①茶叶贸易增长状况

具体到不同类别的茶叶产品，从出口的角度看，2017 年出口增长最多的是 090230（小包装红茶），其增长率为 24.69%，而 090210（小包装绿茶）则出现了负增长，增长率为 -1.69%。不但 2017 年出现这种态势，从长期来看，亦是如此。在 2009~2017 年，平均增长率最高的亦是 090230（小包装红茶）。这可能是由于中国是传统绿茶的出口国，以往大量出口绿茶，而世界进口最多的还是红茶，因此，中国茶叶企业为了解决国内产能过剩的问题，扩大出口，有意识地转向了增加红茶的出口。

从进口的角度看，进口增长最多的分别是 090220（大包装绿茶）和 090240（大包装红茶）。2017 年 090220（大包装绿茶）的增长率高达 74.74%，090240（大包装红茶）高达 58.68%。可见，进口的茶叶多是原料茶，在国内进行再次加工（见表 16）。

---

① 根据 hs 编码，可将茶叶产品分为四类，090210：小包装绿茶；090220：大包装绿茶；090230：小包装红茶（包括红茶、乌龙茶、黑茶）；090240：大包装红茶。

表16 2009～2017年分类别茶叶进出口增长状况

单位：%

年份	090210 出口增长率	090210 进口增长率	090220 出口增长率	090220 进口增长率	090230 出口增长率	090230 进口增长率	090240 出口增长率	090240 进口增长率
2009	15.06	23.45	-7.84	-30.39	-18.18	21.87	-1.84	-17.80
2010	4.83	84.53	18.87	59.90	34.03	146.75	12.54	243.72
2011	22.01	4.16	27.73	25.51	40.95	24.09	11.72	26.31
2012	9.97	29.24	2.61	160.38	15.59	6.55	8.25	17.67
2013	23.04	47.18	20.92	12.95	9.88	7.14	10.58	0.38
2014	2.17	-4.96	20.92	-19.08	30.63	25.12	-7.32	31.82
2015	-0.01	62.09	-0.41	-29.16	25.31	18.26	14.61	12.90
2016	-0.95	-14.30	16.54	15.40	11.89	3.63	16.68	8.88
2017	-1.69	-12.66	15.51	74.74	24.69	-5.53	6.33	58.68
平均	8.27	24.30	12.43	30.03	19.42	27.54	7.95	42.51

数据来源：uncomtrade数据库。

具体到价格而言，可以看到出口价格最高的是090230（小包装红茶），其2017年价格为20.10美元/千克，远高于其他茶类（090210〔小包装绿茶〕：5.01美元/千克、090220〔大包装绿茶〕：3.15美元/千克、090240〔大包装红茶〕：5.10美元/千克）的出口价格。可以得出，出口小包装红茶的利润是最为可观的。进口价格最高的依然是090230（小包装红茶），其2017年价格为13.70美元/千克，但其与其他茶类的价格差距没有出口那么大（见表17）。

表17 2008～2017年分类别茶叶进出口价格状况

单位：美元/千克

年份	090210 出口价格	090210 进口价格	090220 出口价格	090220 进口价格	090230 出口价格	090230 进口价格	090240 出口价格	090240 进口价格
2008	2.91	10.24	1.67	1.82	6.80	9.65	1.94	2.48
2009	2.92	8.60	1.69	2.07	5.75	11.85	1.87	2.71
2010	3.13	8.46	1.86	2.19	6.55	14.44	2.41	2.53
2011	3.49	13.04	2.16	1.53	8.19	17.45	2.92	3.01
2012	3.83	12.74	2.38	1.36	9.52	14.41	3.17	3.23
2013	4.12	13.83	2.99	1.21	11.26	14.01	3.69	3.35

续表

年份	090210 出口价格	090210 进口价格	090220 出口价格	090220 进口价格	090230 出口价格	090230 进口价格	090240 出口价格	090240 进口价格
2014	4.50	17.58	3.15	1.31	15.49	14.78	4.08	3.24
2015	4.66	15.96	2.92	1.92	17.13	14.79	4.77	3.25
2016	4.96	12.74	3.18	3.71	17.89	13.68	4.96	3.47
2017	5.01	9.34	3.15	4.97	20.10	13.70	5.10	4.03
平均	3.99	12.44	2.56	1.81	12.37	14.20	3.33	3.33

数据来源：uncomtrade 数据库。

3. 中国茶叶贸易地区分布

（1）茶叶整体贸易地区分布

2017 年，中国茶叶出口的前十大国家或地区分别为中国香港、摩洛哥、越南、加纳、美国、毛里塔尼亚、马来西亚、塞内加尔、日本、阿尔及利亚，占中国茶叶出口的 63.07%，其中销往越南（28.62 美元/千克）、中国香港（18.75 美元/千克）以及马来西亚（18.48 美元/千克）的价格远高于其他国家或地区。

将 2017 年中国茶叶出口的地区分布与 2016 年相比，除了少数国家略有变动外，整体上变动不大（见表 18）。

表 18　2016~2017 年中国茶叶出口地区分布比较

排名	国家/地区	出口额(美元)	占比(%)	单价(美元/千克)
第 1	中国香港	244867249	15.21	18.75
第 2	摩洛哥	229113890	14.23	3.04
第 3	越南	92859275	5.77	28.62
第 4	加纳	85500649	5.31	4.32
第 5	美国	82632322	5.13	5.47
第 6	毛里塔尼亚	64635794	4.01	4.19
第 7	马来西亚	62330351	3.87	18.48
第 8	塞内加尔	56114865	3.49	4.00
第 9	日本	52397783	3.25	4.06
第 10	阿尔及利亚	44892760	2.79	3.31
总计			63.07	

续表

	2016年			
排名	国家/地区	出口额(美元)	占比(%)	单价(美元/千克)
第1	摩洛哥	226684583	15.26	3.37
第2	中国香港	162914236	10.97	12.90
第3	越南	110343952	7.43	31.34
第4	美国	90618651	6.10	5.43
第5	塞内加尔	78321327	5.27	4.30
第6	加纳	74558166	5.02	4.40
第7	毛里塔尼亚	59914111	4.03	4.33
第8	日本	50938756	3.43	4.25
第9	马来西亚	46954168	3.16	19.75
第10	阿尔及利亚	46849598	3.15	3.67
总计			63.82	

数据来源：uncomtrade 数据库。

但将2017年中国茶叶出口的地区分布与2007年相比（见表19、表20、表21），则发现有较大的变化。首先，中国茶叶出口地区的集中度在下降，从2007年的71.11%，下降到2016年的63.84%，2017年的63.07%。其次，日本在2007年为中国茶叶出口第二大国，占中国茶叶总出口额的10.20%，到2017年，其下降到第九位，仅占3.25%，究其原因，一方面，近10年日本总的茶叶进口在减少，另一方面，中国茶叶出口总额持续增加。最后，俄罗斯在2007年是中国茶叶出口的第五大国，占中国茶叶总出口额的5.60%，到2017年，其已经降到前10位之后，究其原因，俄罗斯的情况与日本并不相同，其从中国进口占其总进口的份额并没有下降，但其总的茶叶进口额在下降。

表19　2007年、2017年中国茶叶出口地区分布比较

	2017年			
排名	国家/地区	出口额(美元)	占比(%)	单价(美元/千克)
第1	中国香港	244867249	15.21	18.75
第2	摩洛哥	229113890	14.23	3.04
第3	越南	92859275	5.77	28.62

续表

2017 年				
排名	国家/地区	出口额(美元)	占比(%)	单价(美元/千克)
第4	加纳	85500649	5.31	4.32
第5	美国	82632322	5.13	5.47
第6	毛里塔尼亚	64635794	4.01	4.19
第7	马来西亚	62330351	3.87	18.48
第8	塞内加尔	56114865	3.49	4.00
第9	日本	52397783	3.25	4.06
第10	阿尔及利亚	44892760	2.79	3.31
总计			63.07	

2007 年				
排名	国家/地区	出口额(美元)	占比(%)	单价(美元/千克)
第1	摩洛哥	116713766	19.32	2.02
第2	日本	61640621	10.20	2.43
第3	中国香港	53648182	8.88	3.92
第4	美国	39059983	6.47	1.97
第5	俄罗斯	33801852	5.60	1.89
第6	加纳	29822316	4.94	2.39
第7	毛里塔尼亚	27995357	4.63	2.65
第8	阿尔及利亚	23908146	3.96	2.22
第9	塞内加尔	23295901	3.86	2.50
第10	德国	19625549	3.25	2.31
总计			71.11	

数据来源：uncomtrade 数据库。

表20 2008~2017年日本进口地区分布

年份	从世界进口			从中国进口			
	数量(千克)	金额(美元)	单价(美元/千克)	数量(千克)	金额(美元)	金额占比(%)	单价(美元/千克)
2008	43116241	181382038	4.21	24996099	80378341	44.31	3.22
2009	40132767	165130763	4.11	22416517	71737920	43.44	3.20
2010	43309656	195552190	4.52	23117893	79943827	40.88	3.46
2011	42012692	207308764	4.93	21849067	82529980	39.81	3.78
2012	37772827	195646824	5.18	20613608	82030282	41.93	3.98
2013	36157099	195185300	5.40	19514213	86053717	44.09	4.41

续表

年份	从世界进口			从中国进口			
	数量（千克）	金额（美元）	单价（美元/千克）	数量（千克）	金额（美元）	金额占比（%）	单价（美元/千克）
2014	32965637	189701345	5.75	16686150	78601303	41.43	4.71
2015	30598986	174020684	5.69	14508890	68081353	39.12	4.69
2016	29430529	165139348	5.61	14155663	66419027	40.22	4.69
2017	30429889	177323772	5.83	14293949	66182716	37.32	4.63

数据来源：uncomtrade 数据库。

表21　2008~2017年俄罗斯进口地区分布

年份	从世界进口			从中国进口			
	数量（千克）	金额（美元）	单价（美元/千克）	数量（千克）	金额（美元）	金额占比（%）	单价（美元/千克）
2008	181858897	510871593	2.81	15932968	34793185	6.81	2.18
2009	182149257	500454663	2.75	18608673	36456502	7.28	1.96
2010	181616269	563064361	3.10	19653600	48110412	8.54	2.45
2011	187770017	625186476	3.33	17592182	54970569	8.79	3.12
2012	180485566	650201269	3.60	15093841	53660452	8.25	3.56
2013	173070189	657075934	3.80	14593088	55507453	8.45	3.80
2014	172606717	645822240	3.74	14273750	55614481	8.61	3.90
2015	173065340	637829338	3.69	13119129	52766148	8.27	4.02
2016	164397674	548258693	3.33	13753022	47698304	8.70	3.47
2017	168784773	524966011	3.11	14509563	40497724	7.71	2.79

数据来源：uncomtrade 数据库。

(2) 茶叶整体进口地区分布

2017年，中国进口茶叶的前十大国家或地区分别为斯里兰卡、印度、肯尼亚、印度尼西亚、波兰、越南、马拉维、德国、日本、英国，占中国茶叶进口的64.65%，其中从英国（35.79美元/千克）、德国（26.43美元/千克）、日本（20.46美元/千克）以及波兰（12.96美元/千克）这四个发达国家进口的价格远高于其他国家或地区。

将2017年中国茶叶进口的地区分布与2016年、2007年相比，除了少数国家略有变动外，整体上变动不大（见表22、表23）。

表22 2016~2017年中国茶进口地区分布比较

2017年

排名	国家/地区	进口额(美元)	占比(%)	单价(美元/千克)
第1	斯里兰卡	55024113	36.90	5.44
第2	印度	24527351	16.45	2.82
第3	肯尼亚	3352570	2.25	2.58
第4	印度尼西亚	3267243	2.19	2.15
第5	波兰	2899653	1.94	12.96
第6	越南	1970928	1.32	1.97
第7	马拉维	1563902	1.05	2.04
第8	德国	1386022	0.93	26.43
第9	日本	1248630	0.84	20.46
第10	英国	1166675	0.78	35.79
总计			64.65	

2016年

排名	国家/地区	进口额(美元)	占比(%)	单价(美元/千克)
第1	斯里兰卡	42360882	37.99	4.97
第2	印度	19042391	17.08	3.47
第3	印度尼西亚	3148215	2.82	1.91
第4	波兰	2366570	2.12	12.86
第5	肯尼亚	2013219	1.81	2.64
第6	德国	1907089	1.71	13.89
第7	布隆迪	1089533	0.98	2.30
第8	日本	904752	0.81	20.06
第9	新加坡	860052	0.77	67.35
第10	中国香港	852553	0.76	11.30
总计			66.86	

数据来源：uncomtrade数据库。

表23 2007、2017年中国茶进口地区分布比较

2017年

排名	国家/地区	进口额(美元)	占比(%)	单价(美元/千克)
第1	斯里兰卡	55024113	36.90	5.44
第2	印度	24527351	16.45	2.82
第3	肯尼亚	3352570	2.25	2.58

续表

2017 年

排名	国家/地区	进口额(美元)	占比(%)	单价(美元/千克)
第4	印度尼西亚	3267243	2.19	2.15
第5	波兰	2899653	1.94	12.96
第6	越南	1970928	1.32	1.97
第7	马拉维	1563902	1.05	2.04
第8	德国	1386022	0.93	26.43
第9	日本	1248630	0.84	20.46
第10	英国	1166675	0.78	35.79
总计			64.65	

2007 年

排名	国家/地区	进口额(美元)	占比(%)	单价(美元/千克)
第1	斯里兰卡	3628558	28.71	2.86
第2	肯尼亚	2011761	15.92	1.75
第3	印度	999029	7.90	5.17
第4	越南	982896	7.78	1.03
第5	马拉维	512506	4.05	1.86
第6	美国	480243	3.80	10.26
第7	日本	440147	3.48	6.29
第8	印度尼西亚	418678	3.31	1.22
第9	缅甸	368553	2.92	0.94
第10	英国	339963	2.69	9.25
总计			80.56	

数据来源：uncomtrade 数据库。

(3) 分类别茶叶贸易地区分布

不同茶类其出口的地区也有所不同。其中 090210（小包装绿茶）的出口地区最具特色，主要集中在非洲地区。090230（小包装红茶）、090240（大包装红茶）的出口集中度非常高，其前 10 大出口国家或地区占其总出口额的比重分别为 92.60% 和 87.38%。就出口单价而言，不同类别茶叶出口不同国家或地区的价格差别很大，且波动幅度也很大（见表 24 ~ 表 27）。

表24　2016~2017年中国090210（小包装绿茶）出口地区分布比较

2017年				
排名	国家/地区	出口额（美元）	占比(%)	单价（美元/千克）
第1	加纳	85349775	13.38	4.32
第2	摩洛哥	64212776	10.07	3.68
第3	毛里塔尼亚	59596613	9.34	4.06
第4	中国香港	54933104	8.61	29.21
第5	塞内加尔	54107771	8.48	4.04
第6	多哥	41924625	6.57	4.27
第7	阿尔及利亚	35828877	5.62	3.40
第8	西班牙	28898082	4.53	14.03
第9	马里	21581972	3.38	4.36
第10	泰国	20340013	3.19	74.32
总计			73.19	

2016年				
排名	国家/地区	出口额（美元）	占比(%)	单价（美元/千克）
第1	摩洛哥	119170496	18.37	4.26
第2	塞内加尔	75545611	11.65	4.32
第3	加纳	74375984	11.47	4.39
第4	毛里塔尼亚	58230288	8.98	4.34
第5	多哥	38887080	5.99	4.38
第6	阿尔及利亚	37265442	5.74	3.85
第7	越南	33704743	5.20	45.34
第8	中国香港	29888392	4.61	12.97
第9	美国	23533606	3.63	14.66
第10	马里	22396470	3.45	4.19
总计			79.08	

数据来源：uncomtrade数据库。

表25　2016~2017年中国090220（大包装绿茶）出口地区分布比较

2017年				
排名	国家/地区	出口额（美元）	占比(%)	单价（美元/千克）
第1	摩洛哥	164799634	30.12	2.85
第2	中国香港	55574730	10.16	15.64
第3	乌兹别克斯坦	41608143	7.6	1.75

续表

2017 年				
排名	国家/地区	出口额(美元)	占比(%)	单价(美元/千克)
第 4	德国	32099922	5.87	3.52
第 5	俄罗斯	29292105	5.35	2.54
第 6	越南	24830057	4.54	21.83
第 7	美国	19860214	3.63	4.36
第 8	马来西亚	18332291	3.35	13.97
第 9	巴基斯坦	16276756	2.97	3.55
第 10	日本	13751442	2.51	5.02
总计			76.1	

2016 年				
排名	国家/地区	出口额(美元)	占比(%)	单价(美元/千克)
第 1	摩洛哥	107376941	23.15	2.74
第 2	中国香港	37884646	8.17	11.15
第 3	俄罗斯	31987232	6.90	2.81
第 4	德国	31785009	6.85	3.94
第 5	乌兹别克斯坦	30741500	6.63	1.64
第 6	越南	26550743	5.72	23.24
第 7	美国	23235809	5.01	4.13
第 8	泰国	16864291	3.64	5.11
第 9	巴基斯坦	16645211	3.59	3.14
第 10	日本	13393506	2.89	5.07
总计			72.53	

数据来源：uncomtrade 数据库。

表 26　2016~2017 年中国 090230（小包装红茶）出口地区分布比较

2017 年				
排名	国家/地区	出口额(美元)	占比(%)	单价(美元/千克)
第 1	中国香港	73032092	37.00	29.16
第 2	越南	31735933	16.08	64.58
第 3	美国	26339750	13.34	16.98
第 4	马来西亚	15829965	8.02	45.87
第 5	澳大利亚	14556769	7.37	9.54
第 6	缅甸	8497534	4.30	47.36

续表

2017 年			
排名	国家/地区	出口额（美元）	占比（%）	单价（美元/千克）
第7	菲律宾	3767347	1.91	35.09
第8	加拿大	3379380	1.71	15.06
第9	日本	3125684	1.58	3.92
第10	泰国	2535887	1.28	85.67
总计			92.60	

2016 年			
排名	国家/地区	出口额（美元）	占比（%）	单价（美元/千克）
第1	中国香港	33459199	21.13	22.76
第2	越南	32549026	20.56	60.41
第3	美国	24540007	15.50	17.59
第4	缅甸	19280709	12.18	65.55
第5	澳大利亚	14996943	9.47	9.70
第6	马来西亚	10979955	6.94	32.51
第7	加拿大	4012230	2.53	12.16
第8	日本	3023247	1.91	4.12
第9	沙特阿拉伯	1746871	1.10	26.93
第10	蒙古国	1339538	0.85	1.00
总计			92.17	

数据来源：uncomtrade 数据库。

表27 2016~2017 年中国090240（大包装红茶）出口地区分布比较

2017 年			
排名	国家/地区	出口额（美元）	占比（%）	单价（美元/千克）
第1	中国香港	61327323	26.94	11.98
第2	日本	34201014	15.02	3.82
第3	越南	24188650	10.63	17.29
第4	美国	17301196	7.60	2.29
第5	马来西亚	15689479	6.89	13.17
第6	德国	11096190	4.87	3.31
第7	韩国	10098832	4.44	35.47
第8	缅甸	9455637	4.15	3.60
第9	泰国	8047974	3.54	3.34
第10	俄罗斯	7530468	3.31	2.56
总计			87.38	

续表

2016年				
排名	国家/地区	出口额(美元)	占比(%)	单价(美元/千克)
第1	中国香港	61681999	28.81	11.30
第2	日本	33016968	15.42	4.02
第3	美国	19309229	9.02	2.39
第4	越南	17539440	8.19	16.01
第5	马来西亚	12261080	5.73	12.97
第6	泰国	11924591	5.57	3.98
第7	德国	11209815	5.24	3.86
第8	缅甸	9660670	4.51	2.81
第9	俄罗斯	7430989	3.47	2.78
第10	新加坡	2604413	1.22	4.34
总计			87.17	

数据来源：uncomtrade 数据库。

4. 分类别茶叶进口地区分布

中国 090210（小包装绿茶）的进口主要来源地除了斯里兰卡这个茶叶出口大国外，基本上都是一些非茶叶生产大国的发达国家，如波兰、德国、英国、美国等，这些国家出口的小包装绿茶多属于高品质绿茶，进口价格普遍偏高。中国 090220（大包装绿茶）的进口来源地主要集中在日本、越南、韩国、印度、印度尼西亚等东南亚国家，这些国家也是绿茶的主要生产国。中国 090230（小包装红茶）的进口主要来源地除了斯里兰卡、印度这两个传统红茶生产大国外，还来自波兰、英国、德国等发达国家。而 090240（大包装红茶）则与前者有较大的区别，其进口主要来源地集中在斯里兰卡、肯尼亚、印度、印度尼西亚等传统红茶生产大国（见表 28～表 31）。总体而言，中国茶叶进口的地区集中度要低于出口，其中进口集中度最高的是 090240（大包装红茶），2017 年前 10 大进口国家或地区占总进口额的比重为 78.16%。

表28　2016~2017年中国090210（小包装绿茶）进口地区分布比较

2017年				
排名	国家/地区	进口额（美元）	占比（%）	单价（美元/千克）
第1	斯里兰卡	1199230	19.79	17.58
第2	波兰	955038	15.76	15.98
第3	德国	408998	6.75	15.33
第4	英国	214217	3.54	22.28
第5	美国	195688	3.23	42.12
第6	新加坡	139006	2.29	37.55
第7	法国	95759	1.58	23.60
第8	新西兰	74721	1.23	31.13
第9	日本	71615	1.18	54.46
第10	韩国	56565	0.93	21.98
总计			56.30	
2016年				
排名	国家/地区	进口额（美元）	占比（%）	单价（美元/千克）
第1	斯里兰卡	1002855	14.46	16.94
第2	德国	926461	13.36	19.21
第3	波兰	345028	4.97	15.10
第4	新加坡	260798	3.76	67.53
第5	美国	206932	2.98	34.04
第6	日本	143711	2.07	26.45
第7	新西兰	128484	1.85	139.05
第8	英国	118096	1.70	35.24
第9	意大利	74087	1.07	15.11
第10	法国	63840	0.92	68.35
总计			47.14	

数据来源：uncomtrade数据库。

表29　2016~2017年中国090220（大包装绿茶）进口地区分布比较

2017年				
排名	国家/地区	进口额（美元）	占比（%）	单价（美元/千克）
第1	日本	1003649	12.2	21.98
第2	越南	696264	8.47	1.7
第3	韩国	691263	8.41	68.99

续表

2017年

排名	国家/地区	进口额(美元)	占比(%)	单价(美元/千克)
第4	印度	466855	5.68	1.39
第5	印度尼西亚	326342	3.97	1.43
第6	冈比亚	170520	2.07	1.5
第7	澳大利亚	118563	1.44	7.62
第8	德国	96608	1.17	8.66
第9	老挝	75037	0.91	8.26
第10	埃及	50400	0.61	7
总计			44.93	

2016年

排名	国家/地区	进口额(美元)	占比(%)	单价(美元/千克)
第1	印度尼西亚	682751	14.51	1.41
第2	印度	549578	11.68	1.49
第3	德国	407124	8.65	6.64
第4	韩国	363906	7.73	104.27
第5	日本	272876	5.80	22.42
第6	中国香港	210645	4.48	1053.23
第7	越南	182521	3.88	2.04
第8	老挝	92913	1.97	9.07
第9	埃及	31523	0.67	4.96
第10	南非	27875	0.59	4.22
总计			59.96	

数据来源：uncomtrade数据库。

表30 2016～2017年中国090230（小包装红茶）进口地区分布比较

2017年

排名	国家/地区	进口额(美元)	占比(%)	单价(美元/千克)
第1	斯里兰卡	10363525	29.84	11.84
第2	波兰	2490655	7.17	12.64
第3	印度	1430572	4.12	22.13
第4	英国	970987	2.80	34.74
第5	德国	583760	1.68	97.13
第6	阿拉伯	551818	1.59	5.92
第7	新西兰	511212	1.47	96.97

续表

2017年			
排名	国家/地区	进口额(美元)	占比(%)	单价(美元/千克)
第8	中国香港	322336	0.93	10.10
第9	新加坡	263442	0.76	25.95
第10	美国	171193	0.49	39.66
总计			50.86	

2016年			
排名	国家/地区	进口额(美元)	占比(%)	单价(美元/千克)
第1	斯里兰卡	12743195	34.67	12.63
第2	印度	3929582	10.69	24.88
第3	波兰	2021542	5.50	12.54
第4	英国	677006	1.84	25.68
第5	新加坡	599254	1.63	67.27
第6	中国香港	551320	1.50	10.77
第7	日本	488165	1.33	17.75
第8	德国	432237	1.18	39.67
第9	韩国	267659	0.73	10.65
第10	新西兰	253973	0.69	178.98
总计			59.75	

数据来源：uncomtrade数据库。

表31　2016~2017年中国090240（大包装红茶）出口地区分布比较

2017年			
排名	国家/地区	进口额(美元)	占比(%)	单价(美元/千克)
第1	斯里兰卡	43699050	43.65	4.76
第2	印度	22616922	22.59	2.72
第3	肯尼亚	3348338	3.34	2.58
第4	印度尼西亚	2899128	2.90	2.27
第5	马拉维	1563902	1.56	2.04
第6	越南	1210613	1.21	2.07
第7	布隆迪	1159530	1.16	3.36
第8	莫桑比克	783464	0.78	1.64
第9	德国	491437	0.49	19.15
第10	泰国	483480	0.48	1.70
总计			78.16	

续表

排名	国家/地区	2016年进口额(美元)	占比(%)	单价(美元/千克)
第1	斯里兰卡	28605333	45.34	3.84
第2	印度	14561880	23.08	2.94
第3	印度尼西亚	2455512	3.89	2.11
第4	肯尼亚	2011766	3.19	2.64
第5	布隆迪	1089533	1.73	2.30
第6	莫桑比克	777618	1.23	1.51
第7	马拉维	719812	1.14	1.81
第8	阿根廷	557141	0.88	1.01
第9	坦桑尼亚	408502	0.65	1.96
第10	泰国	284859	0.45	1.72
总计			81.58	

数据来源：uncomtrade 数据库。

5. 贸易产品分布

（1）出口产品分布

2017年，中国茶叶出口比重最高的还是绿茶（见图3），其中090210

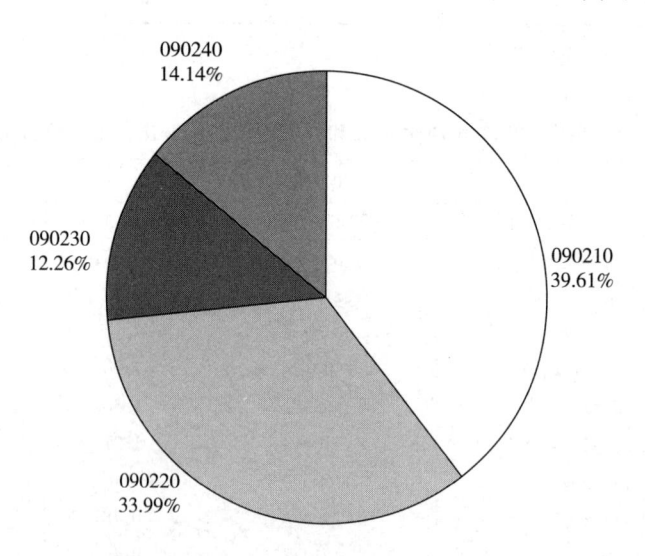

图3 2017年茶叶出口产品结构分布

数据来源：uncomtrade 数据库。

（小包装绿茶）、090220（大包装绿茶）所占的比重分别为39.61%和33.99%，而出口价格最高的090230（小包装红茶）出口最少，其所占的比重为12.26%。可见，中国茶叶出口结构有进一步优化的空间。

在2008~2017年，从中国茶叶出口产品结构的变化趋势来看，090210（小包装绿茶）明显下降，090230（小包装红茶）明显上升，其余两类有小幅上下波动（见表32）。

表32 2008~2017年茶叶出口产品结构变化状况

单位：%

	090210	090220	090230	090240
2008	47.20	29.21	6.45	17.14
2009	52.55	26.05	5.11	16.28
2010	49.53	27.84	6.16	16.47
2011	49.10	28.90	7.05	14.95
2012	50.00	27.46	7.55	14.99
2013	51.44	27.76	6.94	13.86
2014	51.47	27.08	8.87	12.58
2015	47.41	29.07	10.24	13.28
2016	43.68	31.24	10.66	14.42
2017	39.61	33.99	12.26	14.14

数据来源：uncomtrade数据库。

(2) 进口产品分布

2017年，中国进口的茶叶主要是红茶，比重最高的是090240（大包装红茶），其所占比重为67.14%。其次是090230（小包装红茶），其所占比重为23.29%（见图4）。在2008~2017年，从中国茶叶进口产品结构变化趋势来看，变动趋势明显的是090240（大包装红茶），所占比重从2008年的52.01%上升到2017年的67.14%（见表33）。

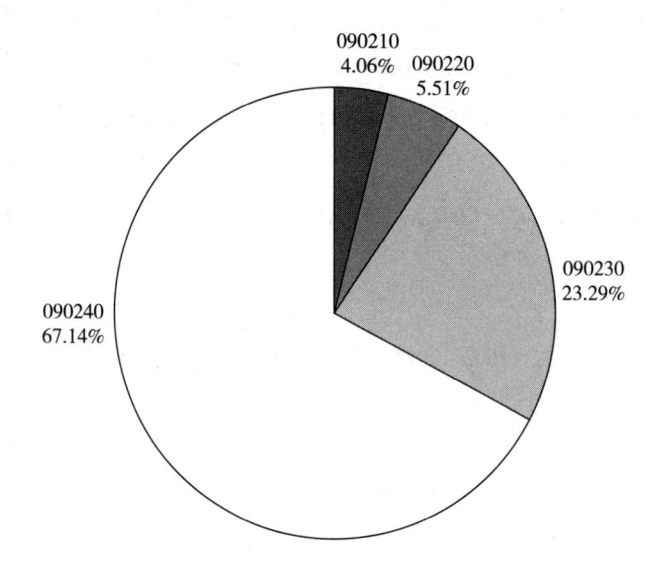

图 4　2017 年茶叶进口产品结构分布

数据来源：uncomtrade 数据库。

表 33　2008～2017 年茶叶进口产品结构变化状况

单位：%

	090210	090220	090230	090240
2008	6.55	9.75	31.69	52.01
2009	8.41	7.05	40.12	44.42
2010	5.57	4.05	35.55	54.83
2011	4.67	4.09	35.51	55.73
2012	5.03	8.87	31.50	54.61
2013	6.98	9.45	31.84	51.72
2014	5.42	6.25	32.58	55.75
2015	7.67	3.86	33.59	54.88
2016	6.22	4.22	32.97	56.59
2017	4.06	5.51	23.29	67.14

数据来源：uncomtrade 数据库。

四 茶文化经济

中国茶叶经济发展的最大特点是茶经济与茶文化的紧密关联与相互促进。从古代丝绸之路、茶马古道、海上丝绸之路开始的对外贸易和茶文化交流，到"一带一路"沿线经贸合作，千百年来，茶文化在中国的茶业经济活动中始终占有举足轻重的地位。茶文化的融入，让茶叶成为中国的特殊符号，成为中国的一张国际名片。随着21世纪文化经济浪潮的不断推进，茶文化与茶经济一体化正成为中国茶业发展的重要特征和未来趋势。

（一）茶文化蓬勃发展，拓展茶经济空间

文创产业是第三产业中的支柱性产业，2016~2017年，中国文创产业呈现高速发展趋势，文化产业产值不断提高，对经济拉动作用明显。国家统计局发布的数据显示，文化产业增加值占GDP比重逐年增长：2016年全国文化及相关产业增加值为30785亿元，同比增加13.0%，占GDP的比重达到4.14%，同比增加0.17个百分点；2017年，中国文化产业增加值占国内生产总值的比重达到4.2%。而中国文创产业的快速发展源于中国消费者文化消费意愿的不断上升。2017首届文化消费研讨交流会的数据显示，2016年中国居民用于文化娱乐的人均消费支出为800元，年均增长率达11.5%——文化消费已成为中国经济的一个新增长点，客观推动了中国文化产品和服务的供给。

随着文化消费体量的扩大，消费者对文化消费"提质"的要求成为业内探索的方向，异业融合成为大势所趋，各种新文化业态不断涌现。茶文化是中国传统文化艺术的重要构成部分，茶文化产业作为文化产业的一个分支，其产业化开发已从早期的探索性创新和设计单一化，逐渐向与旅游深度融合的混合化方向发展，2016年以来茶文化与旅游资源的融合发展日益紧密，成为中国茶产业经济转型和提升的重要推手。

当前，中国各地茶区纷纷通过制订茶旅游发展规划、将茶文化融入城市的规划设计等方式大力推动茶旅融合，茶经济蓬勃发展。例如，河南信阳市

人民政府于2018年4月发布《关于培育茶文化旅游精品线路实施茶旅融合发展工作方案（2018~2020年）》，深度挖掘茶文化旅游资源，打造茶旅融合示范区和精品线路；享誉中外的惠明茶主产地——浙江澄照乡——将"茶文化"充分融入规划设计、项目建设中，推动茶叶产业发展再上新台阶；四川雅安名山区借助"以茶业为引擎、旅游和康养双轮驱动"的定位，着力打造"四川蒙顶山国家茶叶公园"生态茶产业文化旅游经济走廊，使"茶区变景区、茶园变公园、劳动变运动、产品变商品、茶山变金山"，促进了蒙顶山茶品牌价值提升和农民可持续增收，实现了"旅游富民兴区"。

在实践中，全国各地也探索形成了风格多样的发展经验和模式，根据对各地茶旅融合现状的分析，大体可以将中国茶旅融合方式总结为以下六种：一是将喝茶、品茶、购茶与旅游结合；二是将茶乡生态与旅游结合；三是茶学教育与旅游结合；四是茶艺表演与旅游结合；五是茶文化遗迹与旅游结合；六是茶事活动、茶文化节与旅游结合。而随着中国经济进入高质量发展阶段，近年来，全国各地茶文化旅游产品的开发设计也逐渐呈现多元化、品质化、系统化特点，典型产品主要有以下几类。

一是以茶为主题的美丽茶村。如杭州西湖龙井村、福鼎白茶第一村，通过依托自然茶村内广泛的茶产业种植基础，开展一系列的茶俗体验活动，如采茶、制茶、品茶等；并结合生态民宿的开发，实现了村内居民不必拆迁，通过参与茶旅游服务而受益致富。

二是茶庄园。指以庄园为形态，集茶种植加工、文化展示、度假养生于一体的开发模式。这种茶庄园建设以茶叶种植加工为产业基础，会开发形成具有庄园品牌特色的茶叶，并提供私人订制服务；依托茶园生态开发高端度假养生产品，如茶园度假酒店、茶香SPA等；在项目建设上会秉承生态理念，运用生态木屋、帐篷酒店、自然绿道等产品；会结合所在地的茶文化，进行茶道展示、茶文化博览等产品的建设。

三是茶博馆。主要分为两类，第一类是指企业创办经营的茶博园等企业茶文化展示馆，多以企业茶文化展示和体验为主，会通过多种静态和动态的方式，展现地方与企业茶文化；第二类主要指地方茶文化宣传集中地——地方茶博馆,比如浙江杭州中国茶业博物馆、宁波茶博物馆、云南省茶文化博物馆等。馆内除了地方茶文化展示与体验外,还会运用VR、5D等现代技术动态或静态展示茶文化,结合当地茶俗的文化演艺,活态化展现茶文化。

四是茶文化创意产业园。主要是指以茶为主题的一系列与文化关联的、产业规模集聚的特定地理区域,是具有鲜明文化形象并对外界产生一定吸引力的集生产、交易、休闲、居住于一体的多功能园区。

鉴于茶文化旅游的系统化与多样化,各地一方面努力挖掘本区域茶旅游产品的文化价值,力求将茶文化旅游的特色文化内涵传递给旅客;另一方面有效组合旅游产品,增加旅游服务空间,提升旅游产业价值链。各地各区域先后向市场推出了茶文化旅游精品路线,如中国茶叶流通协会推出的首批十条"2016年度全国茶乡之旅特色路线"、2017年峨眉"雪芽杯"推出的中国首届茶旅精品线路等。

(二)茶叶品牌建设初显成效,助推茶经济发展

品牌建设,是提升农业综合效益和竞争力的重要抓手,是推进农业供给侧结构性改革的重要内容。茶叶品牌化,对于增加效益、推动茶业兴旺、实现脱贫攻坚和乡村振兴具有重要作用。

1. 政府政策支持,茶叶品牌建设成关键

茶叶的品牌建设历年是名茶区发展的重要抓手,2017年中央一号文件首次明确提出"要推进区域农产品公共品牌的建设,支持地方以优势企业和行业协会为依托打造区域特色品牌,引入现代要素改造提升传统名优品牌"。

全国各地茶产区也按照中央以及农业部总体要求,纷纷出台相关利好政策,大力加强茶叶品牌建设。

例如,四川省委2017年1号文件《关于以绿色发展理念引领农业供给侧结构性改革切实增强农业农村发展新动力的意见》提出要优化产品结构,积极发展川茶等"川字号"特色个性农产品,培育"川字号"特色农产品品牌,并实施"区域公用品牌+企业自主品牌"发展战略,支持重要产品品牌、重点企业品牌做大做强,扩大"天府龙芽"等优势区域公用品牌的

影响力。

云南省人民政府办公厅2017年120号文件《云南省人民政府办公厅关于印发云南省茶产业发展行动方案的通知》提出坚持"政府引导、市场主导、企业主体"的原则，围绕云茶品种、品质、区域特点，实施云茶大品牌战略，统一打造"云茶大品牌"，积极构建"公共品牌+区域品牌+企业产品品牌"三位一体的品牌系列，着力推进原产地保护和品牌建设，全面提升产品质量、附加值和产业效益。

贵州省人民政府办公厅2017年48号文件《省人民政府办公厅关于印发贵州省发展茶产业助推脱贫攻坚三年行动方案（2017—2019年）的通知》将品牌建设作为发展当地茶产业的"六大工程"之一，提出以"贵州绿茶"引领，各市、县核心区域品牌整合，企业品牌跟进的方式，构建"省级公用品牌（母品牌）+核心区域品牌+企业品牌（子品牌）"的贵州茶品牌体系。并指出要"加大媒体广告宣传力度，多形式组织举办茶事宣传活动，营造良好的饮茶氛围"，全面推进茶叶品牌建设。

福建省政府办公厅2018年44号文件《关于推进绿色发展质量兴茶八条措施的通知》，以扎实推进农业供给侧结构性改革为主线，坚持绿色发展理念，围绕"质量兴茶、品牌强茶"的要求，提出八个方面措施，明确指出要"组建福建茶产业绿色发展联盟，深入开展'清新福建 多彩闽茶'主题推介活动，着力提升安溪铁观音、武夷岩茶、福鼎白茶、政和白茶等茶叶区域公用品牌影响力和知名度"。

湖北省农业厅制订《湖北特色农产品优势区建设规划（2018~2022年）》，提出要"建设特色茶叶产品优势区，在武陵山、大别山、秦巴山、神农架和大洪山等区域重点建设绿茶优势茶区，打造恩施玉露、武当道茶、襄阳高香茶、英山云雾茶等区域公用品牌"，增强绿色优质中高端特色农产品供给能力。

2. 茶叶品牌价值提升，社会影响力不断增强

（1）茶叶区域公共品牌由"低价值"向"高价值"转变

由浙江大学CARD中国农业品牌研究中心联合中国茶叶研究所《中国

茶叶》杂志、浙江大学茶叶研究所等机构共同发布的"2018 中国茶叶区域公用品牌价值评估"结果显示，98 个有效评估品牌中，江南产区的茶叶区域公用品牌共计 56 个，占本次有效评估品牌总数量的近六成。其余依次为以贵州省为代表的西南产区品牌 21 个，以福建省为代表的华南产区品牌 15 个，以山东省为代表的江北产区品牌 7 个。按照省份划分，参评品牌数量最多的为浙江省，共计 21 个，其次是福建省和四川省，各有 11 个品牌。在品牌价值方面，本次参与评估的品牌总价值为 1598 亿元，平均品牌价值为 16.31 亿元，分别较 2017 年增加了 16.85% 和 9.68%。

同时，2018 年评估结果显示，共有两个品牌的品牌价值超过了 60 亿元。其中，普洱茶以 64.10 亿元的成绩蝉联品牌价值首位，相比 2017 年，增长 4.10 亿元；其次为信阳毛尖，品牌价值为 63.52 亿元，比 2017 年增加了 3.61 亿元。共计有 44 个品牌的品牌价值，位于平均水平线以上，占整体评估品牌数量的 44.90%，详见图 5、图 6。

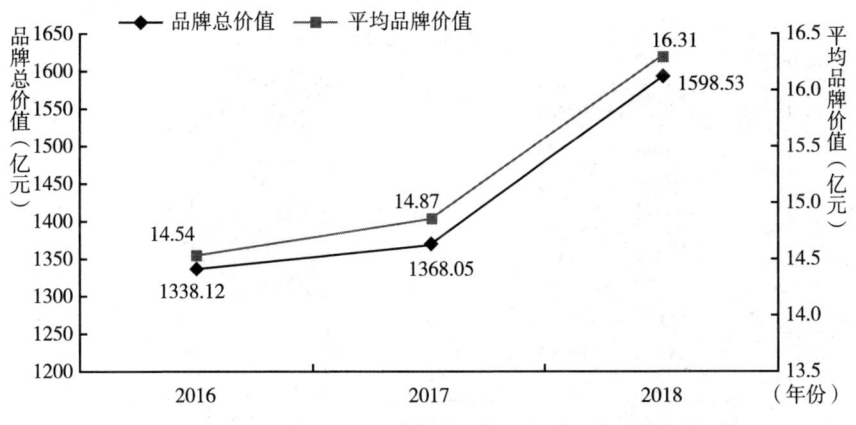

图 5　近三年评估结果显示的品牌总价值及平均品牌价值比较

由上述数据可见，2018 年，无论参评及有效评估品牌的数量、有效评估品牌的品牌总价值，还是有效评估品牌的平均品牌价值等数据，均比 2017 年的评估数据有所提高，且同比增长率很高。

另外，2018 年，品牌价值超过 50 亿元的品牌、品牌价值处于 10 亿～20 亿元的品牌数量均没有变化，分别为 2 个和 38 个，但所占当年度整体评

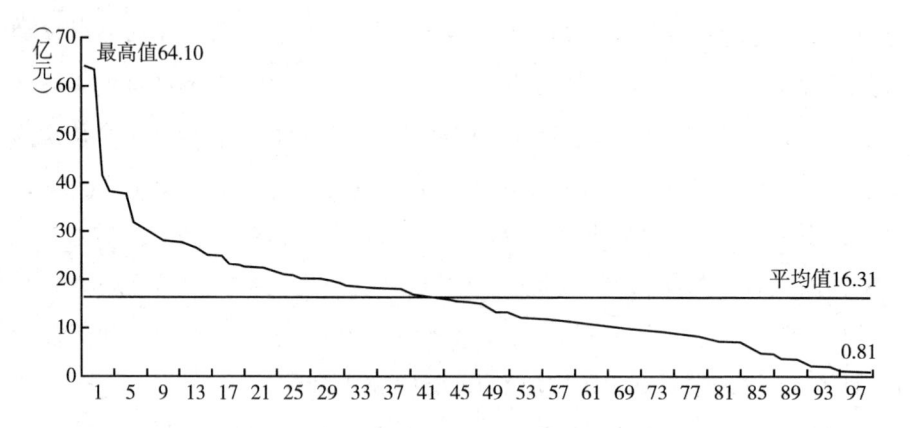

图 6　2018 年有效评估茶叶区域公用品牌的品牌价值比较

估品牌数量的比例有所下降；品牌价值处于 20 亿～50 亿元之间的品牌增加了 9 个，占比达到了 28.57%；品牌价值在 1 亿元以上、10 亿元以下的品牌减少了 4 个；低于亿元的品牌多了 1 个（见图 7）。

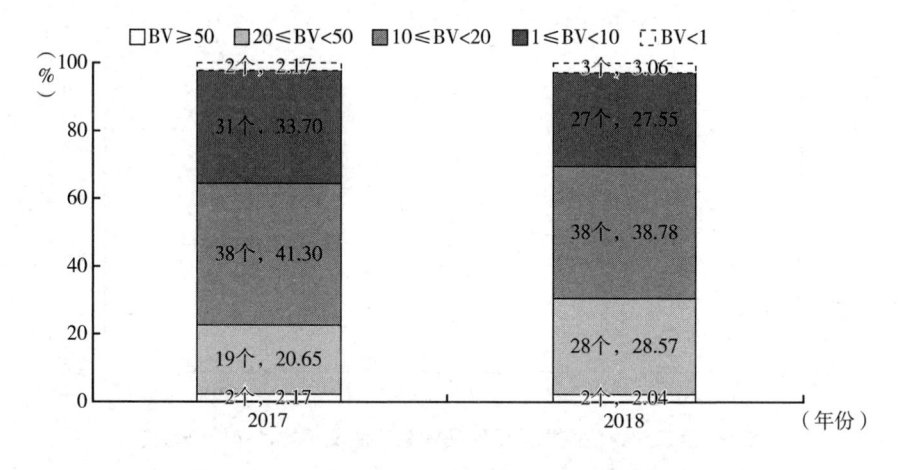

图 7　2017 年和 2018 年有效评估的茶叶区域公用品牌价值区间比例

综上所述，虽然当前中国茶叶区域公共品牌价值超过 50 亿元的品牌、品牌价值处于 10 亿～20 亿元的品牌数量增长不明显，但是通过比较 2017、2018 两年有效评估品牌的品牌价值区间分布可见，中国茶叶区域公用品牌价值正在向高价值靠拢。

（2）茶叶产品品牌价值小幅提升

品牌价值作为直观反映品牌综合实力及竞争力水平的量化指标，体现了一个品牌的发展水平与未来的赢利能力。

2018 中国茶叶企业产品品牌价值评估数据显示，本次获得有效评估的 161 个中国茶叶企业产品品牌，品牌总价值为 356.00 亿元，平均品牌价值为 2.21 亿元。产品企业数量、品牌总价值相较于 2017 年有所提升，但是平均价值相较于 2017 年的 2.92 亿元有所下降。本次评估中，有 60 个品牌的品牌价值居于平均水平以上，占整体有效评估品牌数量的 37.27%，超六成参评品牌的品牌价值居于平均水平之下（见图8）。

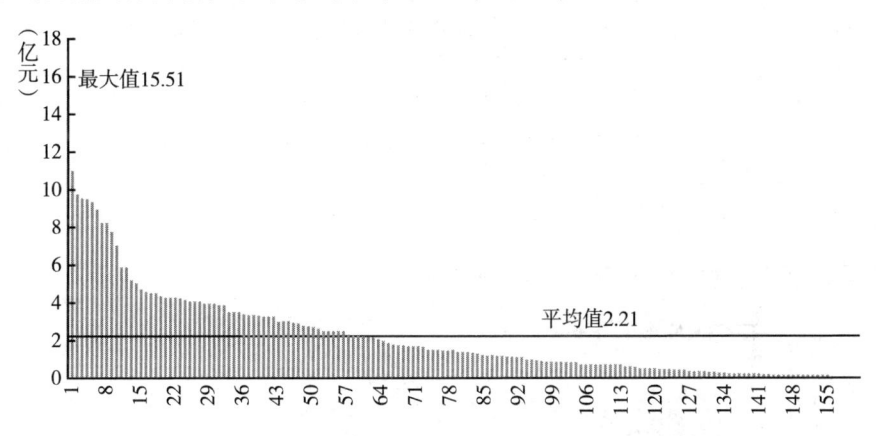

图8　2018 有效评估的茶叶企业产品品牌价值比较

按价值大小划分，如图 9 所示，本次有效评估的品牌，品牌价值在 10 亿元以上的有 2 个，即吴裕泰和新坦洋，品牌价值分别为 15.51 亿元和 10.85 亿元；品牌价值居于 5 亿~10 亿元间的品牌共计 12 个，占整体有效评估品牌数量的 7.45%；品牌价值在 1 亿~5 亿元之间的品牌为 79 个，占整体有效评估品牌数量的 49.07%；另有 68 个品牌的品牌价值不足亿元，占整体有效评估品牌数量的 42.24%。

如图 10 所示，获得有效评估的 161 个茶叶企业产品品牌，其所在企业平均自有茶园基地面积为 1135.63 公顷，平均拥有 209.37 名员工，品牌价值前 10 位品牌所在企业的平均自有茶园基地为 4851.16 公顷，平均拥有员

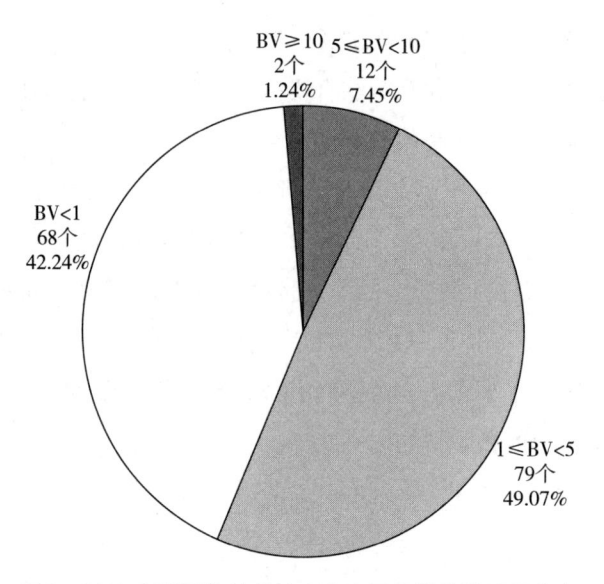

图9 2018有效评估的茶叶企业产品品牌价值区间分布

工人数476.70人，品牌价值前100位品牌所在企业的平均基地规模和员工人数分别为1484.72公顷和273.16人。

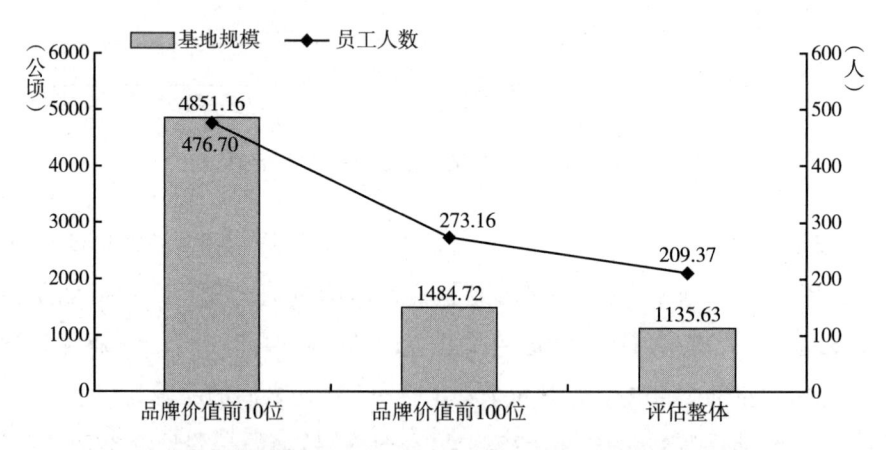

图10 2018有效评估的茶叶企业产品品牌平均基地规模和员工人数比较

以上数据表明，本次获得高价值的参评品牌在茶园基地建设等产业规模化方面程度较高，但是品牌价值大多还处于较低水平，且中小规模的茶叶企业产品品牌仍占多数，因此，中国茶叶产品品牌价值有待进一步提升。

（3）茶叶品牌营销持续创新，茶文化产品附加值进一步提升

茶文化对于茶经济的影响路径主要是通过以"茶"为载体的生活消费方式的变化带动茶叶产业的经济形态与运动模式变动，关键在于依托"茶"的物质消费发挥文化的影响力。拥有较高的附加价值是茶文化产品的一大特点。茶文化产品附加值的形成主要有三条路径：一是通过实施科学研究和技术创新而创造的"科技附加值"；二是通过提高竞争力，特别是企业利用CIS等手段所创造的"品牌附加值"；三是通过赋予产品更多的文化内涵，使之在一定程度上具有文化符号的意义而创造出"文化附加值"。

茶文化是中国最具特色的传统文化之一，历史悠久，对世界茶文化的形成与发展具有重要的影响。中国茶叶品牌要实现高质量发展，文化尤为重要，观察2017~2018年的中国茶叶市场可以发现，中国茶业正通过制定茶叶标准，深度挖掘和利用茶文化，利用多种渠道进行茶文化营销，组织多样化茶事活动，参与国家级、世界级评比等方式，进一步提升茶文化产品附加值，加快中国茶叶品牌建设的进程。

1）标准制定全面化

在标准制定方面，2018年先后通过包括《红茶第1部分：红碎茶》《红茶第2部分：工夫红茶》《绿茶第1部分：基本要求》《茶叶感官审评术语》《固态速溶茶第1部分：取样》《白茶》《茉莉花茶》《茶叶中茶氨酸的测定 高效液相色谱法》《乌龙茶第7部分：佛手》《抹茶》《茉莉花茶加工技术规范》《农产品追溯要求 茶叶》等在内的20余项茶叶推荐性国家标准并陆续实施，其中，茶叶产品标准有12项，新制定4项，修订8项。这些茶叶标准的制定为中国茶叶的标准化和产业化奠定了坚实的基础，也为中国茶叶在世界茶叶标准化方面赢得了话语权。

2）茶文化营销现代化

2017~2018年，中国茶文化营销更加关注传统茶文化与现代生活的契合，强调现代价值在传统茶叶消费中的存在与魅力。一方面，茶叶产品的文化营销与市场推广开始从品牌故事、事件营销延伸至商业模式创新领域。例如2017年上市的茶叶品牌"小罐茶"，秉承"做中国好茶，做好中国茶"

的企业使命，历经三年多时间，创造性整合了中国茶传统制作技艺的精华，联合中国六大茶类八大名茶的八位国宝级制茶大师，一人一款代表作，以统一标准，打造出八款名茶，为大众提供了一个"传统+现代"文化营销的经典范例。独特的商业模式和品牌文化内涵，推动了企业快速发展，截至2018年11月，小罐茶全国门店约650家，销售额突破20亿元，实现营收10亿元，更拥有了"中国茶的现代派"标签，被称作中国茶叶界的"苹果"，品牌塑造成效显著。另一方面，随着互联网的高速发展以及电商的兴起，传统茶叶企业转型速度加快，顺应时代变迁，积极开拓线上销售渠道，丰富品牌展示形式，市场规模和品牌影响力同步扩大。统计数据显示，2018年天猫"双11"全球狂欢节24小时茶类总成交额为2135亿元，共有10.42亿个包裹。从品牌商自行公布的数据看，大益为9483万元，雨林为1374万元，八马为1600万元，艺福堂为91918万元，第一名大益远远高出第二名近8000万元，大益品牌荣登食品类榜单第6位，由此可见，中国茶的消费潜力十分巨大。而2018年天猫全茶类品牌交易指数排行前10的榜单中（见图11），除了艺福堂是专业电商外，其他都是传统品牌企业，营销方式和销售渠道的创新为传统茶叶企业注入了新活力。

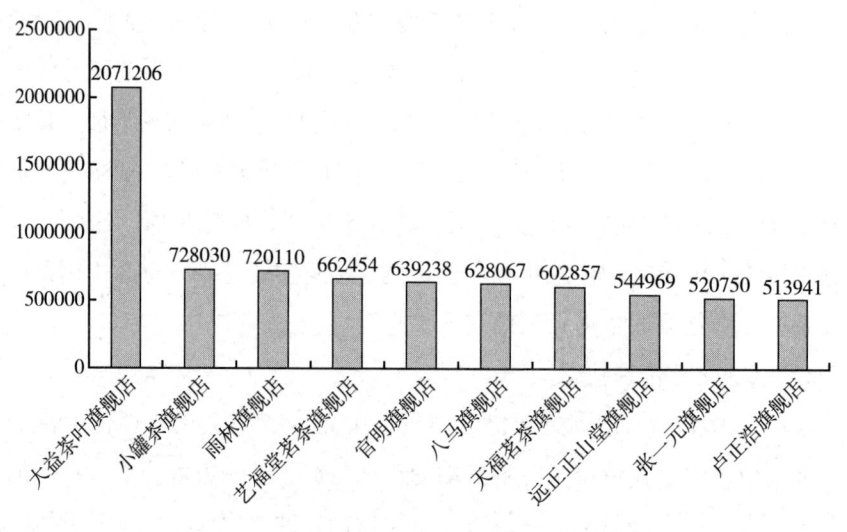

图11　2018天猫双11全茶类品牌交易指数排行

3）茶事活动常态化、国际化、多样化

①外交茶叙常态化

在过去的几年中，中国茶的文化外交在国际重大活动中发挥着重要的黏合剂作用。作为中国传统文化代表之一，中国茶不断亮相国际舞台，架起了互鉴交流、和平与友好的桥梁，借助国际平台走向世界。2017年金砖国家领导人厦门会晤期间，中国茶作为会议指定伴手礼，礼敬各国贵宾，受到中外领导的高度评价。金砖茶品也充分凸显了中国茶文化：红、橙、绿、蓝、黄五色漆器茶罐，分别装有大红袍、正山小种、铁观音、白茶、茉莉花茶，寓意和象征着"和平、开放、包容、合作、共赢"的金砖精神，中心还有一个极具中国茶文化特色的茶杯——建盏。2018年11月5日，首届中国国际进口博览会在上海国家会展中心盛大揭幕，茶叶被东道主作为中华民族的文化礼仪象征，用来款待在场的19位元首及各国政要。"茶为国饮"已经深入人心。

②茶事活动丰富多样，行业评选促进品牌升值

2018年，中国在常规茶主题会议、斗茶赛的基础上，积极组织开展了行业评比。11月14~17日，中国茶行业内首个以"品牌"为主题的全国性大型活动——第十四届中国茶业经济年会——在武夷山成功召开。中国茶叶流通协会与中国品牌建设促进会联手打造了统一的评价标准体系，并在本届年会开幕式上首次公布了6个茶业品牌相关排行榜，分别为2018中国茶业百强县名单、2018中国茶叶百强企业名单、2018中国茶业品牌传播力十强企业、2018中国茶业最受消费者认可十强企业、2018中国茶业品牌影响力全国十强县（市）、2018中国茶旅融合竞争力全国十强县（市）。与此同时，中国茶叶企业也积极参加国际评比，成果丰硕。由世界茶联合会主办的2018年第十二届世界名茶评比活动吸引了来自日本、韩国、斯里兰卡、印度、中国台湾、中国大陆等国家和地区共计4000余家茶企参评，盛况空前，中国大陆地区共评出393个金奖，受到全世界瞩目。

（三）对中国茶文化经济发展的思考

1. 加强文化的多元化开发和多样化设计

所谓"文化经济"，其时代特征就是文化资源化，并成为产业推动的主要元素。基于中国当前的茶文化经济发展现状考量，茶文化体现尚较为浅薄，以文化之名行物质之实现象普遍。以"茶文化旅游"为例，多地在整合茶文化资源、开发茶主题旅游的过程中实质上多停留在茶的文化表层，对于深入的文化内涵挖掘很难触及或者是停留在故纸堆里，仅仅将其作为文化遗迹供人瞻仰，难以对其融入现代价值，也难以将其物化成实在的旅游产品或相关服务业态而使其成为名副其实的现代文化产品。大多数地方的"茶文化旅游"主要停留在茶园观光、茶叶采制体验、品茗购买的初级阶段。再比如现代茶馆经营，流行的趋势是与吃、穿、住、行、游、购、娱、休闲体验紧密联系，交融跨界已成为不可忽视的主流。

在此背景下，成功的茶馆经营应该注重在茶文化背景下，传达生活美学，强化品质消费、情感消费的元素。如始建于1988年的北京老舍茶馆，重点放在了以"京味茶馆文化"为主题的多维度、多功能文化产品的设计与展示上，自开业以来，就成为展示民族文化精品的特色"窗口"和连接国内外友谊的"桥梁"，并进而取得了巨大而持久的市场成功。

2. 以茶文化与创意为核心要素，推动实现茶文化经济的再生优势

基于中国茶文化资源的产业化现状判断，中国的茶文化产业发展主要还是依托"茶"产业的存在而发展，是一二三产业的复合产业形态，呈现为"茶文化产业化"与"茶业文化化"共存的产业印象。这也和当前茶业经济与文化一体化的趋势相对应——随着有意识的"文化"附加值的注入，从茶叶种植、加工到销售与茶馆服务，茶文化产业涵盖了三次产业的全部形态：第一产业的茶园种植与茶文化生态旅游（采摘、科普、休闲），第二产业的茶叶、茶具生产与工业旅游、包装设计，第三产业的茶道（艺）演艺、茶行业会展以及其他茶文化衍生产品等。茶文化产业延伸了茶产业的产业价值链，实现了产品利润的多次增值，充分展示了茶文化经济的市场魅力。但是这种基于共存的茶文化产业发展的现实，使产业发展呈现出以茶叶销售为主、茶文化消费为辅的经济局面，貌似花团锦簇的茶文化经济实际上多是围绕"茶事旅游"的低位徘徊。这不利于进一步独立发挥茶文化的经济价值，推动茶文化产业的升级发展。同时，由于过于集中的"文化介入"，复制门槛低，"搭便车"现象普遍，亦使文化对于茶业经济的增值效应日益下降，不利于茶业经济的健康发展。因此，要寻找茶业经济与文化一体化的健康成长路径，应在既有的茶文化资源挖掘的基础上，力求以"创意"为核心形成新的茶文化产业集聚，只有依托富有衍生力的文化创意，才有可能打破特定一二产业集群中产品同质化、低壁垒、低集中度等劣势，茶文化经济的集聚优势才可能再生实现，并由此带来茶业经济与茶文化经济的健康可持续发展。

3. 宣传与推广茶文化，打造茶文化产业消费空间

尽管茶文化是中国重要的传统特色文化艺术构成要素，但基于对社会与市场的观察我们发现，近年来的茶文化传播主要限于成年人的范畴；对于茶文化在中国的传承，即对青少年茶文化及茶生活方式的宣传推广远远不够。现代生活与传统社会的最大区别就是茶不再是社会生活的必然要素。茶及茶生活方式地位的改变使我们对中国茶文化的传承与发展必须使用主动的宣传与推广，而不能够被动地等待茶传统的自然传承。由此，面对当前的茶文化普及状况及人民文化消费需求的增强，有必要主动地、多渠道、多方式地宣传与推广茶文化，这对于未雨绸缪，打造今天及未来茶文化产业的消费空间具有极其重要的价值。

4. 进一步加强品牌建设

品牌是企业乃至国家竞争力的综合体现，也是参与经济全球化的重要资源。随着经济全球化和国际市场竞争的加剧，世界已进入品牌经济时代，品牌消费已经成为全球居民消费的主流。加强品牌建设、提升品牌价值、培育一批国际知名品牌，既是中国经济发展的内在要求，也是中国产品在全球竞争中形成优势的关键所在。

中国茶产业加强品牌建设主要可以采取以下方式：一是政府发挥导向作用，促进茶叶产业提档升级。茶叶是重要经济作物，也是传统优势产业。但

是，中国茶产业大而不强、大而不精、大而不彰，质量效益和竞争力差距明显，影响了茶产业的持续健康发展。因此，以政府力量统筹，进一步出台政策，设立专项资金，支持茶叶区域公共品牌建设和茶叶产品品牌建设，加大茶叶品牌宣传力度，推进茶叶驰名商标、地理标志创建和保护工作，有助于提升茶产业整体竞争力。二是茶叶企业继续优化商业模式，线上线下结合，促进茶叶电子商务规范发展，加快实体店功能转型。开设品牌专柜、专卖店、连锁营销和现代茶馆茶楼等经营网点，提升设施设备水平，加强品牌推广，逐步构建现代营销体系。三是积极开展茶事活动，形成浓厚的茶文化氛围。四是积极借助国际舞台展示中国茶与茶文化，通过参加国际知名展会，开展文化交流互访活动，拓展茶商合作的深度与广度，抱团宣传中国茶叶，推广茶文化，传授品饮方式，培养消费群体，以品牌带动中国茶走向世界，进一步扩大中国茶叶在国际市场上的影响力。

5. 进一步推进茶旅异业融合

新形势下，中国茶产业应把握时机，大力整合文化、旅游资源，发展乡村旅游、优质旅游。按照建设"茶叶生产示范区、文创艺术集聚区、养生健身度假区、茶园风光观赏区、茶叶交易集散区、茶文化体验区、茶乡民俗体验区、户外运动休闲区"的目标，全面挖掘茶叶、生态、文化、民俗、观光五个方面的资源潜力，积极发展特色农业（茶叶）小镇建设新模式、新业态，推广茶叶小镇、茶庄园、茶旅等产业融合模式，支持茶产业与旅游业融合发展，打造茶文化旅游综合体，推动茶文化产业以及茶文化经济发展。

五 茶叶电商大数据

如前所述，茶叶电子商务正在迅速崛起为中国茶叶销售中的重要环节，而收集和整理茶叶电子商务的相关数据，无论对于茶叶生产加工企业还是销售企业，都有着极为重要的借鉴作用。但受制于数据的缺失，这方面的研究主要以各大电商平台发布的相关数据为主，导致对不同平台之间的比较缺乏科学客观的基础，本报告尝试利用简搜公司最新的网络机器人技术，收集来自京东、淘宝、天猫、苏宁易购、考拉五个电商平台的数据，并加以整理分析。首先，对茶叶行业的渠道交易规模、市场规模变化趋势、价格区间交易规模进行分析。其次，针对主要茶叶品牌的2018年1～10月的电商数据进行分析（主要品牌茶网络销售渠道分析、主要品牌茶叶网络零售额及市场份额占比情况、主要品牌茶叶各月零售额变化分析、主要品牌茶叶价格区间零售量分析、主要品牌茶叶区域分析、主要品牌茶叶价格分析）。最后，分别对绿茶、龙井、乌龙茶、铁观音、红茶、普洱等品类茶的主要渠道交易规模、市场规模变化趋势、主要品牌交易规模等进行了分析。

（一）茶叶行业电商数据应用与分析

主要结果见表34、表35。

表34 2018年1～10月茶主要渠道交易规模分析

渠道	零售额(万元)	零售额占比(%)	零售量(万件)	零售量占比(%)	零售均价(元/件)
天猫	562436	45.41	8139.5	40.97	69.10
淘宝	417660.1	33.72	8535.9	42.97	48.93
京东	255556.4	20.63	3139.7	15.8	81.40
苏宁易购	1872.4	0.15	32	0.16	58.51
考拉	1121.3	0.09	19.7	0.1	56.92
小计	1238646.2	100	19866.8	100	62.35

表35 2018年1～10月茶叶价格区间交易规模分析

价格区间	零售量(万件)	零售量占比(%)	零售额(万元)	零售额占比(%)
0～100元	17035.3	85.75	614833.9	49.64
101～200元	2009.9	10.12	291131.7	23.50
201～300元	469.5	2.36	118625.7	9.58
301～500元	224	1.13	85990.2	6.94
501～1000元	94	0.47	62143.2	5.02
1000元以上	32	0.16	65803.7	5.31
小计	19864.7	100	1238528.4	100

（二）主要品牌茶叶电商数据分析

详细结果见表36~表60。

表36　2018年1~10月主要品牌茶各渠道网络销售零售额及占比

品牌	天猫 零售额（万元）	天猫 零售额占比（%）	京东 零售额（万元）	京东 零售额占比（%）	苏宁易购 零售额（万元）	苏宁易购 零售额占比（%）	淘宝 零售额（万元）	淘宝 零售额占比（%）	考拉 零售额（万元）	考拉 零售额占比（%）
小罐茶/XIAO GUAN TEA	7432.8	51.21	7078.9	48.77	2.8	0.02	0	0.00	0	0.00
大益	5451.4	42.15	5799.5	44.84	15.3	0.12	1667.7	12.89	0	0.00
立顿/LIPTON	3582	31.54	4589.7	40.41	100.4	0.88	3085.2	27.16	0	0.00
八马	3492	31.88	7234.4	66.04	19.3	0.18	169.2	1.54	39.9	0.36
一杯香	1979.7	18.36	8796.7	81.57	0	0.00	8.1	0.08	0	0.00
其他/OTHER*	0	0.00	0	0.00	0	0.00	9924.7	100.00	0	0.00
卢正浩/LU ZHENGHAOTEA	3858.5	41.70	5300.4	57.28	0	0.00	12.9	0.14	81.1	0.88
仙醇	8969.6	99.94	4.4	0.05	0	0.00	1	0.01	0	0.00
中茶	2805.2	32.27	3862.1	44.43	32.9	0.38	1993.4	22.93	0	0.00
修正	16859.9	82.54	2250	12.98	1.1	0.01	306.1	1.77	0	0
乐品乐茶	3518.3	43.40	4588.3	56.60	0	0.00	0.6	0.01	0	0.00
中闽飘香/ZMPX	7526.2	99.76	9	0.12	0	0.00	8.9	0.12	0	0.00
艺福堂	10222.8	58.99	6674.5	38.52	83.3	0.48	147.4	0.85	200.2	1.16
强韵	6672.8	99.95	0	0.00	0	0.00	3.2	0.05	0	0.00
千茗语	6271.7	99.99	0	0.00	0	0.00	0.4	0.01	0	0.00
陆卢缘	6085.2	100.00	0	0.00	0	0.00	0.2	0.00	0	0.00
仁君	5684.8	98.43	0	0.00	0	0.00	90.4	1.57	0	0.00
张一元	3269.5	56.98	2463.7	42.94	0	0.00	4.4	0.08	0	0.00
小计	101125.2		58651.6		255.1		17423.8		321.2	

注：*其他为淘宝个人卖家销售的无品牌茶叶产品。下同。

表37 2018年1～10月主要品牌茶各渠道网络销售零售量及占比情况

品牌	天猫 零售量（万件）	天猫 零售量占比（%）	京东 零售量（万件）	京东 零售量占比（%）	苏宁易购 零售量（万件）	苏宁易购 零售量占比（%）	淘宝 零售量（万件）	淘宝 零售量占比（%）	考拉 零售量（万件）	考拉 零售量占比（%）
小罐茶/XIAO GUAN TEA	13.1	54.93	10.7	45.05	0	0.02	0	0.00	0	0.00
大益	28.3	38.51	31.4	42.70	0.1	0.12	13.7	18.67	0	0.00
立顿/LIPTON	92.8	27.44	133.7	39.55	4.3	1.27	107.3	31.74	0	0.00
八马	25	31.43	52.9	66.67	0.2	0.20	0.9	1.18	0.4	0.52
一杯香	29.1	27.58	76.3	72.19	0	0.00	0.2	0.23	0	0.00
艺福堂	244.5	62.84	135.7	34.88	1.4	0.36	3.2	0.82	4.3	1.11
其他/OTHER	0	0.00	0	0.00	0	0.00	241.5	100.00	0	0.00
卢正浩/LU ZHENGHAOTEA	26.8	43.76	33.8	55.20	0	0.00	0.1	0.16	0.5	0.88
仙醇	78.1	99.95	0	0.04	0	0.00	0	0.01	0	0.00
中茶	22.9	33.85	32.2	47.60	0.2	0.23	12.4	18.31	0	0.00
修正	255.8	84.84	37.2	12.34	0	0	8.5	2.82	0	0
乐品乐茶	34.2	42.42	46.4	57.57	0	0	0	0.01	0	0
中闽飘香/ZMPX	279.7	99.81	0.3	0.11	0	0	0.2	0.08	0	0
强韵	56.9	99.96	0	0	0	0	0	0.04	0	0
千茗语	39	99.99	0	0	0	0	0	0.01	0	0
陆卢缘	53	100.00	0	0	0	0	0	0	0	0
仁君	32.3	99.07	0	0.00	0	0	0.3	0.93	0	0
张一元	39.8	61.40	25	38.53	0	0	0	0.07	0	0
小计	1351.3		615.6		6.2		388.3		5.2	

表38 2018年1～10月主要品牌茶叶网络零售额及市场份额占比情况

序号	品牌名称	零售额（万元）	零售额占比（%）	零售量（万件）	零售量占比（%）
1	小罐茶/XIAO GUAN TEA	14514.5	1.17	23.8	0.12
2	大益	12933.8	1.04	73.5	0.37
3	立顿/LIPTON	11357.3	0.92	338.1	1.70

续表

序号	品牌名称	零售额（万元）	零售额占比（%）	零售量（万件）	零售量占比（%）
4	八马	10954.9	0.88	79.4	0.40
5	一杯香	10784.5	0.87	105.6	0.53
6	艺福堂	17328.2	1.4	389.1	1.96
7	其他/OTHER	9924.7	0.80	241.5	1.22
8	卢正浩/LUZHENGHAOTEA	9252.9	0.75	61.3	0.31
9	仙醇	8975	0.72	78.1	0.39
10	中茶	8693.6	0.70	67.6	0.34
11	修正	16859.9	1.36	301.6	1.52
12	乐品乐茶	8107.2	0.65	80.5	0.41
13	中闽飘香/ZMPX	7544.1	0.61	280.2	1.41
14	强韵	6676	0.54	56.9	0.29
15	千茗语	6272.1	0.51	39	0.20
16	陆卢缘	6085.3	0.49	53	0.27
17	仁君	5775.2	0.47	32.6	0.16
18	张一元	5737.5	0.46	64.9	0.33
	小计	177776.7		2366.7	

表39 2018年1~10月主要品牌茶叶各月零售额变化趋势

时间	2018年1月	2018年2月	2018年3月	2018年4月	2018年5月	2018年6月	2018年7月	2018年8月	2018年9月	2018年10月
小罐茶/XIAO GUAN TEA	1818.3	2477.8	743.3	890.5	886.7	1547.7	717.1	962.3	3467	1003.9
大益	1110.3	1890.4	823.9	1756	1369.3	2707.3	1254.8	322.1	708.2	991.5
立顿/LIPTON	926.1	708.7	1307.6	1387.9	1019.6	1468.3	1010.1	1099.9	1187	1242.2
八马	1324.7	2066.8	681.1	679.8	686.2	1365.9	688.9	835.9	1858.6	767.1
一杯香	760.9	1062.9	1121.6	1151.5	819.8	1407.1	872.4	949.6	1449.2	1190
艺福堂	996.5	1551.8	1539	1950.5	1538.5	2627.1	1574.1	1688.5	2063.6	1798.8
其他/OTHER	1809.9	1033.1	1766.3	1727.4	1784.1	1804	0	1804	1727.4	1784.1
卢正浩/LU ZHENGHAOTEA	500.8	915	765	1979.3	850.6	1147.9	630.2	768.2	923.6	772.4
仙醇	112.6	849.2	0	632.1	1086.1	842.9	600.7	1598.5	1344.7	1908.6

续表

时间	2018年1月	2018年2月	2018年3月	2018年4月	2018年5月	2018年6月	2018年7月	2018年8月	2018年9月	2018年10月
中茶	921	748.5	764.4	727.8	809.6	1081.1	683	935.7	1124.6	897.9
修正	327.7	473	1046.9	1356.4	1514.3	1507.9	2265	2240.5	2636	3492.4
乐品乐茶	418.2	691	548	1027.3	768.5	975.9	801.6	909.5	1223.6	743.6
中闽飘香/ZMPX	310.8	372.7	1030.4	888.9	860.7	837.2	769.3	712.7	837.2	924.3
强韵	255	508.9	149.4	859.1	873.3	841	223.1	885.3	1043.9	1037
千茗语	116.4	151	39.7	995.1	1168	763.1	710.2	690.1	750.4	888.1
陆卢缘	220.7	402.2	84.8	897.1	817	756.1	144.2	746.7	950.6	1065.8
仁君	135.8	258.1	58.2	651.2	1093.9	1139.5	722.2	646.9	712.5	356.9
张一元	383.3	776.3	533	514	401.4	784.7	447.4	547.4	738	612.1
小计	12449	16937.4	13002.4	20071.5	18347.6	23604	14114.3	18343.7	24746.1	21476.7

表40　2018年1~10月茶零售量较多的主要品牌茶价格区间零售量分析

品牌	0~100元 零售量（万件）	零售量占比（%）	101~200元 零售量（万件）	零售量占比（%）	201~300元 零售量（万件）	零售量占比（%）
其他/OTHER	226.7	93.90	11.3	4.68	1.9	0.81
中茶	42	62.11	15.7	23.27	4.3	6.36
大益	35.6	48.42	24.4	33.13	5.1	6.96
立顿/LIPTON	334.8	99.04	3	0.88	0.1	0.03
八马	42.2	53.10	24.5	30.85	7.5	9.40
艺福堂	372.7	95.83	11.9	3.06	3.6	0.93
卢正浩/LUZHENGHAOTEA	24.8	40.43	26	42.51	3.9	6.34
张一元	41.6	64.11	15.7	24.23	5.4	8.39
中闽飘香/ZMPX	280.2	100.00	0	0.00	0	0.00
修正	292.9	97.18	8.5	2.82	0	0
小罐茶/XIAO GUAN TEA	0	0.00	0	0.00	5.9	24.61
乐品乐茶	70.3	87.30	8.1	10.06	1.2	1.44
一杯香	55	52.10	49.3	46.68	1.2	1.10
千茗语	15	38.51	13.6	34.95	8.9	22.90
强韵	27.6	48.57	29.1	51.22	0.1	0.15
陆卢缘	20	37.80	32.9	62.04	0.1	0.12
仁君	1.6	5.06	28	85.83	3	9.11
仙醇	24.1	30.81	53.5	68.53	0.4	0.55

续表

品牌	301~500元 零售量(万件)	零售量占比(%)	501~1000元 零售量(万件)	零售量占比(%)	1000元以上 零售量(万件)	零售量占比(%)
其他/OTHER	1.1	0.45	0.3	0.14	0.1	0.04
中茶	3.9	5.72	1.3	1.99	0.4	0.55
大益	4.9	6.73	2	2.78	1.5	1.99
立顿/LIPTON	0.1	0.03	0.1	0.02	0	0.01
八马	3.7	4.69	1.3	1.68	0.2	0.28
艺福堂	0.6	0.15	0	0	0.1	0.03
卢正浩/LUZHENGHAOTEA	5.4	8.86	0.9	1.55	0.2	0.32
张一元	1.9	2.93	0.2	0.29	0	0.04
中闽飘香/ZMPX	0	0.00	0	0.00	0	0.00
修正	0	0.00	0	0.00	0	0.00
小罐茶/XIAO GUAN TEA	3.4	14.28	7.8	32.65	6.8	28.46
乐品乐茶	1	1.20	0	0.00	0	0.00
一杯香	0.1	0.10	0	0.03	0	0.00
千茗语	1.4	3.63	0	0.01	0	0.00
强韵	0	0.04	0	0.02	0	0.00
陆卢缘	0	0.03	0	0.01	0	0.00
仁君	0	0.00	0	0.00	0	0.00
仙醇	0.1	0.07	0	0.04	0	0.00

表41 2018年1~10月茶零售额较高的主要品牌茶区域分布状况

城市等级	一线城市 零售额(万元)	区域占比(%)	二线城市 零售额(万元)	区域占比(%)	三线城市 零售额(万元)	区域占比(%)	四线城市 零售额(万元)	区域占比(%)	五线及以下 零售额(万元)	区域占比(%)
小罐茶/XIAO GUAN TEA	未标识	未标识	未标识	未标识	未标识	未标识	未标识	未标识	未标识	未标识
大益	9721.2	75.16	3139.8	24.28	0.8	0.01	9.8	0.08	62.3	0.48
立顿/LIPTON	9372.6	82.52	778.4	6.85	38.6	0.34	49.1	0.43	1118.7	9.85
八马	10829.8	98.86	53.4	0.49	13	0.12	0.7	0.01	57.9	0.53
一杯香	0.1	0.00	2.8	0.03	158.2	1.47	10623.4	98.51	0	0.00
艺福堂	9.4	0.05	15505.9	89.48	5.3	0.03	5.8	0.03	1801.8	10.4

续表

城市等级	一线城市 零售额(万元)	区域占比%	二线城市 零售额(万元)	区域占比%	三线城市 零售额(万元)	区域占比%	四线城市 零售额(万元)	区域占比%	五线及以下 零售额(万元)	区域占比%
其他/OTHER	2279.7	22.97	5070.4	51.09	1129	11.38	515.2	5.19	930.5	9.38
卢正浩/LU ZHENGHAOTEA	0	0.00	9089.7	98.24	0	0.00	0	0.00	163.2	1.76
仙醇	0	0.00	0.4	0.00	8970.2	99.95	0	0.00	0	0.00
中茶	4418.5	50.83	3933.4	45.24	48.9	0.56	211.3	2.43	81.4	0.94
修正	286.8	1.7	1444.2	8.33	15073.7	86.99	52.2	0.3	2.9	0.02
乐品乐茶	0	0.00	0.1	0.00	8107.1	100.00	0	0.00	0	0.00
中闽飘香/ZMPX	0.6	0.01	7541.6	99.97	1.8	0.02	0	0.00	0.1	0.00
强韵	0	0.00	6592.5	98.75	1.3	0.02	0	0.00	0	0.00
千茗语	0	0.00	6271.9	100.00	0.2	0.00	0	0.00	0	0.00
陆卢缘	0	0.00	6085.3	100.00	0.1	0.00	0	0.00	0	0.00
仁君	0	0.00	0	0.00	90.4	1.57	0	0.00	5684.8	98.43
张一元	5736.7	99.99	0.2	0.00	0.6	0.01	0	0.00	0	0.00

表42 2018年1~10月茶零售量较多的主要品牌茶区域分布状况

城市等级	一线城市 零售量(万件)	区域占比%	二线城市 零售量(万件)	区域占比%	三线城市 零售量(万件)	区域占比%	四线城市 零售量(万件)	区域占比%	五线及以下 零售量(万件)	区域占比%
小罐茶/XIAO GUAN TEA	未标识	未标识	未标识	未标识	未标识	未标识	未标识	未标识	未标识	未标识
大益	57.4	78.11	14.9	20.26	0	0.01	0.1	0.20	1	1.42
立顿/LIPTON	261.1	77.23	21.3	6.30	14.1	4.18	2	0.60	39.5	11.69
八马	77.7	97.84	0.5	0.61	0.1	0.14	0	0.01	1.1	1.39
一杯香	0	0.00	0.1	0.10	1.6	1.52	103.9	98.38	0	0.00
艺福堂	0.3	0.08	337.1	86.61	0.2	0.05	0	0	51.6	13.26
其他/OTHER	52.3	21.67	121.2	50.20	33	13.68	14.1	5.84	20.8	8.61
卢正浩/LU ZHENGHAOTEA	0	0.00	59.2	96.65	0	0.00	0	0.00	2.1	3.35

续表

城市等级	一线城市 零售量（万件）	一线城市 区域占比%	二线城市 零售量（万件）	二线城市 区域占比%	三线城市 零售量（万件）	三线城市 区域占比%	四线城市 零售量（万件）	四线城市 区域占比%	五线及以下 零售量（万件）	五线及以下 区域占比%
仙醇	0	0.00	0	0.01	78.1	99.96	0	0.00	0	0.00
中茶	34.9	51.65	30.7	45.45	0.2	0.30	1.3	1.91	0.5	0.69
修正	4.9	1.62	37.2	12.33	258.1	85.55	1.4	0.46	0.1	0.03
乐品乐茶	0	0.00	0	0.00	80.5	100.00	0	0.00	0	0.00
中闽飘香/ZMPX	0	0.01	280.2	99.98	0	0.01	0	0.00	0	0.00
强韵	0	0.00	56.1	98.53	0	0.01	0	0.00	0	0.00
千茗语	0	0.00	39	99.99	0	0.01	0	0.00	0	0.00
陆卢缘	0	0.00	53	100.00	0	0.00	0	0.00	0	0.00
仁君	0	0.00	0	0.00	0.3	0.93	0	0.00	32.3	99.07
张一元	64.8	99.98	0	0.00	0	0.01	0	0.00	0	0.00

表43 2018年1~10月销量较高的主要品牌茶的成交均价情况

品牌	单品均价（元）	成交均价（元）
小罐茶/XIAO GUAN TEA	970.8	609.8
大益	405.8	175.9
立顿/LIPTON	48.2	33.6
八马	316.4	137.9
一杯香	113.4	102.1
艺福堂	107.4	44.1
其他/OTHER	97.1	41.1
卢正浩/LUZHENGHAOTEA	443.3	151.1
仙醇	227.8	114.9
中茶	391.4	128.6
修正	76.5	56
乐品乐茶	134.5	100.7
中闽飘香/ZMPX	34.6	26.9

续表

品牌	单品均价(元)	成交均价(元)
强韵	203.4	117.3
千茗语	152.5	160.8
陆卢缘	211	114.8
仁君	191.8	177.2
张一元	161.5	88.5

表44　2018年1~10月绿茶主要渠道交易规模分析

渠道	零售额(万元)	零售额占比(%)	零售量(万件)	零售量占比(%)
天猫	63807.2	40.78	701.5	30.92
淘宝	54158.7	34.62	1155.3	50.92
京东	37784.6	24.15	403.4	17.78
苏宁易购	456.5	0.29	6.7	0.3
考拉	248.9	0.16	2.1	0.09
小计	156455.9	100	2269	100.01

表45　2018年1~10月绿茶市场规模变化趋势

时间	零售额(万元)	零售量(万件)
2018年1月	10061.5	192.9
2018年2月	10407.6	144.8
2018年3月	17691.8	232
2018年4月	21255.3	270.2
2018年5月	17139.9	260.9
2018年6月	19688.3	274.7
2018年7月	14604.1	226.3
2018年8月	15260	222.2
2018年9月	17454.6	244.5
2018年10月	12892.8	200.5
小计	156455.9	2269

表46　2018年1~10月绿茶销量TOP20品牌交易规模分析

序号	品牌名称	零售额（万元）	零售额占比（%）	零售量（万件）	零售量占比（%）
1	乐品乐茶	7289.9	4.66	71.2	3.14
2	芳羽	4886.2	3.12	24.3	1.07
3	一杯香	4844.6	3.10	48	2.12
4	清承堂	4294.5	2.74	71.4	3.15
5	信阳毛尖	3710.5	2.37	36	1.58
6	蜜蜂天使	2819.1	1.80	34.3	1.51
7	谢裕大	2798.1	1.79	22.4	0.99
8	竹叶青/ZHUYEQING	2639.6	1.69	9.1	0.40
9	立顿/LIPTON	2538.4	1.62	85.5	3.77
10	安吉白茶	2530.5	1.62	21.4	0.94
11	卢正浩/LUZHENGHAOTEA	1889.3	1.21	11	0.48
12	徽六	1882.5	1.20	16.6	0.73
13	日照绿茶	1609.1	1.03	37.1	1.63
14	祁雅	1538.9	0.98	12.2	0.54
15	迎客松/GREETING PINE	1538.7	0.98	22.9	1.01
16	小罐茶/XIAO GUAN TEA	1378.2	0.88	2.2	0.10
17	竹叶青/CHUYEHCHING	1359.8	0.87	4.5	0.20
18	颐品天成	1298.2	0.83	20.3	0.90
19	艺福堂	1266.4	0.81	11	0.49
20	祁野	1051.1	0.67	7.7	0.34
	小计	53163.6		569.1	

表47　2018年1~10月龙井茶主要渠道交易规模分析

渠道	零售额（万元）	零售额占比（%）	零售量（万件）	零售量占比（%）
天猫	24462.7	43.44	218.5	39.21
京东	17048.9	30.28	105.8	18.98
淘宝	14796	26.28	233	41.81
小计	56307.6	100	557.3	100

表48 2018年1~10月龙井茶市场规模变化趋势

时间	零售额(万元)	零售量(万件)
2018年1月	3254.6	41.4
2018年2月	4008.6	43.1
2018年3月	8365.1	73.7
2018年4月	9603.6	81.7
2018年5月	5299	58.2
2018年6月	6805	60.1
2018年7月	4641.8	54.5
2018年8月	4403.4	46.4
2018年9月	5936.5	52.9
2018年10月	3990	45.2
小计	56307.6	557.2

表49 2018年1~10月龙井茶销量较高的主要品牌交易规模分析

序号	品牌名称	零售额(万元)	零售额占比(%)	零售量(万件)	零售量占比(%)
1	西湖	6776	12.04	50.5	9.08
2	卢正浩/LUZHENGHAOTEA	6408.7	11.38	34.7	6.22
3	一杯香	3407.9	6.05	30.7	5.50
4	西湖龙井	2687.9	4.77	13.6	2.43
5	艺福堂	2666	4.74	20.8	3.73
6	狮峰	2474.9	4.40	13.6	2.44
7	盛茗世家	1677.8	2.98	4.6	0.82
8	梅府茗家	1092.8	1.94	6.1	1.10
9	清承堂	1045.6	1.86	16.7	3.00
10	忆江南	882.3	1.57	10.9	1.96
11	小罐茶/XIAO GUAN TEA	652.1	1.16	0.9	0.16
12	贡/GONG	524.4	0.93	1.8	0.33
13	杭源	477.3	0.85	11.9	2.13
14	和堂世家	467	0.83	5.9	1.05
15	御	437.6	0.78	3.9	0.70
16	仁/KIND	408.6	0.73	1.7	0.30
17	宇袍	383.6	0.68	10.3	1.85
18	佩云	346.9	0.62	1.7	0.30
	小计	32817.4		240.3	

表50　2018年1~10月乌龙茶主要渠道交易规模分析

渠道	零售额(万元)	零售额占比(%)	零售量(万件)	零售量占比(%)
淘宝	38675.5	43.39	439.6	52.34
天猫	32396.2	36.34	293.8	34.98
京东	18023.2	20.22	106.2	12.65
苏宁易购	45.5	0.05	0.3	0.04
小计	89140.4	100	839.9	100.01

表51　2018年1~10月乌龙茶市场规模变化趋势

时间	零售额(万元)	零售量(万件)
2018年1月	10092.1	95.5
2018年2月	8571.7	71.3
2018年3月	7804.6	80.6
2018年4月	6961.9	73.2
2018年5月	7104.7	70.1
2018年6月	9196.6	77.5
2018年7月	7415.7	77.6
2018年8月	9012.2	88.5
2018年9月	13179.6	112.7
2018年10月	9801.3	92.9
小计	89140.4	839.9

表52　2018年1~10月乌龙茶销量较高的主要品牌交易规模分析

序号	品牌名称	零售额(万元)	零售额占比(%)	零售量(万件)	零售量占比(%)
1	小罐茶/XIAO GUAN TEA	6245.1	7.01	9.1	1.08
2	武夷山大红袍	2011.4	2.26	16.2	1.93
3	武夷星	1463.1	1.64	9.4	1.12
4	马头岩	1384.6	1.55	3.8	0.46
5	强韵	1291.4	1.45	12.8	1.53
6	凤凰山	1199.8	1.35	10.3	1.22
7	八马	1197.8	1.34	8.2	0.97
8	LUPICIA	1154.6	1.30	13.7	1.63
9	海堤/SEA DYKE	1122.6	1.26	9.1	1.08
10	其他/OTHER	935.2	1.05	10.4	1.23

续表

序号	品牌名称	零售额（万元）	零售额占比（%）	零售量（万件）	零售量占比（%）
11	仁君	867.9	0.97	5.5	0.66
12	健韵阁	786.6	0.88	5.7	0.68
13	正山王	777.2	0.87	3.1	0.37
14	凤凰单丛	763.4	0.86	7.8	0.93
15	润雅馨	762.3	0.86	3.2	0.39
16	云雾兰花香	742.3	0.83	5.5	0.66
17	陆卢缘	667.7	0.75	5.3	0.64
18	闽饮	654.1	0.73	4.2	0.50
19	映聪茶业/YINGCONGCHAYE	633.9	0.71	2.6	0.31
20	古洪	605.5	0.68	1.3	0.15
	小计	25266.5		147.2	

表53　2018年1~10月铁观音茶主要渠道交易规模分析

渠道	零售额（万元）	零售额占比（%）	零售量（万件）	零售量占比（%）
天猫	61323.1	56.23	583	47.89
淘宝	27189.5	24.93	445	36.55
京东	20365.1	18.68	187.9	15.44
苏宁易购	170.8	0.16	1.5	0.12
小计	109048.5	100	1217.4	100

表54　2018年1~10月铁观音茶市场规模变化趋势

时间	零售额（万元）	零售量（万件）
2018年1月	10098.2	132.1
2018年2月	10676.4	106.6
2018年3月	9376.1	113.2
2018年4月	9166.3	111
2018年5月	11251.3	126.4
2018年6月	10728	111.1
2018年7月	9486.9	109.9
2018年8月	10984.8	124.9
2018年9月	14202.9	144
2018年10月	13077.6	138.2
小计	109048.5	1217.4

表55　2018年1~10月铁观音茶销量TOP20品牌交易规模分析

序号	品牌名称	零售额（万元）	零售额占比（%）	零售量（万件）	零售量占比（%）
1	仙醇	6518.2	5.98	56.3	4.63
2	八马	5704.2	5.23	38.1	3.13
3	雅鑫苑/YAXINYUAN	3451	3.16	39.2	3.22
4	安溪铁观音	3061.9	2.81	23.4	1.92
5	家乡缘	2900.9	2.66	46.2	3.80
6	王氏雄风	2321.2	2.13	10.4	0.85
7	中闽弘泰	2066.8	1.90	24.8	2.04
8	云雾兰花香	1817.5	1.67	9	0.74
9	强韵	1707.2	1.57	14	1.15
10	三隐	1683.6	1.54	7.3	0.60
11	惠聚春秋/HUIJUCHUNQIU	1586.1	1.45	12.8	1.05
12	传奇会	1485.5	1.36	12.1	0.99
13	中闽峰州	1350.9	1.24	19.8	1.62
14	陆卢缘	1344.7	1.23	11.3	0.93
15	忆江南	1220.7	1.12	7.2	0.59
16	正茗村	1144.2	1.05	6.3	0.51
17	千茗语	1109	1.02	5.2	0.43
18	缘香恋	1065.1	0.98	6.1	0.50
19	茶一馆	996	0.91	4.9	0.41
20	梦之巅	991.8	0.91	8.8	0.73
	小计	43526.5		363.2	

表56　2018年1~10月红茶主要渠道交易规模分析

渠道	零售额（万元）	零售额占比（%）	零售量（万件）	零售量占比（%）
天猫	85643	48.84	926.1	37.23
淘宝	53497.8	30.51	1188.3	47.76
京东	35661.8	20.34	365.4	14.69
苏宁易购	344.4	0.2	4.8	0.19
考拉	204.6	0.12	3.2	0.13
小计	175351.6		2487.8	

表57 2018年1~10月红茶市场规模变化趋势

时间	零售额(万元)	零售量(万件)
2018年1月	18965.9	282.4
2018年2月	16855.1	186.6
2018年3月	15280.9	232.6
2018年4月	15066.7	235.3
2018年5月	16242.5	220.1
2018年6月	16473.7	220.5
2018年7月	14098.2	213.8
2018年8月	17799.7	271.1
2018年9月	23170.4	307.8
2018年10月	21398.6	317.7
小计	175351.7	2487.9

表58 2018年1~10月红茶销量TOP20品牌交易规模分析

序号	品牌名称	零售额(万元)	零售额占比(%)	零售量(万件)	零售量占比(%)
1	立顿/LIPTON	6314.7	3.60	175.5	7.06
2	凤鼎红/FENGDINGHONG	3942.1	2.25	57	2.29
3	中闽裕品/ZHONG MIN YU PIN	3464.7	1.98	49.2	1.98
4	金骏眉	2784.4	1.59	25.2	1.01
5	陆卢缘	2772.9	1.58	23.5	0.95
6	川宁/TWININGS	2437.5	1.39	63.5	2.55
7	强韵	2398	1.37	20.4	0.82
8	仙醇	2368.6	1.35	21	0.85
9	梦之巅	2178.6	1.24	15.2	0.61
10	丽皇香	2129.8	1.21	14.6	0.59
11	八马	2106.1	1.20	12.3	0.50
12	千茗语	1976.5	1.13	12.7	0.51
13	凤牌	1941.2	1.11	14.4	0.58
14	醉然香	1934.3	1.10	18.8	0.76
15	桐木人家	1932.7	1.10	6	0.24
16	正山堂	1919.3	1.09	7.1	0.28
17	五虎/WU HU	1798.6	1.03	19.3	0.77
18	正茗村	1720.8	0.98	10.8	0.43
19	真尚一饮/SHANG YIN	1583.1	0.90	10.9	0.44
20	云雾兰花香	1486.4	0.85	8.7	0.35
	小计	49190.5		586.1	

表59　2018年1~10月普洱茶主要渠道交易规模分析

渠道	零售额(万元)	零售额占比(%)	零售量(万件)	零售量占比(%)
天猫	118179.9	46.16	894.4	38.94
淘宝	85472.9	33.39	1025.7	44.66
京东	51950.8	20.29	372.5	16.22
苏宁易购	301.8	0.12	2.7	0.12
考拉	115.7	0.05	1.4	0.06
小计	256021.1	100	2296.7	100

表60　2018年1~10月普洱茶销量TOP20品牌交易规模分析

序号	品牌名称	零售额(万元)	零售额占比(%)	零售量(万件)	零售量占比(%)
1	大益	17832.6	6.98	96.7	4.21
2	中茶	5050.5	1.97	33.7	1.47
3	宫明	4851.5	1.9	13.2	0.57
4	初相	4529.8	1.77	0.3	0.01
5	新益号	4067.3	1.59	46.5	2.02
6	七彩云南/COLOURFUL YUNNAN	3631.1	1.42	23.9	1.04
7	昌蓉号	3470.8	1.36	1.1	0.05
8	老同志	2827.4	1.10	17.5	0.76
9	仁君	2780.6	1.09	13.6	0.59
10	下关	2771.9	1.08	38	1.66
11	千茗语	2746.1	1.07	14.5	0.63
12	丽皇香	2621	1.02	15.5	0.68
13	雨林	2222.2	0.87	9.6	0.42
14	茶一馆	2186.5	0.85	11.5	0.50
15	八角亭	2050.2	0.80	9.7	0.42
16	茶马世家	2033	0.79	17	0.74
17	茶者/CHAZHE	2002.3	0.78	4.1	0.18
18	其他/OTHER	1893.6	0.74	37.2	1.62
	小计	69595.4		403.6	

（二）关于茶叶电商大数据的思考

1. 如何提炼和验证海量数据

仅仅坐拥大数据并不够，对大数据的挖掘能力已成为电商的核心竞争力。这表明大数据的关键并不在数据原料的多少，而在于数据加工能力，只有这种能力才能使大数据产生真正的价值。目前政府信息或主要电商平台企业数据的公开性不够。虽然类似阿里巴巴、京东等电商平台各自掌握着其自营商品的数据，但毕竟其数据源暂时只能停留在自有的数据范围内，对他方数据只能简单引用，使很多数据难以获得或验证，影响大数据的全面性。

因此，今后应该立足于大数据行业的发展，通过更多地进行数据的整合和验证，提高茶叶电商大数据的质量，真正能使电商大数据服务于大众。

2. 如何将大数据与实际需求结合

过去运营数据更多是建立在直觉的判断和分析基础之上的。在大数据时代，到处都充斥着碎片化的数据，没有清晰的思路，无法使海量的数据真正服务于企业。很多企业盲目收集大量数据，但这些数据大都单纯存储在数据库中，无法进行合理的应用，致使这些数据无法真正为电商企业运营或政府部门引导产业起到应有的作用。

所以电商数据企业应该与各界专家及数据使用者进行互动和沟通，了解真实应用场景。通过为客户提供各类商品、各行业的网络零售发展概况、趋势、品牌、渠道、价格、单品、消费者、销量排名、竞争对手状况及各区域销售数量状况分析等，让用户全面了解所关注的电商数据，并为企业用户的生产、营销、管理等决策提供指导性意见。

第二部分 区域篇

The Regional Reports of the Chinese Tea Industry's Development

B.2
福建茶产业发展研究报告

郑廼辉 江 铃*

摘　要： 通过总结福建茶产业种植、加工、质量安全、茶文化旅游、茶叶电商领域的发展概况，对福建茶产业的发展成效和存在问题进行了分析，并从品牌建设、标准化茶园建设、融资环境改善、销售渠道建设、科技水平提升、茶园可追溯体系建设、生产模式改进等方面提出了推动福建茶产业进一步发展的政策建议。

关键词： 福建茶产业　茶产业发展　茶文化

---

* 郑廼辉，福建省农业科学院茶叶研究所，教授级高级农艺师。

一 福建省茶产业发展概况

习近平总书记指出：我们既要绿水青山，也要金山银山。宁要绿水青山，不要金山银山，而且绿水青山就是金山银山。福建"依山傍海"，九成陆地面积为山地丘陵地带，被称为"八山一水一分田"。福建的森林覆盖率达65.95%，居全国第一，是名副其实的青山绿水。得天独厚的自然条件，成就了福建茶叶品质优异。

（一）茶叶种植业现状

福建茶叶近年来快速发展，全省的毛茶总产量、亩产量、毛茶产值、平均价均位居全国第一。2016年，茶园面积25.13万公顷，毛茶产量42.68万吨、亩产113.2千克，毛茶产值219亿元，茶产业综合产值达到800多亿元。2017年，茶园面积38.19万公顷，生产茶叶45.2万吨（同比增长6%），茶园平均单产为118千克/亩，茶产业年产值近1000亿元，毛茶产值235亿元（同比增长8%）。福建省的新品种选育与推广远高于全国46%的平均水平，其中，省级良种18个、国家级茶树良种26个。全省平均茶叶亩产从30年前的24.5千克提高到113.2千克，无性系良种推广面积达96%以上，居全国第一。

（二）茶叶加工业现状

据省农业厅统计：2017年福建省毛茶总量45.19万吨，其中乌龙茶23.96万吨，绿毛茶13.45万吨，红毛茶5.42万吨，白毛茶2.19万吨，其他0.17万吨，分别占53.01%、29.76%、11.99%、4.85%和0.38%。茶产业加工业的规模、实力直接影响整个产业的发展。福建茶叶加工主体大部分为个体茶农、茶农专业组织、茶厂（场、公司）等，《福建省茶叶生产企业名录2017年最新版》汇总了福建省3537家茶叶生产企业的信息，覆盖率达99%以上。其中茶叶类农业产业化国家级企业7家、省级重点龙头企业128

家，茶叶品牌建设水平和龙头企业数量居全国前列。茶叶精深加工是提升茶叶产品附加值的有效途径。目前全国茶叶深加工企业有100多家，福建占10%。福建大闽食品（漳州）有限公司、仙洋洋食品科技有限公司等茶企在提取茶多酚、茶多糖、茶色素等茶有效成分的深加工方面不断创新与突破，成为茶产业成功转型的典范。

（三）茶叶质量安全现状

2016年12月底，农业农村部（原农业部）命名首批国家农产品质量安全县（市），福建省尤溪县、云霄县、福清市、福鼎市被农业部授予"国家农产品质量安全县"称号。2017年6月29日，由国务院食品安全办、农业部、食品药品监管总局主办的2017全国"双安双创"成果展在北京开幕。福建馆由福州、厦门、莆田和安溪联合组展。2017年12月28日，农业部关于认定第二批国家农产品质量安全县（市）创建试点单位的通知中，福建省安溪县、平和县、仙游县、泰宁县、武夷山市、上杭县、蕉城区上榜。被授予"国家农产品质量安全县"的大都是产茶区。

2017年农业农村部（原农业部）茶叶质量安全风险评估专项在全国16个重点产茶县取样755个，验证分析表明没有一个产品禁用农药残留超过国家限量标准要求。福建安溪县在茶叶质量安全方面的工作走在全国前列，安溪县从强化源头治理、积极探索和创新体制机制、加强农资监管等方面紧抓质量安全。从2011年起，安溪县就率先创建了农资监管平台，充分运用互联网+智慧农业的方式对农资设备、准入、招标定价、购买使用等环节实施严格监管。投资建成国家茶叶质量监督检验中心（福建）和国家级茶叶检测重点实验室，检验能力居国内领先水平。这两个国家级茶叶质量检测机构，每年随机抽检茶农、茶企2000多个茶品样本。致力于构建从"茶园到茶杯"的茶叶质量全程保障体系，巩固茶叶质量安全管控成果。且安溪县全面扩编提格成立县农业综合执法大队，严厉打击制售伪劣农资和坑农害农违法行为，被农业农村部（原农业部）授予"全国农业综合执法十佳示范窗口单位"称号。农业农村部（原农业部）政策法规司司长李生撰文《产茶大县如何确保茶叶质量安全》，向全国推广农业执法"安溪模式"。

2016年7月，福建省出台《关于加快实施农产品质量安全"1213行动计划"》，提出在全省全面推行农产品质量安全追溯二维码标识，全面提升农产品质量安全水平。根据行动计划，福建省将突出蔬菜、茶叶、水果、畜禽、食用菌和水产、笋竹等重点产业，力争到2018年实现农业规模生产基地全部按标准生产。

福建省茶业电商协会携手国家茶叶质量安全工程技术研究中心于2017年10月31日在福建春伦茶业集团有限公司开展茶叶质量安全培训会。以提高县区域范围内茶叶质量安全及茶叶农药残留控制意识，帮助企业和从业者更好地了解和解决生产加工过程中的疑难问题。

至2016年底福建省已经通过国家认证的无公害企业有58家，涉及83个产品，农产品地理标志产品有9家企业的9个产品，绿色食品企业有115家，涉及157个产品。2017年福建省无公害农产品有892家企业的2087个，绿色食品有370家企业的625个产品，地理标志农产品有70家企业的70个产品，有机食品有32家企业的123个产品。

（四）茶电商产业现状

1. 福建茶电商销量持续增加

"互联网+"是时代发展的新潮流，电商已成为一种重要的生活方式。电子商务已成为互联网时代拓宽茶叶销售渠道的重要手段，成为促进茶产业发展的新增长点。

2017年9月份，百度在福建茶行业互联网发展论坛上发布了《2017茶行业大数据》。数据显示，与茶相关的搜索请求每天多达15万次，与2014年同期相比增长了两倍，通过互联网找茶的人越来越多。用户关注茶的方式也在发生变化，茶的移动搜索量占比已达到90%，比2014年同期增长2倍，移动搜茶趋势明显。且用户找茶渠道多样化，除了搜索之外，用户也会通过贴吧、百科、知道、图片等途径搜索茶。数据显示，互联网找茶用户以男性为主，占70.8%，且呈现高学历的趋势，本科以上者的比例大于84%。

搜茶用户的年龄结构日趋年轻化，20～29岁的青年人对茶的关注度最高，达到63.4%，互联网找茶用户的新趋势值得关注。

闽商报新媒体作为联合发布机构正式发布了首份《2017福建省茶行业互联网发展报告》。报告显示，作为全国茶叶产值第一的福建省，其武夷山大红袍年关注度增速为26%，成为最热门的茶种之一。大红袍在金砖五国会议上曾作为国礼赠送外宾，张艺谋导演的《印象大红袍》山水实景演出也提高了其知名度，可见，媒体与市场的声音都会影响网民的关注。报告显示，当前中国茶受众的新趋势值得关注，92.5%的网民通过手机上网，"80后""90"后占比超65%。这意味着，茶企不只要打通营销渠道，在茶品设计及宣传卖点上也需做出区分。传统营销方式不能在互联网上硬套，必须有新的沟通方式。

2017年"双11"，茶叶全品类访客数较上年上升90余万人次，浏览量上升1700万人次，支付件数多出近70万件，搜索点击人数提高23万人次（见表1）。

表1 2017年"双11"茶营销总体情况

类目	访客数（人次）	浏览量（人次）	卖家数（家）	客单价（元/千克）	被支付卖家数（家）	支付件数（件）	搜索点击人数（人次）
茶2017	5819858	55305112	82648	215.15	18582	7447901	1456242
茶2016	4914619	37812219	110256	211.9	18905	6752116	1216719

从茶类成交金额占比来看，与2016年相比，普洱茶、白茶、花草茶及再加工茶呈上升趋势，乌龙茶、红茶、绿茶、黑茶、黄茶有所下降（见图1）。从2017年产品热销榜中可以发现，消费者的关注度更多转向铁观音、金骏眉、正山小种等茶叶产品。

从茶行业的数据来看，传统线下品牌在线上持续发力，站稳前排；口碑佳、品质优产品占领大量市场份额。原本在线下便具有号召能力和品牌效应的优质茶叶品牌，在内容、品质等的驱动下，逐步占领了优质爱茶人的市场。

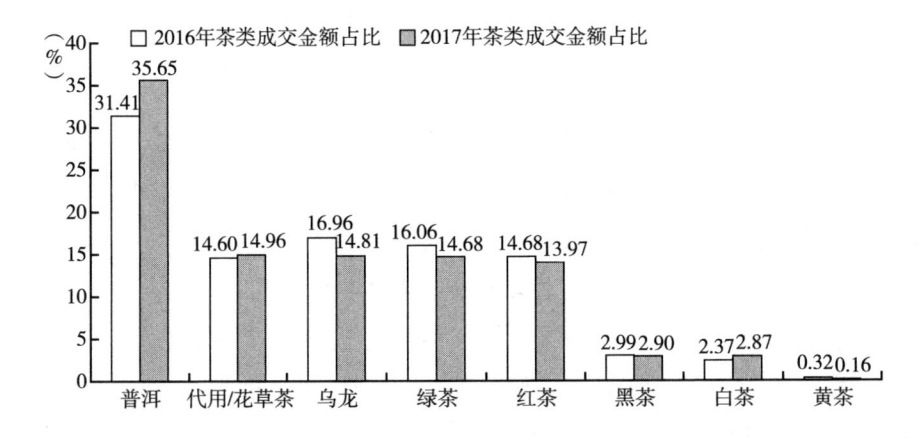

图1　茶类成交金额占比

2. 积极探索互联网＋茶业新思维

2017年福建省政府、省农业厅、海峡两岸茶业交流协会、省茶业电商协会、福建茶人之家等行业协会为使茶企尽早适应互联网新形势，开展了多场研讨会及培训班。

2017年8月21日，由全国电子业务标准化技术委员会、海峡两岸茶业交流协会、中国茶叶流通协会主办的"一带一路"中国茶业电子商务高峰论坛暨全国电子业务标准化技术委员会茶叶电子商务工作组成立大会于福安市隆重召开。来自全国品牌茶企、电商、标准化等领域的领导、专家、学者及国内外优秀品牌茶企代表200余人参会，共商茶叶电子商务标准化之事。众位专家共同探讨在"一带一路"倡议下如何通过建立全国茶叶、茶企的电子商务标准化实现中国茶叶的转型升级，国家电子商务标准化总体组秘书长、全国电子业务标准化技术委员会秘书长咸奎桐作《中国电子商务跨入标准化时代》主题报告；福建省科学技术协会党组书记、教授，全国电子业务标准化技术委员会茶叶电子商务工作组组长杨江帆作《"一带一路"与中国茶叶国际化问题探讨》主题报告；福建省种植业技术推广总站教授级高级农艺师苏峰作《清新福建，多彩闽茶》主题报告。11月22～23日，由福建省农业厅对外合作处（海峡合作处）、福建省人民政府台湾事务办公室主办，福建省茶业电商协会协办的两岸现代农业合作交流培训班在榕顺利举办，开展以台湾青年为主的电子商务培训。来自漳浦、漳平、仙游、清流、福清、惠安6个台创园的参训人员近70人参加。

3月18日，福建茶业电商加油站的首次交流会在福州市七惜茶业举行，此次交流会的主题为"茶叶网络商城开发与研讨"，参会者以沙龙的形式，在舒适的环境中畅所欲言、各抒己见、答疑解惑。9月2～3日，由福建省茶业电商协会主办，福建茶人之家等单位协办的第一期"一带一路"茶业电商知识培训班在"红茶创客空间"举办，来自农业厅、商务厅、各品牌茶企的领导、专家、学者及茶企代表近50人参加，共同学习、交流茶业电商知识，探讨要以互联网的思维来重新审视茶叶的营销模式。11月5日，由中国茶业商学院主办的"2017茶业新思维风云会"在福州闽茶文化馆成功举办。此次多位行业专家、学者、茶企代表及茶叶爱好者近100人参与活动，活动邀请了中国茶业商学院执行副院长、中国茶企领袖俱乐部秘书长欧阳道坤先生，围绕"小罐茶的神话"做主题分享，他梳理了小罐茶的核心商业逻辑，强调了建立认知标准的重要性和一切商业行为必须以消费者为中心的犀利观点，提出以用户体验思维做产品，以消费品思维做营销，以生活方式思维做品牌，以现代商业文明思维做企业，这是一场聚焦互联网时代背景下茶企生存与发展的头脑风暴。12月14日，由福建省贸易促进中心、周宁县茶业管理局主办的"茶业新思维培训周宁站"在周宁举办。

2018年，各茶行业协会带领行业专家、学者、商业大佬们奔赴各产茶区，做巡回的茶业新思维培训，倡导用互联网思维丰富茶企的思考状态，聚焦拓客与销售两个维度，以不变的学习应对变化和挑战。

（五）茶旅游发展现状

福建省委、省政府领导关于加强旅游总体规划、统筹旅游产业发展的要求，依托福建优质的生态资源禀赋和丰富的山水人文资源，统筹整合全省景区景点等各类资源，在全国率先提出了建设全域生态旅游省的战略目标，写入了省政府印发的《福建省"十三五"旅游业发展专项规划》，统筹推进全域生态旅游省建设。2016年，全省接待游客突破3亿人次，达3.15亿人次，实现旅游总收入3935.16亿元。2017年福建各地累计接待国内外游客3.83亿人次，比全国平均增速高出9个百分点；全省旅游总收入突破5000亿元大关，比全国平均增速高出14个百分点。与2016年相比，这两项"成绩"增幅均在20个百分点以上，旅游产业发展站在了全新的起点上。

福建历史悠久，文化底蕴深厚，孕育了朱子文化、闽都文化、茶文化、瓷文化等一批内涵深刻、特色鲜明的地域文化。福建的重点旅游资源可用"429"来简单概括，4处世界遗产：世界文化与自然双遗产武夷山、世界文化遗产福建土楼、世界自然遗产泰宁丹霞、世界文化遗产鼓浪屿；2处世界地质公园：泰宁、宁德（白水洋—太姥山—白云山）；9个独特资源：世界茶乡、神奇土楼、绿色生态、梦幻海洋、庙宇朝圣、海丝纽带、闽台渊源、温泉养生和多元文化。福建省的茶园大多环境优美，相当部分茶区坐落在自然保护区内、旅游景区内，旅游资源丰富。开发生态观光茶业具有得天独厚的优势，如武夷山、宁德、泉州等地区。

2017年9月，农业部在国庆来临之际向社会推介了一批以"仲秋到田间去采摘"为主题的休闲农业和乡村旅游精品景点线路，福鼎白茶文化系统入选！让城乡居民游"绿水青山"，寻"快乐老家"，忆"游子乡愁"，乐享吃、住、行、游、购、学、观、教、娱的高品质乡村休闲旅游体验。

（六）茶产业发展的成效与亮点

1. 闽茶多次助力茶叙外交

2017年，福建茶叶在茶叙外交上大放光彩，赢得了国际友人的高度认可。

9月3~5日，"金砖国家领导人会晤"在厦门举办。在金砖会晤期间的茶叙活动中，与会国家元首、夫人以及其他嘉宾，零距离地感受着福建茶的魅力。铁观音、大红袍、茉莉花茶，……在金砖国家领导人厦门会晤新闻中心的一角，穿着茶绿色中式服装的茶艺师正在进行茶艺表演，为来自世界各地的嘉宾献上一杯杯沁香醇厚的好茶，让他们不仅感受到主办方的热情，也体验到中国文化的独特魅力。

9月10日，中英白茶文化交流品鉴会暨璞圣·犀角白茶中国区发布会在北京英园举行。英中贸易协会副主席Peter Batey表示，中国的"一带一路"倡议为世界提供了一个展示各国公共产品的平台，在这个跨国界、跨学科、跨行业的国际平台上，中英两国通过茶文化的互动，增进中英两国人民友谊，促进中英双边贸易和经济技术合作非常及时、有必要。

9月26日，中共中央对外联络部举办"中国共产党的故事——绿色发展"专题宣介会，福建省委书记尤权作了题为《坚持绿色发展理念，全力打造"清新福建"》的主旨演讲。来自越南、缅甸、孟加拉国、菲律宾、蒙古国、苏丹、摩洛哥、巴西、秘鲁、保加利亚、马耳他、德国、意大利、希腊、芬兰以及太平洋岛国的政党代表和外国驻华高级外交官，联合国环境规划署驻华代表，外国商会驻华代表等300余人参加宣介会。宣介会期间，中联部和福建省委举办了生态文明建设主题展和成果展，展区茶香四溢，来自福建的大红袍、铁观音等茶叶依次排列，炒茶、泡茶、品茶，数百名外籍人士流连忘返，外宾能够更直观地了解到福建在生态文明建设方面取得的成果。

2017年11月8日下午，国家主席习近平和夫人彭丽媛在故宫博物院迎接来华进行国事访问的美国总统特朗普和夫人梅拉尼娅，两国元首夫妇在宝蕴楼进行了简短的茶叙。安溪铁观音作为现场品鉴用茶，再次助力了新时代的茶叙外交。

著名的茶文化专家、国家一级作家、茅盾文学奖获得者王旭烽教授表示，茶叙外交强调多元文化下的君子和而不同，在实践上国家领导人亲力亲为，创造了国际外交上的茶叙外交方式，这是一个里程碑式的伟大开创。国家领导人是把茶文化作为中国文化符号来与世界进行对话交流的，茶代表了中国的文化软实力。

2. 闽茶抱团发展效果好

2017年，福建茶组团参展势头强劲，闽茶影响力不断加强。

5月18~21日，首届中国国际茶叶博览会在杭州举行，福建白芽奇兰、武平绿茶、武夷岩茶、坦洋工夫、政和工夫、漳平水仙、尚书品茶、安溪铁观音、福鼎白茶、福州茉莉花茶等十大名茶亮相本次茶博会，是闽茶风采走向世界的又一阶梯，更好地向世界介绍了闽茶，宣传了闽茶文化。

9月8日，2017中国国际茶产业投资展览会第一次汇聚了南平、泉州、福州、三明、漳州、莆田、宁德、龙岩等省内八个产茶地市的代表团参展。主会场推介会轮番上阵，助力茶产业升级，其中包括武夷岩茶、建瓯北苑贡茶、寿宁高山茶、福鼎白茶推介会及"向世界讲述中国茶故事"——华祥苑国宾茶品鉴推介会、茶·影视·传播青年论坛、"说茶"推荐品牌签约仪式暨"大师教您喝好茶"品鉴推广活动、万茶品鉴推介会、速享茶饮产品发布会、妮彩城市合伙人项目推介会、"斗杯"之个人杯专题体验活动以及全民网络斗茶赛"9·8"专场等诸多丰富多彩的茶文化活动。

8月17～19日，省农业厅组织了47家茶叶企业赴港参加第九届香港国际茶展。本届展会福建省参展企业现场交易额530万元，达成合作意向840多个，涉及20多个国家和地区，合同金额1.21亿元，意向金额4亿元。福建展团充分展示了福建茶叶"品种多、品质好、品牌响"的良好形象，吸引了众多国际专业采购商和香港消费者的青睐，对进一步拓展福建茶叶海外市场起到了积极的作用。香港《文汇报》、《香港商报》、香港电视台、福建电视台、《福建日报》等新闻媒体对福建省展团进行了大量报道。特别是香港《文汇报》利用在海外的华文传媒的优势，为福建茶叶扩大国际影响力起到积极的作用。

组团发展效果最好的地区当属福鼎（白茶）。5月19～22日，第十届东莞国际茶业博览会在厚街广东现代国际展览中心举行，福鼎组织大白茶品牌重点茶企组团参展。20日晚，东莞市茶文化促进会、福鼎市茶业协会共同举办了"520白茶之夜"暨东莞茶文化促进会白茶分会成立典礼的主题活动。6月16～19日，23家福鼎白茶企业抱团参加"2017年北京国际茶业展·2017北京马连道国际茶文化展"，展位面积达900多平方米，为历年北京茶业展福鼎展位最大、参展茶企最多的一届，展示了福鼎白茶非遗技艺，传播了中国茶文化。参展期间，福鼎白茶的传统技艺和优异品质吸引了各地茶客的青睐，央视媒体也对其进行了宣传报道。9月29～30日，第七届宁德世界地质公园文化旅游节暨第十届太姥山文化旅游节在福鼎市举办。汇集

28家福鼎白茶授权茶企、长达180米长的福鼎白茶展销区，吸引了来自省内外的众多游客，成为文化旅游节上一个靓丽的出彩点。10月12日，福鼎白茶·鼎誉中原——福鼎白茶走进中原郑州推介活动举办，当地将福鼎白茶视为收藏界的新宠。10月12~16日，福鼎白茶企业齐聚2017年中国厦门国际茶产业博览会，全方位展示福鼎白茶盛况，迎接境内外客商和观众。10月27~30日，第五届中国茶叶博览会在济南举办，福鼎白茶与蕉城、寿宁、柘荣、福安、霞浦等县市的55家茶企共同以"喝好茶，到闽东"的主题参展。11月23~27日，30多家福鼎白茶团再度云集2017中国（广州）国际茶业博览会暨第十八届广州国际茶文化节，为世界各地的茶客带去了多元化的味蕾体验。

3. 紧跟时代步伐，聚焦茶业新零售

2017年，茶业界在移动互联网技术赋能的基础上，不断衍生了联动线上线下一体化的新型的经营模式。针对当今严峻的茶行业现状，众多茶企面对内外越来越大的竞争压力等问题，提出了"聚焦茶业新零售，推进跨界合作发展"的主题，多角度诠释茶行业新方向等思路，得到了各茶产区政府相关部门及茶业协会的积极响应。

"茶叶新零售"使用智能商业模式，在利用网络协同的基础上，加入了数据智能的元素，无边际地赋能全国茶企、茶商、茶叶体验店，并利用智能化系统来更好地触达和服务好茶饮目标消费人群，重构了茶叶的新零售。福建醉品集团，对产品的升级和B2O + M2O模式的优化，锁定了中国茶业新零售第一品牌，以线上500多万优质会员以及线下300多家门店构建了醉品新零售业态。在体验个性化方面，醉品联动旗下的醉品商城、醉品茶集等多平台，同时通过PC端、移动端以及线下体验店等多模块，打造全新的B2O + M2O模式，线上注重茶品品质中立推荐和购前试饮体验的便利性，线下则注重茶品购前试饮及其他不同维度的体验式增值服务来服务消费者，简而言之就是可以让消费者先喝茶后付款，优化了消费者的购物体验。

4. 省茶产业标准化技术委员会成立

10月23日，福建省茶产业标准化技术委员会成立。省茶标委主要负责乌龙茶、红茶、白茶、花茶、绿茶等产品的品质、种植加工、栽培以及茶机械、茶文化等领域地方标准的制修订工作，对口全国茶叶标准化技术委员会（SAC/TC339）。成立省茶标委，集中全省力量系统推进全省茶产业标准化建设，是福建省提高茶叶质量、打造茶产业品牌的一项重要基础性工作，可为推进全省茶产业转型升级、提质增效、做大做强提供有力的技术支撑，可为福建省新时代茶产业提供新的发展平台。

原中华人民共和国国家质量监督检验检疫总局、中国国家标准化管理委员会发布了 GB/T 22291—2017《白茶》国家标准，该标准于 2018 年 5 月 1 日正式实施。新标准将代替 GB/T 22291—2008。

5. 茶文化传播形式多样化

近年来，"闽茶中国行""闽茶海丝行"等活动发力，多种形式传播闽茶文化。

2017 年 12 月，"闽茶中国行"搭载着多彩闽茶，组成闽茶"集团军"走进了重庆，举办以"金砖国茶·飘香巴蜀"为主题的推广活动，用创新的方式传播福建好茶的故事。7 年来，"闽茶中国行"已成功走过台湾、上海、河南、北京、南京、青岛、成都、西安、新疆、宁夏、澳门、重庆等 12 站。每一站都以不同主题和形式呈现福建茶产业、茶品牌的生机与活力，以及闽茶文化的博大精深，是福建茶业打响品牌之战的先锋之旅，已成为福建茶产业茶文化宣传推广的一张亮丽的"名片"。

福建发起"闽茶海丝行"活动，以茶传道言商，促进闽茶和茶文化"走出去"，力推福建与"海丝"沿线国家和地区的经贸合作与文化交流。这成为福建农业深化对外合作的一个突出亮点。2017 年 2 月 20 日，由省政府副省长黄琪玉率领的"闽茶海丝行"西欧站经贸活动代表团抵达伦敦，拉开了闽茶为期 10 天的在英国、西班牙、法国的经贸合作之旅、文化交流之旅、话缘叙旧之旅的序幕。本次行程主要包括四项内容，一是在英国伦敦举办闽茶海丝行西欧站启动仪式；二是举办"多彩闽茶·香飘英伦"闽茶品鉴推介活动；三是在西班牙马德里举办"中国西班牙茶叶文化贸易合作洽谈会"；四是在法国巴黎举办"佳茗美酒·香溢巴黎"茶酒对话专场活动。以茶为媒，以茶觅商，以茶会友，以茶传道，共举办了四场大型经贸合作、文化交流活动，再续闽茶与西欧的400年茶缘。签订经贸合同6.98亿元人民币，合作意向协议12.6亿元人民币。"闽茶文化推广中心"在此行中花落西班牙马德里、英国伦敦和法国巴黎，开展茶文化和茶技艺培训，提升了福建茶叶在海外的知名度和影响力，活动取得明显成效。

2017年4月24日，为期6天的"一带一路"中国和乌克兰文化交流周在基辅乌克兰宫拉开帷幕。这是中乌建交25周年来两国间最大规模的文化交流活动。文化周的内容丰富多彩，包括中国一流书画家作品展、中国民乐演出、中医专家现场义诊、中国茶道表演、丝绸和瓷器展等。

8月18日，香港福州社团联会（以下简称"福州联会"）和福建省农业厅在香港北角嘉华国际中心举行"闽茶文化推广中心"授牌仪式，福州联会表示，能被福建省农业厅授予"闽茶文化推广中心"深表感谢，并表示将发动居港乡亲做好闽茶文化的推广。在港期间，姜绍丰副厅长还带领省农业厅有关同志和茶叶企业负责人，拜会了香港贸发局、香港文汇大公集团、中国茶文化国际交流协会、香港港九茶行业商会等机构，表达了通过香港多元而专业化的国际机构和高素质的市场伙伴，形成周转物流平台，将包括茶叶在内的福建特色优势农产品销往国际市场的合作共识。

9月29日至10月1日，德国最大的艺术茶馆——"茶道·中国茶与艺术中心"——在德国法兰克福举办"丝路飘香"中秋茶会系列文化活动。武夷山市应邀派出代表参加，并与"茶道·中国茶与艺术中心"签订推广合作协议，成立欧洲首个"武夷茶馆"和"武夷茶文化推广中心"。

12月28日，中央电视台"美丽中国唱起来"大型文艺节目走进福建武夷山录制春节专题节目，于2018年春节期间在央视20多个频道循环播出。录制流程中以武夷茶文化为主题设置了专门版块，其中武夷山14位国家非物质文化遗产传承人（大红袍制作技艺）齐聚一堂，为全国人民展示大红袍制作工艺流程。

6. 利用新媒体、互联网让省内外茶人感受闽茶斗茶赛全程

11月18~19日，第四届福鼎白茶斗茶赛全程由湖南广播电视台茶频道

进行全程电视直播，让全国各地的观众足不出户享受斗茶盛宴。福鼎白茶斗茶赛已成为全国白茶类规模和影响力最大、涵盖面最广的茶叶评比大赛，不仅弘扬了"斗茶"文化，同时为福鼎白茶品质的提升、茶文化的推广和茶产业的发展起到了积极的推动作用。本次斗茶赛还举办了白茶宴，通过美食和白茶的有机集合，让更多人领略到福鼎底蕴深厚的饮食文化，通过茶文化与创意的有机结合，进一步推广了白茶，丰富了白茶文化内涵。

2017年武夷山市第十三届春茶评比首次引入"互联网+武夷斗茶"活动，在全国处处开花，8月中旬完美收官。该活动除本市外，还设立了西安、广州、汕头三个专业分赛点，并在全国范围内设立了100多个城市分赛点，引发了各地热捧武夷茶的新高潮。"互联网+斗茶"的模式在武夷茶产业转型升级的发展探索中迈出了一大步。

二 福建省茶产业发展存在的问题

（一）科技创新能力差

目前，福建各地许多中小企业的创新能力不强，消费需求在差异化发展，但生产端的同质现象仍存。一定时间范围内行业关注度有限，市场热点往往集中于几种产品，极易引发行业的整体模仿行为，造成热门产品短期内大量生产，形成过剩。同质化产品的大量出现，既无法保证产品创新收益的持久，制约企业研发热情，更会造成市场会乱，形成更长远的影响。如茶叶市场出现了大量模仿"小罐茶"的包装。

（二）企业赢利能力差

茶叶企业的经营压力没有有效缓解，成本高、融资难等问题依然存在，赢利空间受到挤压，创新面临不少障碍。茶叶生产中普遍存在劳动力老化、适龄人口减少、雇工贵、效率低等情况，直接拉升了茶叶的生产成本。

（三）市场供求失衡

福建茶园面积增长较快，近年来每年新增面积约在15万亩左右，且品种结构不合理，主栽品种单一，导致结构性产能过剩，如铁观音面积达124万亩，约占全省茶叶面积的1/3，近两年也出现了茶叶价位下滑与产品滞销的现象。茶叶产能的压力更多来自消费不畅形成的拥堵，其根源是茶叶内需的增长机制不完善和市场信心不振，导致微观主体扩大茶叶消费的能力和意愿不强。有产品结构方面的原因，茶叶供给结构不适应需求结构的变化，质量不高，导致国内市场买茶、饮茶的需求疲软，例如高价低价两极产品出现累积且绿色优质茶叶供给不足；也有宣传中的不到位和缺乏针对性，行业仍表现出对外拓展乏力的缺陷，相关的知识信息更多在现有的饮茶人士间普及，向外输出影响的能力有限，对非饮茶群体的吸纳和诱导力不足。这一困局具体表现为：行业信息不出圈，创新产品不出圈，市场交流不出圈。这种闭环式的市场环境限制了茶叶消费客群培育中重要的一极——流量的增长。

三 福建省茶产业发展主要政策与措施

（一）根据不同茶类特性制定措施去库存

各茶类在发展中要充分兼顾自身产品与市场建设特性，因茶施策促进消费；注重外销市场建设与国内消费提升，围绕消费者需求做好服务开发，并及时了解库存动态布局生产，同时加强产品创新，避免同质化竞争，利用互联网大数据，促进精准消费。

可利用互联网大数据，以市场引导为前提，通过优质商品供给促进消费、提升效益。茶叶市场的发展趋势动态、分散、多变，线上线下逐步融合，新增长点不断滋生，多样化差异化日趋明显造成了数据的纷杂与散落。因此，充分捕捉、挖掘、利用沉淀在市场中的消费大数据，预判消费趋势，优化要素配给，减少沉没成本，研造适销对路的产品和服务，是每一个茶叶企业都无法回避的客观问题。企业应构建便捷式茶叶消费，打通线上、线下资源，实现全渠道融合。在线上，可对智能手机、平板电脑、台式机等进行多屏整合，根据不同输出途径设计更有针对性的茶叶产品宣传内容，对消费者高度碎片化的产品信息来源进行组合；另应实现线上线下产品、客户信息共享，通过对消费者信息的数据化整理，在线下提供更为丰富、更有针对性的茶叶消费体验，确保消费者在不同渠道内的消费与服务无缝拼接，保证线上线下信息同步、互补。

（二）牢牢把握市场机遇、积极拓宽销售渠道

互联网时代，茶行业面临着爱茶人越来越多，但懂茶人少、茶品牌亟待建设的问题，大数据的介入或成为茶文化传播与茶品牌建设的突破口。要实现对茶行业的升级创新，必然需要对整个产业链进行升级改造。借助互联网的新手段，打通茶商到消费者的最短销售通路，改变茶商与消费者之间的认知偏差，追踪消费者的决策路径，打造大品牌，传播茶文化。业内人士表示，茶饮是一个偏传统的行业，大量从业者存在经营和营销上的误区。因此，百度等互联网公司的接入，尤其是其技术能力、媒体平台和数据分析处理能力，将促进茶行业的升级转型，为茶行业走进互联网营销的快车道提供强劲的助力。

（三）优化结构，两头并举

福建茶叶经营应该低端与高端两头开拓路径：一是走大众路线，就是要走工业化生产、大众化价格和产品精深化的营销之路。必须通过提高茶叶产量与质量，提高机械化使用水平，控制生产过程成本，提供符合目标市场需求、性价比高、具有竞争力的产品。另一条是走名优茶、高端茶路线，即走拓展文化内涵和保健功能的高优化、高附加值的营销路线。

（四）促进旅游住宿业态发展

鼓励发展主题酒店、度假酒店、生态农庄、汽车营地等多元旅游住宿业

态，打造茶、花、渔等系列主题休闲农庄。发挥福建茶、美食、地方戏、温泉等资源的特色，引导旅游城市和重点景区开发夜游项目。

（五）紧抓"一带一路"新机遇

借助"一带一路"倡议之东风，不断适应，不断开拓，不断壮大，要集聚政府部门、外交部门、生产企业、外贸企业、海外社团、侨胞侨企形成拓展海外市场的合力。茶产业向"一带一路"沿线国家拓展国际市场，需要政府部门如涉外的外事、侨务等部门根据目标市场国的市场信息、消费习惯、进口的关税与非关税壁垒以及相关的贸易通关、检疫检验等政策规定，搭建平台做好集中有效的涉茶对外文化宣传交流与展示体验，对福建茶叶良好品牌形象起到良好的推广普及作用。同时福建省是知名的侨乡，在世界各地的侨胞超千万人，对居住国的经济社会具有影响力，对当地的茶叶消费现状与未来可挖掘的潜力比较了解，可通过与国内侨务部门及相关企业的沟通寻找最佳的扩展市场途径，也可以通过侨胞合作合营构建持久互利的海外茶叶市场开拓的合适商业模式。

B.3 广东省茶产业发展研究报告

黄建璋 李新家 尹北晖 刘少群 陈子薇*

摘　要： 作为全国最大的茶叶消费省和流通大省，2017年广东省茶叶实际种植面积已达5.5285万公顷，单产以109千克/亩位居全国第一。茶叶生产以绿茶与乌龙茶为主，同时红茶品类也在提升。在茶叶加工方面，广东依靠龙头企业带动与外商引进等方式，促进了加工技术的不断创新与提高，使生产加工能力稳步提升，逐步建立起绿色食品（茶叶）认证企业与国家地理标志保护产品等品牌效应，同时结合茶旅游产业的三产融合方向是广东省茶业发展的新趋势。但是，良种的普及率低以及加工质量不稳定等问题还需要进一步提升组织化程度、增强品牌意识等途径来解决。

关键词： 广东省　茶叶生产　茶旅游　品牌建设　产业升级

一　广东省茶产业概况

广东产茶历史悠久，粤茶文化源远流长，"喝早茶""工夫茶"是广东社会文化生活中的重要文化现象。广东是全国最大的茶叶消费省和流通大省，年消费约20万吨，占全国总销售量的1/10，其中珠三角消费量居全国之首。全省有茶叶专业镇8个，茶叶类省级重点龙头企业25家，绿色食品

---

* 黄建璋，广东省文化学会茶专委，秘书长。

(茶叶)认证企业37家,24个茶叶产品被认定为广东十大品牌系列产品,地理标志产品有14个,形成了粤东茶区优质"单丛"乌龙茶,粤北地区"英红九号"特色红茶,粤东北客家茶区名优绿茶等3大优势区域。茶叶产业结构不断优化升级,茶叶种植、加工、文化、旅游等以及茶叶市场建设等方面均不断升级。

(一)茶叶种植与加工

近年来,广东省茶叶生产平稳增长(见表1~表4)。省统计局统计显示,2017年全省茶叶实际种植面积已达5.5285万公顷,较2016年同比增长3.8%;总产量为9.0699万吨,较2016年同比增长4.5%。按收获面积计单产达到109千克/亩,位居全国第一。目前全省无性系良种茶园已占茶园总面积的80%以上,优新品种规模不断扩大,生产持续发展。茶类结构也在调整,在历史上,红茶曾是广东省重点茶类,但是自从20世纪90年代以来广东省茶产业结构进入调整期,茶叶生产转以绿茶和乌龙茶为主,而近年红茶品类又在提升。在2017年广东省茶叶生产中,乌龙毛茶4.2185万吨,增长5.5%,占茶叶生产总量的46.519%;绿毛茶3.4736万吨,增长33.471%,占茶叶生产总量的38.299%;红毛茶0.6672万吨,增长16.9%,占茶叶生产总量的7.356%,黄毛茶0.001万吨,增长11.1%,占茶叶生产总量的0.011%,黑茶和其他茶类0.7097万吨,减少6.9%,占茶叶生产总量的8.78%。同比绿茶类占总产量比重相对平稳,乌龙茶比重稳定,红茶占总产量比重仍在上升;名优、地方特色茶在不断增加。

表1 2016~2017年广东省茶园面积情况

单位:公顷(亩),%

2017年茶叶面积	2016年茶园面积	较2016年增减
55285(829275)	53276(799140)	3.8

表2 2016~2017年广东省茶叶产量和产值情况

2017年茶叶产量（吨）	2016年茶叶产量（吨）	较2016增减（%）	2017茶产值（万元）	2016茶业产值（万元）	较2016增减（%）
90699.79	86797	4.5	544198	433985	25.4

表3 2016~2017年广东省各类茶叶生产情况

单位：吨

年份	绿茶	红茶	乌龙茶	黄茶	其他	合计
2017	34735.79	6672	42185	10	7079	90699.79
2016	33471	5707	39989	9	7621	86797

表4 2016~2017广东省茶叶出口情况

年份	出口量(万吨)	出口额(亿美元)	平均单价(美元/千克)
2016	—	—	—
2017	6200	0.88	—

①区域分布情况

广东茶叶生产区域特色鲜明，分为粤东、粤北、粤西三大产茶区和珠三角茶叶流通区。其中，粤东地区主要生产以单丛茶为主的特色乌龙茶，产区主要是潮州、梅州、揭阳、汕尾等地；粤北地区主要生产以"英红九号"为主的特色红茶和传统绿茶，产区主要有清远、韶关；粤西地区主要生产大叶绿茶兼顾红茶和特色乌龙茶，主要产地有湛江、云浮等市；客家绿茶产区主要有梅州、河源、韶关等市，与珠三角贸易流通中心合为第四个区域基地。

其中，清远茶区茶叶成为新型支柱产业。2017年产值达到22亿元，比2012年的9亿元增加了13亿元，增幅达144.4%，英德市茶业产值也从2012年的8.2亿元增加到2017年的18.8亿元。

潮州茶区历来是广东省主要的茶叶产区，茶叶面积占广东省茶叶总面积的近1/4。2017年茶叶面积为19.72万亩，总产量约为2.4万吨，主产地为凤凰镇和坪溪镇，形成了八大名茶阵地。

韶关茶区的仁化县、乐昌市、曲江区和河源自治县,自古是广东茶叶主要产区。其中,最具代表性的茶叶品种是白毛茶。该茶区生产以绿茶和红茶为主。2017年茶园面积5.68万亩,总产量4546吨,产值达1.54亿元。

河源也是广东历史名茶产区。2017年全市茶叶种植面积9.04万亩,茶叶产量6029吨,茶叶总产值约2亿元。

惠州,地处广东省东南部,2017年全市茶园面积4.698万亩,同比上年增19.8%,品类有绿茶、红茶、乌龙茶以及酥醪甜茶等,其中绿茶1089吨,占80%,红茶259.5吨,占19%。

江门新会,陈皮柑茶独领风骚。2017年新会陈皮柑茶产量约8000吨,据有关人士统计,全产业产值达60亿元,新会陈皮柑茶这块金字招牌价值达57.8亿元。

鹤山,自古有侨胞思乡的"故乡茶"。全市茶园面积5000亩,总产量500吨,总产值超过1亿元。产量不多,但产值高。

揭阳,全市茶叶种植面积达7.06万亩,年总产量近1万吨,产值4.87亿元,形成了揭阳市区、普宁流沙、里湖等三个茶叶生产基地,绿茶、乌龙茶占据了广东省茶产量的近1/5。

云浮,全市茶叶种植面积3.51万亩,产量3308.4吨,以罗定、新兴为主。

湛江,目前是全国最大的台式乌龙茶生产基地和全省绿茶生产基地之一,茶量占全省产量的1/5。全市茶园面积3万多亩,产量6000多吨,总产值3亿元。

肇庆主产杏花白马冻顶香茶,其中,杏花白马茶是肇庆茶中的佼佼者。全市现有茶园3.228万亩,产量6008吨,产值1.39亿元。

②无公害有机茶园情况

近年来,广东省无公害有机生态茶园建设取得了阶段性成果。目前认证企业已有37家,认定面积超过1.8万公顷。为更好地改善茶园的生态环境,提高茶叶品质,广东省于2017年以茶园建设作为一项研究课程,并制作了建设标准发布施行。此举使广东成为全国首个制定并发布生态茶园建设标准的省份，为中国茶产业发展探索了一条创新之路。

③茶类结构情况

广东人爱茶，加上地貌复杂、气候多样，造就了六大茶类较全。茶类结构上以乌龙茶、绿茶、红茶为主。2017年，全省茶叶产品结构调整的趋势仍在发生变化，其中毛茶结构：绿毛茶占38.299%，红毛茶占7.356%，青茶（乌龙茶）占46.519%，成品茶产品结构也在发生变化，红茶类产品比例近年来有上升趋势，绿茶类占总产量比重稍有下降，乌龙茶平稳，各种茶类中名优茶、地方特色名茶不断增加，普洱黑茶比例上升。

④品种结构

广东各地独具特色的地方茶种类众多。目前已审定的广东特色茶树品种共有23个，通过审定的国家品种11个，省级茶树品种10个，植物新品种有2个。近年来，粤北的英红九号，丹霞一号、二号，粤东的岭头单丛，乌叶单丛，凤凰黄枝香单丛，八仙单丛等一批高香型茶树品种得到大面积推广。世界上独一无二的不含咖啡因的茶树品种——可可茶一号和二号品种——成果得到成功转化。

2. 加工业现状

广东茶叶产业化生产和集约化经营不断加强发展，生产企业或大户科技含量有所提高，质量安全意识不断增强，主要表现在以下几方面。

①生产加工能力稳定提升

生产方式：初制茶加工业基本还是保留着传统工艺方式，现代加工体系及深加工比重仍有待进一步提高。精深加工方面，生产企业规模相对较小，精深加工增值滞后，仍无法适应时势。近年来，茶产业集约化经营不断发展，经营主体不断创新，涌现一批龙头企业，一些茶区引进外资办场，民营资金、工商资本大量参与茶产业开发。以企业大户为主发展茶产业是突出的亮点，是茶产业向现代化发展一个重要特征。统计资料显示，广东省有83个县生产茶叶，现有产量9.07万吨，仅占全国的4%左右，而广东每年省内有20万吨的茶叶消费。茶叶外销超千年历史，在海外，只要一听到喝茶人们就会联想到潮州工夫茶，潮籍华人会纷至沓来抢购乌龙茶和家乡特种茶叶。历年来，广东省内茶叶市场发展令人瞩目，全省茶叶周转量有25万吨左右的规模，形势喜人。茶市蓄势腾越，而如今全球消费口味越来越多样化，且要求环保、安全，更要有其特点。这种情况，这种背景，这些变化，这种发展，势必造就新的市场机会，为广东省的茶企发展带来一些蝶变。

2017年，广东省各茶类中名优茶、地方特色名茶显著增加，无公害茶叶生产进一步发展，茶企产品品牌建设得到加强，目前全省已有95个茶叶产品被列为广东省名牌产品，获得国家地理标志保护产品称号的有14个，优质安全生产和品牌培育逐渐得到重视。目前广东省茶叶生产在逐步由以注重数量增长向注重优化和质量安全的方向转变，竞争力在不断提高。

②加工技术不断创新

我国植茶历史悠久，茶文化博大精深，一棵茶树，就是一座精英的合成工厂，片片茶叶化作滴滴口露、阵阵茅香，滋养身心，呵护着世世代代中华儿女的健康。但近年来，随着经济快速发展，环境污染、气候恶化、土壤退化逐渐加剧，茶叶品质出现下降趋势。广东自然环境优越，区域优势明显，历来岭南被誉为优异佳茗产区，其茶叶种类众多，茶种有上百种，名茶据记载有50个左右，而每一种茶叶又均由于采摘时节、产地不同、工艺不同而分出众多子类。伴随着历史和时间及技术的创新，广东现有自育良种23个，茶叶区域公用品牌多达29个，分别是：凤凰单丛、岭头单丛、紫金绿茶、紫金竹壳茶、东源仙湖茶、紫金红茶、龙川茗茶、柏塘山茶、新会柑茶、台山白云茶、良溪柑普茶、开平大沙茶、鹤山红茶、新会陈皮茶、鹤山柑普茶、嘉应名茶、马图绿茶、西岩乌龙茶、连州溪黄茶、笔架茶、清新浦杭茶、英德红茶、南澳后园宋茶、仁化白毛茶、罗坑茶、沿溪山白毛尖、河朗神仙茶、象窝茶、封开白马茶。茶种与茶品尤其突出，技术有较大突破，产品也在不断创新，与茶叶种类品类多相对应。在现实中，广东省从事茶叶种植、加工和销售的企业及人员众多，分布广泛。目前，全省销售企业有10万户之多，涉茶人数超过300万人，成型的加工企业有3000多家，其中成规模的精制企业有100多家，上千万元产值的规模企业为数不多。广东茶叶生产加工业发展有待提高，生产发展方式仍需要进一步改进，加工技术也还要加强和创新,经营体制也要加快步伐。

③经营形式不断创新

茶叶产业化生产和集约化经营不断发展。主要表现在:一是龙头企业带动。目前全省拥有国家级重点农业龙头企业(茶叶)1家,省级重点农业龙头企业(茶叶)31家,同时培育了一批市级龙头企业。二是引进外商、外资办茶场(主要是台商、港商)。例如肇庆怀集引进香港资金、河源引进台湾资金在当地办茶场。三是民营资本参与茶产业开发。近年新发展的茶园很大一部分是民营资本投资开发的,不少企业在其他领域赚到钱后投资办茶场(如湛江的廉江、清远的英德、韶关的仁化等),而且都实行规模化种植。这是一个突出的亮点。这种以企业经营茶园,同时带动农户发展的方式,有效促进了茶叶生产向规模化、集约化、产业化发展。与此同时,还有一些茶叶流通企业投资、租赁或承包国营茶场,对原来的茶园进行改造,实现低成本扩张、从产品经营到品牌经营。

④科技含量不断提高

主要表现在三大创新驱动广东茶叶发展,一是良种推广加快了步伐。近十年新发展的茶园实现无性化,平均每年新种或改植换种无性系茶树良种茶园2万多亩。二是茶叶优质高效生产适用技术在重点茶区得到普遍应用。茶叶生产逐步向企业和生产大户集中,而茶叶生产企业、生产大户往往对技术的需求比较迫切,生产技术措施也比较到位。三是标准化生产加快推进。大力推广标准化生产技术,结合国家开展的园艺作物标准园创建,近年广东省创建茶叶标准化生产示范园20多个。另外,国家茶业产业技术体系广东团队,在茶树品种的选育、良种良法的示范,特别在产品的创新与开发方面取得新的进展,对推动茶业的科技进步发挥了积极的作用。

⑤优质安全生产和品牌培育逐步得到重视

茶叶生产者、经营者,特别是生产企业的质量安全意识不断增强,重视无公害生产,重视质量认证与品牌培育。全省茶叶产品质量安全水平进一步提高,据不完全统计,目前有效期内,全省无公害茶叶产地认证企业有49家,涉及茶园6万多亩、茶叶产量约9000吨;绿色食品(茶叶)认证企业有37家，监测茶园面积4.33万亩，批准产量4200吨；获得广东省名牌产品（农业类）称号的茶叶产品已达到95个；截至2017年12月6日，广东有国家地理标志保护产品8个，具体是：凤凰单丛、岭头单丛、英德红茶、鹤山红茶、新垌茶、马图茶、仁化白毛茶、西岩乌龙茶。广东茶叶优质安全生产和品种培育逐年得到重视。

（二）茶叶市场与经济发展情况

1. 市场交易发展现状

广东是全国茶叶销售和消费大省，也是全世界茶商茶人的交流活动之阵地。全省年消费茶叶接近20万吨；流通量超过25万吨，年销售约占全国总销量的1/10，年销售额达250亿元。若从消费层面来看，广东省茶叶市场消费发育比较健全，历年来茶叶消费均在持续增长，质量水平也相应提高，特别是中高档次消费明显增长，尤其是名优茶增长更多。广东的消费茶类，主要是乌龙茶，其次是普洱茶，再次是绿茶和红茶。其中乌龙茶消费稳定，价格略有下降；绿茶价格略有上升；红茶目前需求强劲，价格上扬，其消费市场在逐渐增加。近年来在广东省茶叶市场中普洱茶的销售量尽管超过乌龙茶，形成广东茶市的主流，但消费群体对其生产过程中的卫生问题以及健康价值问题存有疑虑，加上茶饼型的茶叶冲泡不便，文化内涵也较欠缺，其在2017年销售量明显下降，尤其在高层消费群体中更为明显。在消费层面上普洱茶势头不佳，但其炒作行为仍在持续，市场存量还在增大。若从销售层面来看，在广东，普洱茶和乌龙茶两类的销量最多，两者市场占有比例相当。

从整体上看，广东茶叶消费需求量逐年扩大，市场流通广阔。若从市场表现看，广东省茶叶市场在国内鳌头独占，这是不可否认的。同时这也反映了广东茶叶市场是最具有竞争力的，广东茶商大多来自茶乡，对种茶、制茶得心应手，对茶的品质辨别如火眼精金，这便是广东省茶叶市场繁荣、经久不衰的必然原因。但在实践中，广东茶叶市场也有美中不足的一面，茶叶批发市场重复建设，茶店众多，效益不佳，在这样的市场中，滥竽充数的茶商仍然存在，不过粤商老板善于吸纳国内外经营管理经验和茶叶科学技术，并以童叟无欺的诚信之道和薄利多销的方法，深得茶客们的欢心，使广东茶叶市场在全国茶叶销售市场的地位仍然是不可动摇的，创富平台仍有巨大的潜力。近年广东加强茶叶市场建设，特别是珠江三角洲地区建设了一批销区茶叶专业市场，形成了以珠三角为主体的销区茶叶市场网络，拥有一批庞大的茶叶流通队伍。目前广州已成为全国茶叶销售的重要集散地，其中芳村南方茶叶市场成为全国最大的茶叶专业市场之一。依托茶叶行业社团组织，每年在广州等城市举办的各种大型茶叶会展，为企业搭建展销与宣传平台，助推了广东省茶业经济的发展。广东珠三角地区全年茶叶博览会达20多场，广州、深圳春秋季博览会更是吸引着世界各地的茶人。

广东茶叶市场历来保持着浓厚的岭南茶文化特色和商贸兴旺的特点，是我国茶叶贸易的主要窗口。其市场流通和销售渠道仍然保持有专业茶叶批发市场、专业零售、商场、超市专柜、茶楼茶馆、会所等多种交易方式。在广东通过电商交易的为数不多。

（1）批发市场

广东全省茶叶专业批发市场众多，遍布省内大中城市和各个主要角落，已呈饱和状态，从现象上，批发市场性质在变，其名义上是批发市场，但实质上早已零售化了，业态发展前景不尽乐观。自从2015年以来，广东茶叶批发市场常出现闹事罢市等不良现象。

产区方面，广东茶叶产地的专业批发市场相对薄弱，如饶平和英德两个古老茶区分别堪称乌龙茶名茶之乡和红茶之乡，而至今还尚未建立相应规模的茶叶专业批发市场。因此，产地茶叶专业市场将会成为广东省茶产业发展的一个新增长点。

（2）零售业状况

广东饮茶人多，其茶叶销售网络数量亦多。2017年全省茶叶店总数已超过10万户，人数也超过300万人。这300万人从事的茶叶零售业、茶馆业、茶楼服务业等第三产业工作当中零售业占多数，零售商分别来自本省及福建和周边省份，农民为多。计其销售额：按每户18万元计，则其销售额可达180亿元，若每家以两个半人计，人均产值仅在7.2万元左右。可见广东茶叶零售商很一般，门槛低，有待改造提升。

零售区域：在广东茶叶销售和消费最多的区域首推广州及珠江三角洲各市城乡，其次是潮汕地区。在广州销区主销茶叶是红茶、普洱茶，其次是乌龙茶，然后是绿茶和花茶。在广州有行话说，"有钱人喝铁观音，无钱人喝普洱茶，办公室泡绿茶和铁观音，酒楼泡乌龙茶和普洱茶，大排档泡茶梗、菊普茶"。在潮汕销区专营茶叶的店铺有近7000家，其中大多数经营乌龙茶，福建茶为多，其次分别是单丛茶和云南普洱茶，也有部分红茶。据有关单位2015年调查统计，潮汕茶区人均年消费为2千克，年总消费量有1.2万吨，消费茶价保持在200元/千克左右，若以现有人口计，则年消费额已达24亿元。2017年度潮汕销区的消费量和消费额变化不大。潮汕销区的消费者有四种类型：第一类是无特殊偏好者，这类为多；第二类是一般爱好者，这类消费者在空闲的时候泡茶喝，但对茶没有很深入或很专业的认识；第三类是特别爱好者，这类消费者的茶叶消费量比较大，对茶叶品质、品种要求较高；第四类是专业爱好者，这类消费者对茶叶文化及历史有所研究。汕头人喝工夫茶特别注重气氛和泡艺，工夫茶流行已久，对茶叶要求滋味浓厚。目前，该区茶叶零售价格由高到低依然依次是，铁观音、单丛、大红袍、普洱茶，潮汕销区的零售业依然相对稳定，不过铁观音没有早期强劲。铁观音的市场优势已被普洱茶和红茶占领。

（3）品牌建设

广东茶有品牌，但宣传力度不够。近年来，广东茶叶区域公用品牌的崛起已经成为广东农业发展亮丽的风景线之一，如今，广东已发展出29个茶叶类区域公用品牌，其中4个品牌已申请地理标志登记。中国茶叶区域品牌价值评估结果显示：广东英德红茶品牌价值突破20亿元大关。广东现在重点在发展英德红茶、潮州单丛茶、客家炒绿茶，因地制宜发展特色茶叶，推动茶叶经济发展。

2017年，广东英红九号进入太空开展生物空间生物科学实验。新会陈皮柑茶得到相关部门和权威专家的充分肯定，被认定为保健产品。交易会场建立了永不落幕的"国茶荟"。2017年英德举办全省茶行业职工职业技能大赛,大型纪录片《茶路寻梦》项目启动,"英德红茶"产品标准制定展开讨论,广东14个名茶产品成功入选中国茶叶博物馆茶萃厅,广东在茶品牌意识方面已走向诚信制度建设。

2.消费市场现状

(1)消费方式

在消费方面,广东一直是个多元化的文化特质区域。其包容性较强,市场变化迅速,应变能力也强。在现实中,广东人喝茶已很普及,更讲究嗜好和实惠,特别是历史悠久的广州及珠三角城乡茶楼林立,一般镇都有早茶、夜茶两市,并设"问位点茶"服务项目。其耗时较长,市民选用的茶需要耐泡好喝,又要便宜,老茶客追求的口味较注重醇甘度,新茶客对新的茶品很爱尝试。广东人喝茶是家常便饭,谈及茶史,人们会很骄傲地说,在母亲肚子里就开始喝了。进入新时期,广东茶企在市场营销上在加以创新,进行拓展,产地政府也在向前台进行推广,造就了有些产品营销引领了新的消费潮。广东茶叶的消费形式也在发生变化,走向新的消费方式。

(2)消费需求

茶叶作为世界三大饮料之一,被认为是健康饮料,受到广泛欢迎。在国际茶叶市场上,茶消费出现快速持续增长,在现实中,茶叶已成为全球性的健康天然饮料。有关资料报告显示,中国茶叶消费量一直以年均5%~8%的增幅递增,而广东市场则达到9%~10%左右的增长。专家们早已预测:21世纪将是茶饮料的天下,广东将会是茶的世界。

其实,广东省早已是中国重要的茶叶产区和消费大省,饮茶历史悠久,茶文化底蕴深厚,有着浓厚的岭南茶文化特色和商贸氛围。从地理位置讲,广东省背靠全国茶产区,面向港澳,辐射世界茶叶主销国,有着得天独厚的区位优势,是中国茶走向世界的重要门户。从市场地位讲,广州市拥有全国规模最大的茶叶批发市场,年交易额达到25亿元,是全国最大的茶叶集散地,在中国茶叶流通领域广州茶叶市场起着主导作用。广东省茶叶市场,特别是广州市场,在历史上就是茶叶商家的必争之地,如今依然如此,发展非常乐观。相信具有深厚的岭南茶文化和广东人特质的广东茶叶消费市场将会继续领先中国。

(3) 消费水平

广东历来是中国茶叶的产饮大省，如今又是中国的经济强省，茶叶消费水平一直高于全国平均水平。

从数字看，全省年人均消费数量约为1.5千克（其中珠三角地区和潮汕地区人均消费量超过2千克）。若按广东省现有1亿人口计，广东省茶叶消费年均为15万吨，加上外来人口共消费约20万吨，显然是全国最高的省份。而据之前2017年统计，广东省茶叶年总产量仅有9.0699万吨，年消费需求缺口达10万多吨。在产不够销的情况下，尽管每年茶叶产量都在增加，但年人均消费水平也在相应提高。因此外省茶叶大量涌入了广东市场。从消费层面看，广东茶叶消费总量水平或人均水平将继续上升，而上升的幅度不会太大。

(4) 消费结构

广东茶叶市场多种茶类共同发展，在珠三角地区，近年来高档乌龙茶和绿茶消费数量稍减，但其他茶叶消费稳中有升；在粤东地区乌龙茶市场需求持续上升；粤北地方特色产品白毛茶供不应求，英德红茶以其出色的品质销售旺盛，近年来红茶价格也一路飙升；粤西地区茶叶市场发展迅速，阳江、湛江、茂名茶叶消费逐年上升，已成为广东省茶叶消费新的增长点。然而，随着社会经济的发展，消费人群年龄结构和生活方式的变化，求新、求健康的心理需求趋势会促进茶叶产品的深度开发，科学技术的发展也将成为今后茶产业发展的一个新趋势，广东的消费结构会随着时代变化而变化。

3. 茶业服务业发展现状

茶楼、茶馆业、茶会展业、茶文化创意产业和茶旅游业四大突出重点产业，是广东茶业服务业的一道风景线。

(1) 茶楼茶馆业是广东茶业服务传统产业，数量多，规模大，经营模式多样，以广州为中心的珠三角地区是我国饮茶文化氛围最浓厚的地区，叹茶、一盅二件、品粤剧，一壶茶、一笼包、一个下午，似乎是广州人的特质。广州人喝茶具有很强的包容性，各类茶叶产品都有消费人群，"客来敬茶"又是岭南广东人民传统的生活习惯，广东省自明清以来，各主要城镇就大小茶楼遍布，服务优异。伴随着社会的发展，20世纪90年代，新兴潮流的茶艺馆业兴起，茶文化气氛热烈，广东特别是广州由于举办节会有得天独厚的优势，助长了珠三角茶市的繁荣，同时形成了一批成熟的茶艺馆业的经济实体。不过，广东茶艺馆业从整体上不如传统茶楼。传统茶楼在功能上不仅为人们提供饮茶，还提供带有岭南风情的饮食文化，其特色和风格已成为岭南城市性格的代表符号，而茶艺馆业在这方面的发展不尽如人意。茶艺馆业除了功能上难以迎合广东本地风情的生活习俗外，其内涵也不够鲜明。另外，广东省茶艺馆业的投资经营者多数不是为品茶品艺的功能而投资的，甚至有的人利用茶艺馆场所寻取暴利，变相经营。广东茶艺馆业在理念上也有很多欠缺，如企业精神、经营理念、发展战略、企业形象、宣传口号、文化氛围以及制度标准都未能尽致。因此，广东茶艺馆业经营状况不太乐观，有待提高。

（2）茶会展业是广东茶业服务业的后起之秀，历年来一直吸引着各界的眼光。事实上，广州茶会展业是中国茶叶交易最为兴旺发达的城市，广州茶叶市场规模之大、数量之多，在国内也首屈一指。广州也是中国最大的茶叶商贸集散地，这是毫无疑问的。

2017年，广东茶展业依然如日中天，全省全年茶博会达20多场。茶博会的活动形式丰富多彩，包罗万象，有论坛、洽谈会，有新产品、新技术成果推介会，有名优茶评比，有茶艺技能大赛，有知识文化讲座及各地特色茶艺表演、紫砂文化展、书画瓷器展、免费品茗、抽奖等，但也存在"名不副实"的不良现象。广州茶会展业显然有助于推动广东茶市场经济发展，但也给广东本土茶产业带来了一些不利因素。

（三）茶文化与社团组织发展情况

1. 茶文化发展情况

广东茶文化历史悠久，底蕴深厚。据记载：广东产茶最早在南朝的梁武

帝时期，东莞僧人建雁塔寺于铁炉岭，沿山种茶，拉开了广东茶文化的序幕。

广东特定的地理、气候条件以及经济发展状况决定了广东人喜爱饮茶的特性，也决定了广东茶文化的特点。在漫长的历史发展过程中，广东逐渐形成了独具特色的三大饮茶文化体系，分别是以擂茶为代表的客家煮茶文化，以精细见长的潮州工夫茶文化，以饮食为核心的广府早茶文化。广府早茶即广东人的饮早茶，广东人饮早茶注重茶的品质，也注重配茶的点心与茶楼的环境，清代的茶楼茶台上摆有茶盅，茶盅盖和茶杯、点心、糖果放在茶台旁上的小橱窗里，由茶客自取，吃完再结账。近代以来，广东成为中西文化交融的窗口，广东的茶楼也接受了西方传进的点心，如各种面包蛋糕等。广府早茶的茶市一直十分兴旺。早茶早已成为广东人饮食文化的重要组成部分。广东人饮茶讲究环境。广东人称茶楼作"茶居"，有不同的档次。上乘茶居，门户金碧辉煌，室内字画高挂，茶盅沏名茶，配以高级点心、名伶演唱。潮州工夫茶是广东茶文化的又一系列。潮州人不可一日无茶，平时待客，第一件事就是泡茶。饮工夫茶不以解渴为唯一目的，它烦琐的技艺秩序已融入了自己的生活情趣，是一种艺术的品饮形式。客家擂茶在博大精深的茶文化中算是一枝独秀。在客家人的茶文化中，擂茶既是主食之一，也是待客佳茗。梅州客家人在大力发展客家擂茶，传承宋代煮茶工艺，开发茶叶旅游，推动茶一二三产业融合发展，对中国饮食文化的发展做出了重要贡献。

广东茶文化从早期的僧人禅茶文化，再到"一盅两件"的广府早茶，又到潮汕工夫茶，从客家擂茶到采茶戏，直到如今的品茶技法，艺术操作手段的鉴赏，品茗，美好环境的领略等，形成了一种文化现象和生活习惯，已成为广东人生活中不可缺少的内容。广东茶文化三大体系各呈其美。

在历史发展的基础上，广东茶文化产业发展新趋势逐渐显现。近年来，各地茶文化研究机构和学术团体迅速发展，数量年年增多，队伍迅速发展壮大，研究领域拓展深入，成果数量不断增多，质量不断提高，学术活动和对外交流日趋活跃和频繁，茶艺异军崛起，茶文化研究蓬勃发展，茶人、茶叶、茶艺、茶道、茶德构成广东岭南茶文化发展的五大要素，随着茶文化的推广创新，茶学教育形成了一个前所未有的繁荣兴旺的态势。各地主要结合自身的产业特点和历史文化渊源，研究茶文化并对其进行挖掘创新，茶叶节庆更是异彩纷呈，丰富了广东人的茶文化生活。较突出的有：英德红茶文化节，梅州平远宋茶节，大埔柚子茶文化节，新会陈皮茶文化节等。显示了广东的地方茶文化特色。

在茶文化建设方面，广东省茶文化研究发展有其特色，独树一帜。2017年，在广东省文化学会、省社科院、华南农业大学等机构和专家的支持鼓励下，黄建璋讲茶堂招收第四批弟子，以秉承弘扬中华茶文化、铸就健康优生活为宗旨，实践结合理论，从不同的领域培养不同的人才。黄建璋团队于2015年协助广东省博物馆建设开创"茗香茶韵——中国茶文化展"，随后主导广东大埔县策划设计"大埔县茶文化博物馆"，2016年又主理策划设计"广东大埔乌龙茶博物馆"，2017年与广东省禅宗文化研究基地联合六祖寺开展了创作"莲花禅茶"及"莲花茶供"等一系列禅茶文化活动，实现了禅与茶文化的有机结合。

茶文化科普方面，2016年，广东《梅州茶叶》再版；《广东茶业全书》由华南农业大学和省农业厅与省农科院一起牵头组织撰写。2017年广东省供销社和广东省茶叶收藏与鉴赏协会成功创办了《优茶》杂志，英德市上茗轩建立广东首家"英红茶文化历史博览馆"，清远英德市智圆职业技术培训学校与相关部门建立"清远红茶大使"培训体系，《南方日报－财经宏典》（茶行天下）正式发行。

2. 社团组织发展状况

广东茶学和茶文化研究机构多达13个，各地市茶会组织有20多个，茶科普单位也有15家。较早成立的有广东省茶叶学会、广州茶文化促进会、广东省文化学会茶文化研究专业委员会、张天福与张宏达茶学研究中心。目前，较有影响的是：广州茶文化促进会、广东省茶业协会、广东省文化学会茶文化研究专业委员会。

在人才培训方面，近年来广东许多高等院校和企业纷纷设立茶学、茶艺、茶业营销、茶文化相关教程，为社会培养茶叶生产加工、茶文化产业专业的大量专业人才。广东茶艺由于组织者过于注重数量，培训时间较短，资质不对称，老师不专，学员只混个资格证，"茶艺师"不伦不类。其组织程度低，资质劣，培训出来的学员难以走上社会。随着中国传统文化的复兴，广东与茶相关的著名学者专家已在陆续发展传统型的"师徒制"传承发展形式，实质性地将理论与实践结合起来，形成了一股新兴的力量。

（四）茶叶教育与科技发展状况

近年来，广东省政府继续加大对茶叶领域科学研究的经费投入，各地政府和相关企业也在与茶叶科研单位进行密切合作，实现科学研究与解决企业的实际问题和企业的提质改造相结合。教育科研领域走上联盟之路。华南农业大学茶学系与广东省农业科学院茶叶研究所和相关企业联合建立了各个产业的战略联盟，建立了多个省优品种培育工程协作攻关课题组，形成了省级茶叶技术产学研合作机制，联合开展涉茶共性重大关键技术的攻关和技术集成。目前，广东省建设有茶树种质改良与推广、茶叶深加工、可可茶加工和茶业食品加工等五个工程技术研究中心。

广东省注重挖掘、保护和培育新品种。广东优越的气候条件和多样性的地理环境孕育了广东本土茶树种质资源和地方丰富的茶树品种，涵盖了乔木、小乔木、灌木、特大叶、大叶、中叶、小叶、特小叶等类型。广东省茶树种资源库是华南地区规模最大、种类最齐全的茶树活体基因库，收集了国内外茶树茶类种质1800多份，包括红茶资源281份，绿茶资源186份，乌龙茶资源150份，特异资源167份，中间材料483份，近缘植物4份等核心种质。粤北茶区拥有大量的野生茶树种质资源，在粤东茶区，凤凰单丛和客家中小叶种资源优质，粤西茶区拥有世界唯一的无咖啡因可可茶野生资源。

近年来，华南农业大学与广东省农业科学院茶叶研究所紧跟生产需求和国际前沿，结合广东省茶树资源特色，以提供高品质的茶叶产品为目标，重点培育了一批具有广东鲜明特色的高香和特异茶树品种（系），并通过育种、栽培、加工等方式，研制出高花青素、高氨酸等具有特效的茶叶产品。

高香型和特异型茶树新品种（系）的育成和产品的开发应用，将对广东省茶产业持续和跨越式发展、促进农民增收具有重要意义。

截至 2017 年，广东共育出国家级茶树品种 11 个，省级茶树品种 10 个，植物新品种 2 个。粤北的英红九号，丹霞一号、二号，鸿雁 12 号和粤东岭头单丛、乌叶单丛、凤凰黄枝香单丛、八仙单丛等一批高香型茶树良种得到了大面积推广，为广东省茶叶新产品创新和附加值的提升奠定了坚实的良种基础。

（五）茶旅游业发展及产业特色

茶叶旅游业是改革开放过程中出现的一个新亮点。除了对农业的突出贡献，其以茶为主题的旅游正契合了当今休闲旅游的发展趋势。

广东梅州雁南飞茶园是集高山茶叶生产和旅游度假于一体的生态农业示范区，景区连片茶园 1000 多亩，经多年的打造，现已荣获国家 5A 级旅游景区、全国精神文明建设先进单位等称号。

英德的德高信茶园，以"科学""高效""生态"为开发原则，集优质名茶栽培、特种果品生产、生态旅游度假于一体，在建设一个现代化休闲观光农业科技示范园地，企图形成集趣味性、科学性、参与性于一体的格局。

大埔的西岩茶乡，休闲农业与乡村旅游联动抱团发展，走有机生态品牌农禅文旅创新之路，建设产业兴旺、生态宜居、乡风文明、治理有效、生活富裕的乡村，成为集吃、住、行、游、购、娱综合服务于一体的茶乡旅游度假村。

英德积庆里茶谷，是以生态农业旅游为发展领域的综合型产业基地，开展休闲农业与乡村旅游的示范点，形成了集产、制、销，茶园观光，休闲品茗于一体的生态旅游胜地。

广东开发茶旅游产业的特色亮点大致有六点：一是广东地理条件优越，产茶历史悠久，名特红、乌、绿茶均具有特色。在"十二五"发展中，以"粤红"的英德红茶为代表的红茶得到重视并日益得到消费者喜欢，有较好的发展前景。

二是潮州凤凰单丛和岭头单丛的区域性名茶文化具有竞争优势。其成品茶香气高，浓度强，耐冲泡，花香特显。同时，广东省历史文化名茶众多，要充分利用，将资源优势转化为市场竞争优势。

三是茶产业链终端的大流通平台。广东是中国的饮茶大省，也是最重要的外销区。在17世纪，广东就是中国对外贸易的主要口岸，历经三百多年，经久不衰，这是广东的优势特质。

四是茶文化底蕴深厚，民俗文化丰富，特色显著。广东从明清至今，饮茶成风，茶事活动盛行。其接纳了各地茶文化，融合吸收，推陈出新，在民间形成了粤港茶文化强大的社会基础。毛泽东主席说"饮茶粤海未能忘"。这是一种具有社会性、经济性的巨大力量。

五是由中山大学茶学界泰斗张宏达发现的广东独有的新茶树资源"毛叶可可茶"和"张科可可茶"获国家林业局认定为优良品种，成为广东茶产业乃至全国茶产业发展中的另一大特色和亮点。"毛叶可可茶"和"张科可可茶"是孪生姐妹茶，各自有其特点，低咖啡因茶产业的兴起是大势所趋，低咖啡因茶成为人们时尚的追求，可可茶将是中国茶业发展的新的里程碑。

六是近年来广东柑茶形成了广东茶产品创新的迎风口。其实茶与广东特色佳品结合混搭早已有之，荔枝红茶、陈皮普洱、小青柑茶，一直就流行于岭南土地，这也体现了岭南人敢为人先、兼容并蓄的品格。

2017年广东柑茶被业界誉为中国六大茶类以外的第七大茶类。如今的广东柑茶早已经不是小众茶类，以新会柑普茶、英红柑、梅州柑绿茶等为代表的"广东柑茶"业态，其品质、品牌和文化孕育了一个巨大的优势特色产业。

2017年新会主导产品新会陈皮柑茶产量达8000吨，产值达32亿元，全产业产值超过60亿元。广东新会柑茶注册加工企业数量也在增长，为新会柑茶发展孕育了巨大的动力。据统计，在2015年，新会生产柑茶的企业有20余家，至2016年底拥有认证的有100多家，到2017年取得认证的企业达200多家。

除了柑普茶，广东梅州还研发上市了客家绿茶与新会柑结合的"柑绿茶"，英德产区也推出了英红九号与新会柑结合的"柑红茶"。

在茶产业供给侧改革的浪潮中，广东柑茶形成了一个新的亮点。广东柑茶的创新发展体现为三个科学结合，一是把陈皮保健功效与茶叶保健功效相结合，两者相辅相成；二是滋味风味的结合，两者都是广东传统农产品，滋味协调，消费者都比较喜欢；三是把广东两大产业有机结合协调了起来。

广东柑茶的迅速发展也吸引到了众多其他茶类的参与。当前福鼎白茶、安化黑茶、广西六堡茶等茶类与新会柑的融合创新，形成了柑白茶、柑黑茶、六堡柑茶等产品。广东柑茶产业在探索发展过程中，显示了强大的价值，对国内其他茶区推进农产品供给侧结构性改革提供了一定的借鉴价值。

总的来说，近年广东茶业发展呈现新趋势。生产目标上：从注重总量增长，向更加注重茶类总量平衡、结构优化和优质安全并重转变。组织方式上：从分散农户的小生产，逐步向以企业为主发展的规模化生产经营转变。经营理念上：从注重经营产品，向更加注重经营品牌和品牌文化、企业文化转变。产业功能上：从以单一的食品饮用功能为主，向食品、保健、文化、旅游等多功能的一二三产业融合发展转变。交易方式上：从现实的"有形"市场，逐步向"互联网+茶叶"的"无形"市场拓展。这些发展趋势，标志着广东茶叶产业进入新的发展时期，真正到了从传统生产向现代化发展跨越的新阶段。

二 广东省茶产业发展存在的问题

近年广东省茶叶生产虽然保持良好的态势，但也存在一些问题：一些茶区的茶树品种布局欠合理。一些茶区品种比较单一，技术措施仍不到位，特别是对分散农户经营的茶园，技术推广难度大。组织化程度仍低。有些产品产能规模的持续扩张带来了产能过剩，难以改进技术和提高管理水平，又不利于品牌培育和发展。有些产品结构的调整与市场的匹配度还不够。有些茶区劳动力短缺，成本持续上升，利润空间不断压缩。企业生产成本逐年上升，影响效益的提高。有些地方政策落实不到位，融合发展水平不高，产加销环节衔接不紧密，产业链延伸、价值链提升不充分，企业和农民利益连接机制还不完善，农民分享全产业链增值收益还不够，导致产业发展受阻。此外，在流通领域方面，短期行为仍比较明显，市场对生产和消费的引导功能有待进一步发挥。

目前，广东茶业在快速发展，但仍然存在许多问题，必须高度重视，采取切实措施认真加以解决。

①茶树品种布局欠合理，片面追求扩大茶园种植面积，生产效益难以提高；②生产技术措施不到位，茶叶栽培和茶园管理粗放，抗害能力弱；③加工设施条件落后，产品质量不稳定，龙头企业底气不足；④组织化程度不高，生产经营程度低，成本高，效益差，难以参与市场竞争；⑤茶厂规模小，比较分散，厂房简陋，设备落后，茶叶加工技术含量低，综合开发能力不足，基地研究工作滞后；⑥科研机构和社团组织职能发挥不充分，存在不良竞争问题；⑦市场流通体系不健全，质量监管不到位，产品质量安全存在隐患；⑧品牌意识淡薄，产品种类多，品牌少，名茶多，名牌少，缺乏竞争力。在整体上，广东茶产业的组织化程度相对比较弱。目前，茶区的主体依然是单个小而全的农户和小企业，大多是家庭小作坊式的经营，厂房相对陈旧，设备简陋，加工技术滞后，科技含量和附加值较低，特别是普洱茶加工企业的卫生安全意识非常薄弱，茶叶中渗染夹杂物等超标现象随时可见，其产品质量难稳定。部分绿茶、乌龙茶产区毛茶加工能力与茶叶种植规模还是不太匹配，影响了毛茶制作质量，产销市场也不匹配。

三 2018年广东省茶产业发展与措施

近年来，广东省茶叶产业在发展思路上，按照"企业为主、带动农户"的组织形式，坚持"优质、高效、安全、生态"的可持续发展方向，加强规划指导，立足区域优势，优化产业布局，加快科技进步，创新经营机制，拓展产业功能，促进产业融合发展，构建现代茶产业体系，提升产业竞争力。

2017年，广东省委书记李希在一次会议上强调，要做好"特"字文章，集中连片发展岭南特色水果、南药、茶叶等特色产业，形成特色农产品优势区和主导产品产业，打造高品质、有口碑的农业"金字招牌"。我们要乘发展富民兴村产业的"东风"，践行习近平总书记在浙江工作时提出的"一片叶子，成就了一个产业，富裕了一方百姓"的经典论述，做强茶业，拉长产业链，拓展价值链，补强科技链，丰富文化链，全面提升茶产业的经济价值、社会价值、生态价值和文化价值，让广东茶美名远扬、风行天下，"让世界爱上广东茶"。广东茶产业在2018年重点推进了以下五项工作。

第一，做优茶品质。"云雾山中出好茶"。广东秉持"质量兴茶、绿色至上"的理念，以广东茶产业联盟为平台，引导茶叶产业向生态优势区域聚集发展，高质量打造了一批茶叶专业镇、专业村，建设了一批现代茶产业园，在最适宜的区域，靠最优良的环境，用最健康的土壤，生产最优质的茶叶。同时，大力发展精深加工，实现加工清洁化、连续化、自动化，拓展茶业多功能，把最优质原料变成最优质的产品，把茶品变成旅游产品。

第二，唱响茶品牌。茶源于中国，然而今天世界上最大的茶品牌却扎根在一片茶都不产的英国。作为茶叶的搬运工，英国全球第一大茶叶品牌立顿，年产值已经达到几十亿美元，几乎相当于我国整个茶产业全年产值的76%。广东实施"区域品牌+企业品牌"的双战略，力争做大做强广东茶品牌。省、市重点培育区域品牌，打造了一批消费者喜爱、国际竞争力强的标志性粤茶品牌；探索设立了广东茶产业发展基金，培育了一批茶叶领军企业，并扶持重点企业上市。加强品牌宣传推介，提升了粤茶品牌的知名度和影响力。

第三，拓展茶市场。中国（广州）国际茶业博览会是国内规模最大、参展企业数量最多、展品最丰富、观众人数最多、专业化程度最深、国际化程度最高的茶业博览会，是中国乃至全球茶业的"风向标"和"温度计"。伴随着深圳、东莞等地的积极跟进办展，珠三角逐渐形成了茶叶流

通贸易辐射影响圈。广东省继续发挥广州作为全国最大的茶叶集散地的优势和枢纽功能，重点发展茶业电子商务，建立区域型现代物流平台，不断深化物流配送功能，实现了线上线下同步发展。同时，积极响应国家"一带一路"倡议，以广东海上丝绸之路的茶叶贸易文化底蕴为基础，与粤港澳大湾区和国际港口对接，向全国以及海外辐射，努力让广东茶叶走向全国、影响世界。

第四，弘扬茶文化。茶文化与茶产业如车之双轮、鸟之双翼，唯有浸润和涵养了文化的茶产业，才会有蓬勃的生命力。农业产业中茶业最具文化特质，善用茶文化，带来的茶产业效益将是无穷的。广东省将茶产业发展与茶文化传承相融合，发展具有广东特色的茶道茶艺培训、茶席设计创作、表演型茶艺编排等，让"工夫茶""饮早茶"等传统民间技艺、乡风民俗不断发扬光大，讲述广东茶故事，让世界通过小小的茶叶，触摸岭南文化脉搏，感知广东发展活力。"茗者八方皆好客，道处清风自然来。"要继续广泛开展茶文化交流活动，在品茗论道中推动经贸发展。

第五，共享茶红利。茶叶一头连着千万茶农，一头连着亿万消费者。茶叶生产主体大都是小农户。"问渠哪得清如许，为有源头活水来"，只有茶农收益得到保障，茶产业才能富有生机。广东省优化服务、强化监管，密切利益联结，使茶农、加工商、贸易商形成发展共同体，让一片片茶叶成为富裕一方百姓的"金叶"。

发展建议：广东茶产业一是要坚持因地制宜，突出特色。充分发挥区域自然条件与产业基础优势，突出区域特色，合理安排品种布局和茶类生产，扬长避短，提升产业竞争力。二是要坚持规模经营，集约发展。因地制宜选择适合当地实际的规模经营实现路径，扶持培育新型茶叶生产经营主体。引导茶叶企业建立良好的产业化经营机制，以企业发展带动产业基地建设，促进茶产业向规模化、专业化、产业化方向发展。三是要坚持市场导向，多方参与。充分发挥市场配置资源的决定性作用，以市场主导推动茶业发展。正确处理政府、企业、科研单位、农民的关系，发挥相关主体的积极性，创新发展机制，增强茶产业发展动力。四是要坚持兼顾生态，对生态茶园进行定义,科学发展。遵守自然规律和经济规律,合理利用和有效保护资源,科学规划山地茶园建设,注重水土保持,禁止盲目开荒毁林种茶,实现经济、生态、社会效益和谐统一。五是要进行目标性的建设、准则性的规划、等级性的划分、技术性的规范。

推动措施:一是努力优化产业发展布局。因地制宜,新建一批区域特色强的高标准茶叶生产基地。引导茶叶产业向优势区域聚集发展,打造优势产业带,推进茶叶专业镇、专业村建设,促进茶叶产业规模化、集约化发展。在品种布局上,要突出地方传统与特色优势,注重继承发扬与提升创新,巩固和发挥全省茶产业整体优势。二是着力提升茶园管理水平。依靠科技进步,推进茶园科学管理,提升生产水平,挖掘增产增收潜力。三是大力推动经营主体创新。加快培育一批具有较强竞争力、带动力的茶业龙头企业等新型经营主体。积极引进和鼓励外资、民营工商资本参与茶产业开发,创办高标准茶园。鼓励企业通过兼并重组、参股控股,打造一批大型现代茶业企业集团,增强茶业竞争力。四是积极改善茶叶加工条件。按照茶叶市场准入制度的要求,加强旧茶厂改造,完善配套设施,改善加工环境,健全茶厂质量管理制度,提升茶叶加工质量水平。积极开展茶叶新产品开发和精深加工,延长产业链,提升附加值。五是切实推进茶叶品牌建设。引导和支持茶叶企业开展技术创新,建立具有自主知识产权的产品体系。推进茶叶标准化生产,加强企业与品牌的宣传和形象塑造,鼓励支持强大品牌,整合弱小品牌,打造重点知名强势品牌。发挥产品地理标志和原产地保护的作用,积极打造区域特色公共品牌。在品牌创建上,要着重做好如下五点:第一要达到超越消费者期望的品质;第二要做到持续全面的传播;第三要做到由内而外的统一;第四要有独特简洁的标识;第五要实现合乎于人心的价值,助推茶产业发展,解决茶产业发展现状与瓶颈,从产品向品牌、消费者诉求转变。六是不断拓宽茶叶流通渠道与产业功能。大力发展电子商务、配送、代理、邮购等新型流通业态。鼓励茶业龙头企业在省内外大中城市构建茶叶营销网络。积极发挥茶叶社团组织的作用,加强对茶文化的研究、挖掘和弘扬,广泛开展多形式的茶事、茶文化活动,扩大广东省茶叶产品的市场影响力。结

合当地旅游资源,稳妥开发茶园旅游业,拓展茶业功能,提高产业综合效益。

总体目标及措施:一是要落实政策引导融合;二是要创业创新促进融合;三是要发展产业支撑融合;四是要完善机制带动融合;五是要加强服务推动融合。切实强化推进组织领导,强化典型带动,强化指导督导,强化宣传引导,强化保障措施得以实行。当前中国茶叶已经进入转型、整合与提升的时代,大企业、大品牌将成为重要趋势。预计未来几年内,广东茶叶消费两极分化的现象将更加明显;高端市场会继续萎缩;中低端市场会不断扩大;传统红茶、传统铁观音、黑茶、白茶等的受众比例将有所变化;有机茶、生态茶等绿色生态茶则相对更有前景。未来茶叶产品创新的发展趋势将会是:在提高色、香、味品质的基础上不断实现方便化、功能化、高新化、时尚化。因此,在茶产品创造上要突破"以健康为卖点,功能型新产品开发;以外形为卖点,方便型新产品开发;以品质为卖点,风味型新产品开发"。按需定制也将成为茶叶产业消费市场的重要平台,蝶变之基是推动广东茶产业的战略性跨越突变。茶产业是广东省的优秀农业品类,在新的发展时期,广东的茶产业茶市场将会出现一些新的变化。如种植业、加工业、茶叶品质、茶叶产品线路、茶叶科研以及企业和公共服务事业等方面都会产生相应变化。

变化是一种更新,也是一种转型,其结果是升级。广东茶产业升级是创造广东茶产业全球竞争优势的动力,因此,广东探索出一条符合广东实际、具有广东特色的新型产业化发展道路已刻不容缓。据黄建璋讲茶堂研究推测:广东省茶产业发展将会实现从"纯农业型"到"茶产业、茶经济、茶文化、茶科技、茶旅游"五驾并驱的蝶变。同时他们认为,广东省茶企业经营运营模式将会从"传统观念"转向"研发创新、品牌建设,出口并内销,人才战略,创新经营思想"五大路径,走出一条以自主创新提升核心竞争力的发展之路。结论是:广东省茶产业依然有着充足的活力,打造广东茶产业升级版指日可待。

附　数据统计表

2017年广东省茶产业基本情况调查

茶园面积(万公顷)	55285	同比增3%
茶叶产量(万吨)	90699.79	同比增3.8%
其中　绿茶	3473579	同比增3.8%
红茶	0.6672	同比增26.9%
乌龙茶	4.2185	同比增5.5%
普洱茶、花茶、白茶	0.7097	同比减6.9%
黄茶	0.0010	同比增11.1%
全省茶叶消费总量(万吨)	15	
全省主要消费茶类及消费量(吨)		
——消费最多茶类	乌龙茶、普洱茶	
——消费最多茶类数量(万吨)	4	
茶叶总产值(亿元)	农业产值54亿元,总产值250亿元	
茶叶出口量(万吨)	—	
茶叶出口额(亿元)	—	
有机茶产量(万吨)	—	
有机茶园面积(公顷)	—	

2015年广东省茶叶企业、市场与科研情况

全省茶叶企业数量(个)	(茶商)10万户,初制厂3000多个,精制厂100多个
茶产业相关从业人员(个)	涉茶300多万人,其中农口200多万人
茶叶企业利润总量(万元)	
国家级龙头企业	1家
省级龙头企业	31家
合作社带动的茶农数量(个)	
全省县级以上茶叶市场数量(个)	32家
最大的茶叶市场拥有的摊位数(个)	1000多个
全省茶馆数量(个)(在工商部门注册)	
全省茶叶科研机构数量(个)	教学3个,研究所3个,社团13个、科普单位15家

参考资料和数据来源：

1. 广东农业厅、省统计局
2. 黄建璋讲茶堂
3. 广东省省情调查研究中心
4. 广东省文化学会茶文化研究专业委员会
5. 农业大学、广东农业科学院茶科所
6. 广东岭南茶叶经济研究院

B.4
湖北省茶产业发展研究报告

宗庆波*

摘　要： 茶业是湖北省优势产业，是解决三农问题的重要产业，2017年茶叶一二三产业融合综合产值突破600亿元。湖北省拥有六大茶类，其中以绿茶为主。"中国名茶之乡""全国重点产茶县"数量不断增加，已经形成茶叶优势区域。湖北茶产业通过产地交易流通与线上市场流通、国际贸易出口等多种方式拓宽销售渠道，进一步增加茶产业收益。科研成果不断取得新的进展，为科学化培育提供新的依据。目前湖北省积极通过开展焦点问题培训，实施"走出去"战略，建立茶叶特优区等策略来改善人才匮乏、品牌不响、产能过剩等状态。

关键词： 湖北省　产业融合　茶文化　科技创新

湖北地处长江上中游，发展茶产业具有得天独厚的资源优势。在农业部和省委、省政府等各级领导的高度重视和全省五大茶区的共同努力下，2017年湖北茶产业继续保持快速发展的势头，茶产业已成为湖北特色优势产业，促进山区脱贫、带动农民增收的重点产业。

---

* 宗庆波，湖北省农业厅果茶办公室，推广研究员；湖北省茶叶学会会长。

一 湖北省茶产业发展概况

（一）茶叶种植与加工

1.产业规模继续扩大

据统计年报，2017年，湖北省茶园总面积355405公顷，其中，采摘面积252276公顷，产量31.4万吨，农业产值151.3亿元，与上年相比，总面积增加15991公顷，采摘面积增加8954公顷，产量增加1.8万吨，产值增加12.8亿元，分别增长4.71%、3.68%、6.05%、9.24%。面积、产量、产值分别居全国第4位、第3位、第5位，居中部六省第一位，茶叶一二三产业综合产值突破600亿元，比上年增加100亿元。是名副其实的全国产茶大省（见表1、表2）。

表1 2016~2017年湖北省茶园面积情况

2017年茶园面积(万亩)	2016年茶园面积(万亩)	较2016年增减(%)
533.1	509.1	4.71

表2 2016~2017年湖北省茶叶产量和产值情况

2017年茶叶产量(吨)	2016年茶叶产量(吨)	较2016年增减(%)	2017年茶叶产值(万元)	2016年茶叶产值(万元)	较2016年增减(%)
314014	296097	6.05	1513000	1385000	9.24

2.加工种类更加丰富

湖北省现拥有绿茶、红茶、黑茶、乌龙茶、黄茶和白茶六大茶类，是绿茶生产大省，2017年绿茶产量占全省茶叶总产量的68.8%，其中，商品名优绿茶占比达到70%左右。据2017年年报统计，湖北省2017年绿茶生产21.6万吨，占68.8%，红茶3.6万吨，占11.5%，黑茶5.16万吨，占16.2%。与上年相比，绿茶增加3724吨，增1.76%，红茶增加5149吨，增

16.5%，黑茶增加8152吨，增18.8%，绿茶占比略增，黑茶红茶占比增幅大，在茶叶供给侧结构性改革中，结构进一步优化调整，适应了市场的新需求。

表3　2016年湖北省不同茶类产量情况

茶叶产量(吨)							
绿茶	红茶	乌龙茶	黑茶	白茶	黄茶	其他茶	合计
212117	31177	1533	43454	1315	410	6091	296097

表4　2017年湖北省不同茶类产量情况

茶叶产量(吨)							
绿茶	红茶	乌龙茶	黑茶	白茶	黄茶	其他茶	合计
215841	36326	1241	51606	1490	237	7273	314014

3. 茶树种质资源不断丰富

湖北省是全国古老茶区之一，特别是鄂西南武陵山、鄂西北秦巴山茶树种质资源比较丰富，地方茶树品种较多，现已有宜昌大叶茶、宜红早、鄂茶1号、鄂茶5号等茶树品种4个被审（认）定为国家茶树良种，宜昌大叶种、鄂茶1号至鄂茶12号、五峰212、五峰310、金丰、金香等17个被审定为湖北省级良种。湖北省在省农科院果树茶叶研究所（位于武汉市江夏区金水闸）建立了湖北省茶树种质资源圃，共收集、保存国内外茶树品种资源1300余份，为保存茶树珍稀资源、开展杂交育种、选育新品种及资源创新利用搭建了平台。开展了单株选育研究、杂交选育研究和分子标记研究等。现已有27份自然杂交幼苗进入观察、筛选阶段；40份单株选育的新品系在进行区域品比试验。在孝感市、恩施州、宜昌市等重点产茶区建设了一批茶树良种繁育基地，年出圃无性系良种茶苗2亿多株。据省农业厅统计，2017年全省无性系良种茶园达348万亩，比上年增加24万亩，占总面积的65.3%，超过了全国平均水平。

4. 茶叶优势区域已经形成

2017年全省茶园面积10万亩以上的大县由2010年的13个增加到19

个，20万亩以上的大县由2010年的4个增加到11个，其中，恩施市有35.85万亩，位居全省第一位。现有宜昌市夷陵区、邓村乡、五峰县、英山县、大悟县、竹溪县、谷城县、恩施芭蕉乡、利川毛坝乡、赤壁市、宣恩县等荣获中国茶叶学会颁发的"中国名茶之乡"11个。被中国茶叶流通协会认定的"全国重点产茶县"累计达到19个，已形成了鄂东大别山茶区、鄂西武陵山及宜昌三峡茶区、鄂西北秦巴山茶区、鄂南幕阜山茶区和鄂中大洪山茶区等五大优势茶区。

5. 产业化经营加快发展

最近几年来，湖北省逐渐加大了对新型经营主体的扶持力度，大力推广"龙头（合作社）+基地+农户"的产业化经营模式，茶叶产业化的步伐不断加快，加工龙头企业实力增强，新型经营主体蓬勃发展，加工园区建设不断加快。2017年，全省茶叶加工企业达5000家以上，茶叶加工值与农业产值之比上升到2.5:1。省级产业化茶叶龙头企业由2010年的22家增加到63家，国家级龙头企业7家，比2010年增加4家，年产值超过亿元的茶叶企业达10家，比2010年增加5家。通过ISO国家质量体系认证的企业有55家。"龙头+基地+农户"的产业化经营模式正在形成，

（二）茶叶流通

湖北茶产业正在快速向内销与外销相结合、一二三产融合的方向发展。

1. 产地销售生意兴隆

2017年，湖北省产地交易流通仍是市场的主流。春茶产销呈现"总体开园迟、投产面积增、茶叶产量增、鲜叶价格涨、农业产值升"的态势。一是春茶总体开园较往年推迟一周左右，低山地区茶园集中在3月底开园，高山地区4月10日左右开园。二是春茶面积、产量、产值均全面提升。采摘面积375万亩，同比增长8.1%，产量12.7万吨，同比增长4.1%；产值114.9亿元，同比增长11.9%。三是市场价格上涨。春茶鲜叶收购均价11.5元/斤，同比增长9.5%。成品茶销售均价同比上涨10%~15%。四是产品市场结构呈现多元化趋势。红茶市场持续看好，面向国内市场销售的中

高档红茶价格上涨约10%；青砖茶生产订单满、销路旺。赵李桥茶厂有限公司开年后均处于满负荷生产状态，订单排满全年；白茶销售情况良好，各地白茶在江浙市场紧销，高档白茶均价达2000元/斤以上。截至10月上旬，湖北省夏秋茶产量达18.7万吨，同比增加2.7万吨，增长16.9%，夏秋茶产值36.4亿元，同比略有减少。夏秋茶鲜叶价格与上年基本持平，虽然从茶树鲜叶收购上看，茶农的利益得到保障，但茶叶加工企业尤其是出口大宗眉茶、红茶的企业利润空间相对压缩，茶叶靠市场经营赢利更加困难。

2. 线上市场流通渠道稳步拓展

湖北茶叶实体店交易继续蓬勃发展，茶叶市场建设向茶叶流通商贸、文化、旅游、产业开发等多功能方向发展，已成为我国中部地区最大的茶叶原料交易省份。"线下市场"稳步发展。全省建设了汉口茶市、陆羽茶都、宜昌三峡国际旅游茶城、宜昌采花茶城、英山大别山茶叶广场、恩施硒都茶城、汉阳知音茶城、武汉客厅等8个专业茶叶批发零售市场。但是汉口北的"天下茶仓"，因"武汉新城"的统一规划布局，暂时停止了继续兴建，将在武汉市另寻地块重新规划。五峰西南茶叶专业市场由浙江省松阳县老板投资，正在兴建之中。在恩施市、咸丰县、夷陵区等产茶大县市，春茶季节，一批鲜叶交易市场正在兴起，方便了茶叶加工厂和茶商就近收购鲜叶加工春茶。

3. "线上市场"不断扩大

随着我国电子商务不断发展壮大，目前湖北省农产品已经建立了驻淘宝网旗舰店、恩施店、宜昌店、英山店和农业产业化平台"1号店"等电子商务平台，恩施玉露、宜红、邓村绿茶、采花、英山云雾等品牌龙头茶企都很重视在第三方平台上开设旗舰店，龙头品牌茶企"线上"交易成为湖北省品牌茶销售的新亮点和新方向，也成为目前茶叶市场销售的一个重要补充。

（三）茶叶内销与外销

1. 茶叶国内销售情况

据湖北省茶叶学会和茶叶协会测算统计，2017年湖北省省内直接饮用的茶叶消费总量为64000吨，其中，绿茶51000吨，黑茶3500吨，红茶

5500吨，乌龙茶3000吨，黄茶50吨，白茶50吨，其他代用茶900吨。省内消费额约96亿元，按总人口5900万人计，人均消费量约1.08千克，均价150元/千克。另外，省内茶叶用于茶叶深加工的主要是绿茶，数量约为4000吨。

湖北省茶叶除了省内销售外，大量销往浙江、安徽、江苏、山东和广东等消费大省。2017年湖北省销售到外省市的销售量约为22万吨，产品以名优茶、初制原料毛茶、精制出口茶、当年加工的青砖茶为主。预计本省年内库存茶叶约为13000吨。

2.区域消费特点

（1）茶叶城乡消费差距大

湖北作为"茶祖"神农氏的故乡，数百年来，一直保留着"客来喝茶"的传统习俗，随着茶与健康的科普宣传，城乡居民茶叶消费群体越来越大。当前，主要消费者集中在武汉、宜昌、恩施、襄阳、孝感、黄冈、十堰、咸宁、随州和黄石、鄂州等市州级城市和所有茶叶生产区。如武汉市、宜昌市、恩施州等市州年人均消费量超过1.5千克，但在非茶叶生产区域和部分农村地区，茶叶消费量相对较少。

（2）茶叶消费多元化发展

从全省消费的茶类来看，绿茶的销售继续保持稳定发展的态势，近年来，随着全国"红茶热""黑茶热"、茶叶保健功能的逐步普及和茶文化的宣传推广，各地茶叶实体店、茶叶专业市场、茶楼、茶馆等现代休闲、旅游、商务场所兴起，湖北品牌绿茶、各类红茶、湖北特色陈年青砖茶、安吉白茶良种类的白茶黄茶等上升成为茶叶消费的热点，市场行情看好，卖价相对较高。但是高档高价的礼品茶由于价位过高、偏离市场正常轨道产量和销售大幅下降，与原来畅销的市场形成鲜明的反差，广大消费者越来越偏向于中档茶、优质茶。湖北青砖茶的市场销售由于广东收藏买家的进入和产品结构进一步优化调整，整体价格明显提高，向广东南方市场的开拓速度明显加快；而方便、快捷的茶奶、袋泡茶、香味茶等受到年轻消费群体的追捧青睐，销量呈现快速增长的态势。

3. 国际贸易情况

据武汉海关统计（见表5），2017全省茶叶出口量达13116吨，比2016年的11468吨增加1648吨，增幅达14.4%，居全国第4位；茶叶出口额12394.7万美元，比2016年的11327.2万美元增加1067.5万美元，增幅达9.4%，居全国第5位；全省茶叶出口均价9.45美元/千克，高于全国4.53美元/千克的平均水平。出口茶类中，绿茶超过1万吨，红茶2300吨，乌龙茶121吨，花茶130吨，普洱茶58吨，保健茶48吨，代用茶41吨，绿茶、红茶出口量均比上年有所增长。目前全省共有35家出口茶企，产品远销东南亚、欧盟、非洲、中亚、美国等40多个国家和地区。出口茶企省内茶叶基地备案面积总计超过180万亩，全省茶叶出口贸易已呈现快速发展的新局面。

按照出口贸易量的顺序排前四位的国家或地区分别为：中国香港3321吨、摩洛哥3279吨、欧盟2987吨、利比亚1356吨。

按照贸易额的顺序排前四位的国家或地区分别为：中国香港4217万美元、马来西亚1939万美元、韩国1378万美元、欧盟1320万美元。

表5 2016~2017年湖北省茶叶出口情况

年份	出口（吨）	出口金额（万美元）	平均单价（美元/千克）
2016	11468	11327.2	9.88
2017	13116	12394.7	9.45

（四）茶文化、茶旅游与茶服务业

1. 一、二、三产业融合发展

近年来，湖北茶叶主产区政府将茶叶产业与三产融合作为重要的名片来打造，以茶产业板块为主导，茶产业与旅游业融合的紧密度不断加强，开辟了茶叶旅游线路。目前已经形成恩施大峡谷茶旅游区、武当山武当道茶旅游区、神农架林区茶生态旅游区、宜昌国际旅游茶城、五峰云上五峰生态五峰柴埠溪景区、"中国好空气 英山森呼吸"大别山英山生态旅游区、赤壁羊楼洞青砖茶旅游区等茶旅融合景区，这些景区集旅游、休闲、品茗、生态茶园观光于一体，让旅客体验观茶、采茶、制茶、品茶、购茶、茶餐饮、茶歌舞、茶摄影、茶书法等各类茶文化、茶事活动，推动茶旅游产业向纵深发展。

2. 茶品牌茶文化推广方兴未艾

湖北羊楼洞和汉口是万里茶道的重要源头之一，襄阳、十堰是万里茶道的重要驿站。2016~2017年这些地区组织策划了多场茶品牌推介、茶文化宣传活动，提高了湖北茶品牌的社会知名度和市场竞争力。

（1）2016年湖北茶文化活动丰富多彩

第八届全民饮茶日活动全国启动仪式在湖北宜昌举行。4月中旬，省农业厅副巡视员牛启发，浙江大学教授梁月荣，宜昌市领导王金建、王国斌等出席活动。采花茶业、邓村绿茶、萧氏茶业、长盛川等本地40多家企业参加活动，共有34家茶企与海内外客商签订购销协议8亿元，签约数量达9095吨。

举办湖北省茶文化茶产业茶旅游融合发展座谈会。6月中旬，座谈会在谷城县五山镇玉皇剑产业园召开。该会由省旅游文化发展促进协会举办，会议的主要内容是交流茶文化、茶产业、茶旅游融合发展经验，促进湖北茶文化、茶产业、茶旅游振兴升级。来自省内外的80多名代表参加了会议，湖北省内37家各大知名茶业企业都派代表参加了会议。

2016湖北发展论坛"万里茶道与一带一路"在五峰举行。8月底，该论坛由省社科联、湖北省文物局、武汉大学和宜昌市人民政府共同主办，来自俄罗斯和国内北京、上海、浙江、内蒙古、江西等地的约300名嘉宾出席大会。万里茶道是继丝绸之路后又一条中国通往世界的重要国际商贸通道，而五峰是万里茶道湖北段的重要组成部分，支持五峰古茶道所存遗迹纳入中俄万里茶道申遗保护地区，推动五峰茶进入"万里茶道"体系，构建以汉口为中心、以五峰为支点的中俄万里茶道经济文化旅游路线，强调湖北五峰茶在万里茶道中的重要地位和作用，对于万里茶道申遗工作、发展万里茶道上的新时代经济具有重要意义。

湖北五峰荣获"全国十大魅力茶乡"的荣誉称号。9月27日，由中国农业国际合作促进会茶产业委员会和中国合作经济学会旅游合作专业委员会共同主办的"2016年度全国十大魅力茶乡、全国三十座最美茶园"评选活动结束，此次全国各地的32个知名茶乡参与评选，五峰以微信网络投票第三名的成绩入围专家评审，最后经专业评审，五峰脱颖而出，成为湖北省唯一荣获"2016年度全国十大魅力茶乡"称号的茶叶县。

举办2016中国技能大赛·湖北省第八届茶业职业技能大赛。11月2~3日，该技能大赛在天门举行。本次大赛由省人社厅、天门市政府主办，省职业技能鉴定指导中心、天门市人社局和天门职业学院共同承办，共有来自全省15个市州48支代表队的135名选手参加比赛。经过两天激烈角逐，湖北城市职业学校选送的《围炉听秋》获茶艺师团体赛金奖，华中农业大学代表队的姚燕妮选手获评茶员赛金奖，黄冈市代表队的江春雄选手获茶叶加工赛金奖。

（2）2017年湖北茶文化活动如火如荼

第四届中国茶业大会在五峰县召开。9月15~16日，第四届中国茶业大会在五峰县召开。大会由中国农业国际合作促进会茶产业委员会、宜昌市农业局、五峰土家族自治县人民政府共同主办，湖北省茶叶学会等协办。第十一届全国人大常委、农业与农村委员会副主任委员舒惠国，中国工程院院士陈宗懋，农业部信息中心原主任郭作玉，中国绿色食品发展中心品牌发展处处长李连海，中国农业国际合作促进会副会长吕明宜，中国农业国际合作促进会茶产业委员会常务副主任封槐松等出席了会议。来自全国各产茶省的500余名代表参会。会议以"多元化——中国茶叶未来之路"为主题，设置"一带一路"与中国茶叶、茶乡旅游、品牌建设3大板块。举办了茶叶高端论坛，陈院士等专家发表精彩演讲；举行了"品牌之路"和"CCTV-7《行走魅力茶乡》"两场高端对话；举行了国家茶叶公园创建试点授牌仪式，2017年度全国十大魅力茶乡、全国茶乡旅游特色区、全国三十座最美茶园颁奖仪式，全国茶文化民俗村认定工作启动仪式等相关活动。

2017国际茶业大会在恩施州隆重举行。9月25~30日，2017国际茶业大会在恩施州举行。大会由中国食品土畜进出口商会、国际茶叶委员会、中国国际茶文化研究会、中国茶叶学会等单位共同主办，湖北省茶叶学会等协办。来自美国、加拿大、俄罗斯、英国、德国、法国及中东、东盟、西北非等全世界38个国家和地区，国内19个省市茶业行业组织的代表和茶叶企业出席会议。大会主题为"践行国家'一带一路''美丽中国'战略构想"。大会规格高，业界影响大，内容丰富。举行了国际茶叶CEO论坛、茶产品展览会、全球茶业贸易论坛、全球茶业可持续发展圆桌会议、恩施硒茶国际前景发展峰会、国际茶人联谊会、国际"茶艺大师杯"比赛、全球茶人之夜等多项活动。

举办首届中国青（米）砖茶"十大收藏产品"品质与收藏价值评价活动。为擦亮百年砖茶品牌，打造百亿产业集群，受赤壁市委、市政府及第五届中国有机农产品展销会暨中国青（米）砖茶交易会组委会委托，湖北省茶叶学会、湖北省茶叶协会、广东省茶叶收藏与鉴赏协会首次联合组织举办了"首届中国青（米）砖茶'十大收藏产品'品质与收藏价值评价活动"。10月29日、11月2日分别在广州和赤壁举行专家评审会，由全国数十位知名茶叶专家经过两轮密码感官审评，评出青砖茶十大收藏产品、米砖茶五大收藏产品和一批青（米）砖茶优秀收藏产品，并在11月3~5日的第五届中国有机农产品展销会暨中国青（米）砖茶交易会上揭晓并颁奖，极大地提高了湖北青（米）砖茶的市场知名度。

（五）茶产业科技创新与推广取得新成效

1. 科技成果推广卓有成效

2017年茶叶绿色生产模式与加工集成技术被列为全省农业主推技术大力推广实施，在省农业厅34项主推技术年终综合考评中名列第二，茶叶技术推广团队被评为厅十佳优秀推广技术团队。全年科技贡献突出，获省科技进步二等奖1项、省科技成果推广三等奖2项。华中农业大学黄友谊教授、省农科院果茶所谭荣荣副研究员获得第五届中国茶叶学会青年科技奖。

2. 茶树栽培技术进一步深化

针对湖北省长江北茶区降雨量较少的情况，省农科院对茶树干旱风险分析进行了研究，将湖北干旱综合风险划分为五个风险等级，即高、较高、中等、低和轻微风险；开展了茶树气象灾害模糊综合评价及划分，为湖北省应对茶树气象灾害，调整茶叶生产布局提供理论依据。近年持续开展了湖北省茶园土壤养分、肥力水平和重金属污染状况评价，为茶区测土配方施肥、平衡施肥提供了科学依据。

3. 茶树病虫害防控技术取得新进展

湖北省采用普查和系统调查相结合的方法，明确了茶区主要病虫害种类、数量、分布区域和发生情况等，为湖北省茶树病虫害的预测预报和绿色防控提供了科学依据。系统调查了湖北地区茶饼病的消长规律与温湿度、品种、海拔高度、地形地势等因素之间的关系，同时对茶饼病菌进行生物学特性研究，为进一步研究茶饼病病害流行及防控提供了理论依据。

4. 科研实力明显增强

湖北依托省农科院果树茶叶研究所，聘请中国农业科学院茶叶研究所、安徽农业大学等专家教授为技术顾问，建设了五峰、夷陵、恩施、巴东、竹溪、英山等一批农业科技创新示范基地及示范企业。在国家茶叶产业技术体系中，湖北省拥有一岗三站：名特茶加工岗位科学家、黄冈综合试验站、宜昌综合试验站、恩施综合试验站各1人。2016年湖北省农业厅成立了省第二批现代农业产业技术体系"茶叶减肥减药技术集成创新团队"，设立技术顾问1人、技术研发首席专家1人、示范推广首席专家1人、岗位专家3人、综合试验站站长5人、试验示范基地负责人4人。

二 湖北省茶产业存在问题

（一）品牌不响

湖北茶叶企业品牌多、乱、杂，有一定销售规模的在300个以上，各自为政、同质化竞争激烈，在国家、省、市、县级获奖牌很多，但品牌知名度和市场占有率远不及其他茶叶大省，还没有真正在全国叫响，被消费者认可。

省级区域公用茶品牌的金字招牌亟待打造。重点龙头茶企销售规模普遍不大，与中国企业500强相距甚远，亟待壮大航母级龙头茶业集团。

（二）人才匮乏

随着老一代茶学专业人员逐步退休离岗，新毕业大学生不愿到基层就业，专技人员严重青黄不接。据调查摸底，全省现有产学研企产业链上县级以上茶叶科技人员仅约300人，其中高级职称约100人，省市州、县市区农业部门茶叶科技人员约170人。按茶园总面积计，人均承担3万多亩。茶叶市场营销人员更加欠缺，在省外各大茶叶专业市场中，湖北茶难觅踪迹。湖北籍茶叶销售人员极少。

（三）产能过剩

当前，全国茶叶供过于求已是不争的事实，全国人均茶叶消费量约1.1千克。湖北还有155万亩茶园没有投产，按现有83千克单产水平和人口5900万人计，全部投产后总产量将达44.24万吨，人均占有量高达7.5千克。今后，如果国内外市场不能大力开拓，产能过剩的矛盾将严重影响茶产业持续稳定发展，因此，严格控制新增茶园盲目扩张势在必行。同时，食品质量安全法对茶叶质量要求越来越严格，国际市场的茶叶农残技术壁垒挑战严峻。同时，生产成本和农资投入不断上涨，茶叶生产机械化水平亟待提升。

三 湖北省2017年度茶产业发展措施

（一）围绕产业发展，积极开展热点焦点培训交流

以推进茶叶供给侧结构性改革为主线，积极开展交流活动。3月上旬，省茶叶学会联合湖北省农业厅果茶办公室、省农科院果茶所，积极顺应新形势要求，在咸宁召开了"湖北茶叶供给侧结构性改革学术研讨会"。省、市州、县市区农业、科研、教学、经贸等领域的领导专家、企业家和技术负责

人共230余人参会，会议特邀农业部规划设计院原院长、现任首席专家朱明，湖南农业大学茶学博士点领衔导师刘仲华教授，福来品牌营销咨询机构董事长娄向鹏三位国内知名专家上会作了精彩的报告，系统解读了茶产业供给侧结构性改革相关问题，并就湖北茶产业发展关键问题与代表们进行了深入交流，让大家受益匪浅。

（二）围绕绿色生产，开展示范推广工作

2017年，湖北省大力组织实施茶叶绿色生产模式集成技术示范推广，并作为全省2017年农业主推技术在全省大力推广实施，湖北省茶园标准化建设取得新进展，全省更加重视茶叶生态种植、有机肥增施替代、病虫害绿色防控等种植模式和先进适用技术，政府行业主管部门对茶园质量安全过程的监管力度越来越大，提高了茶叶的质量安全水平。省农业厅果茶办公室制定了茶叶绿色生产模式集成技术项目实施指南、绩效考评方案及调查问卷，建立了示范样板。在主产县市区兴办样板点18个，示范面积2.2万亩，辐射面积300万亩。积极开展项目的监管和督导，先后到项目示范县市咸安、崇阳、谷城、保康、五峰、夷陵、宜都、鹤峰、恩施、英山、黄梅、竹山、长阳、大悟、孝昌等地，开展督导检查。

在竹溪县召开了"2017年湖北省现代农业产业技术体系茶叶减肥减药现场观摩会"，湖北省体系双首席专家、技术顾问、岗位专家、综合试验站站长、试验示范基地负责人及其团队成员共计30多人参会。专家团队还参加了竹溪县委、县政府组织召开的"竹溪县有机茶产业发展研讨会"，为竹溪县有机茶产业发展出谋献策。针对茶叶绿色生产的薄弱环节，组织专业人员，积极收集和总结有关资料，编写了《茶毛虫测报技术规范》《茶树专用肥》（征求意见稿）等4个省地方标准，并进行了标准项目查新，报省农业厅农安办汇总，已报省质监局通过了审批立项。目前湖北省20个县市区建设了标准茶园30多个。其中，绿色食品茶认证面积达26500公顷，有机茶认证面积达14700公顷，湖北省茶叶质量安全水平大幅度提升。据农业部多批次抽查结果，湖北省茶叶产品合格率近100%，得到了农业部的充分肯定。

（三）围绕生产管理节点，开展技术指导

一是制定茶树防冻技术措施。1月17日，湖北省出现大范围低温雨雪天气，极端低温达-7℃。为加强预防管理，力争抗灾夺丰收增效益，省农业厅果茶办公室及时发布了《低温雨雪天气茶树防冻技术措施》，指导全省茶叶生产。二是开展茶园茶网蝽虫害防治指导。针对2017年恩施市首次突发的大面积茶网蝽虫情危害，湖北省行动迅速，联合省农科院果茶所茶树病虫害专家及武汉安根生物公司，深入该市病虫爆发严重的村组茶园进行调查，现场进行技术指导，提出了重点防治措施，制定了《关于茶网蝽防治技术措施的建议》。三是开展高温干旱抗灾减灾技术指导。7月中下旬，湖北省遭遇高温干旱侵袭，全省多地茶园发生旱情灾情，根据灾情特点，湖北省发布了《关于当前我省茶园高温抗旱减灾的技术措施》，指导各地抗灾减灾，提高了幼龄茶园的茶苗成活率。四是技术指导深入田间。针对春茶田管和秋冬季田管，湖北省组织技术专家，深入大悟、宜都、恩施等主产区园间地头，加大培训和指导力度，掀起了田间管理热潮。受湖北广播电台"魅力田园"栏目组邀请，宗庆波先后两次参加电台12316三农热线节目，现场解答农民提问。

（四）围绕产业发展现状，开展实地调研

为给领导当好参谋，湖北省农业厅多次深入产区及市场，积极开展茶叶生产销售调研，及时掌握第一手资料。形成了《2017年茶叶市场综述和2018年市场走势分析》《产业扶贫遭遇技术诉求》《2017年我省春茶产销形势喜人》《我省夏秋茶产销两旺 全年增产增收成定局》《五峰县全力推进茶旅融合发展》《我省茶叶绿色生产调研报告》等调研材料。特别是8月23日，湖北省政协召开月度协商座谈会，聚焦复兴万里茶道东方茶都、叫响湖北茶叶品牌。时任省政协主席张昌尔主持会议并讲话，省政府有关负责同志参加会议。在充分调研的基础上，省农业厅厅长肖伏清通报情况，茶叶专家学者、基层干部和企业家代表先后发言，就做强做优湖北茶产业、加强科技

创新和人才培养、推动茶产业与茶文化深度融合、打造湖北茶叶公用品牌等提出意见建议。

（五）围绕出台省级政策，茶叶特优区创建立项

根据中央农村工作会议关于开展特色农产品优势区建设的要求，湖北省农业厅抓住机遇，出台了支持茶产业发展的扶持政策，把"茶叶特优区创建"项目作为重点项目来抓。厅市场信息处组织全省各地申报茶叶优势区创建项目，收集各地申报材料，推荐特色优势明显、产业基础好、发展潜力大的相关县市。经专家评审、省农业厅领导审批立项，"2017年中央财政特色农产品优势区创建资金"茶叶项目12个市州县获得立项，投入资金共9000万元，有力地促进了项目区的茶叶基地建设和品牌打造。

（六）围绕"走出去"战略，实施品牌建设工程

大力实施"走出去"战略，组织企业抱团出击，5月18~21日，湖北省参加农业部组织举办的杭州首届中国国际茶博会等重大品牌宣传活动，政府副秘书长吕江文，省农业厅党组成员、总农艺师邓干生等湖北代表团近500人出席展会。全省9市州政府领导带团参展，参展企业达40余家，参展面积达500平方米。展会期间，省农业厅举办了"饮长江水、品湖北茶——楚茶系列品牌专场推介会"活动，其间，由农业部牵头成立了中国茶产业联盟，湖北省14家茶叶企业及单位入选联盟。湖北省"武当道茶""恩施玉露"被评选为"中国优秀茶叶区域公用品牌"，提升了湖北省茶品牌形象和市场竞争力。按照省政府和厅领导要求，湖北省果茶办公室加强顶层设计，负责编制了《湖北省茶产业品牌建设行动方案（2018~2020年）》，为全省茶叶品牌建设谋篇布局。

B.5
湖南省茶产业发展研究报告

萧力争　陈岱卉*

摘　要： 2017年，湖南省茶产业规模继续壮大，其中有机茶园面积已达11.8万亩，重点打造了3个茶叶绿色高产高效创建项目核心示范片。大力扶持龙头企业，进一步推广湘茶文化与湘茶品牌建设；通过在高校开设茶叶相关专业，培养在茶产业一线工作的高素质技术技能型专门人才。茶产业已成为湖南省茶叶优势区域精准扶贫的主导产业，通过实施茶产业结构调整，打造优质种苗、优质基地、优质产品、优质品牌、优质市场，引导茶叶生产由以数量为主转向数量质量并重，更加注重效益，全面推进湖南茶叶产业提质升级。

关键词： 湖南省　精准扶贫　湘茶文化　茶叶科教

茶祖在湖南，茶源始三湘。湖南种茶制茶历史悠久，茶文化底蕴深厚，自古名茶荟萃，有"江南茶乡"之称。湖南是全国茶叶优势区域规划中的名优绿茶和出口绿茶优势区域，北纬30度左右的武陵、雪峰山区，长岳山丘和环洞庭湖区，生态环境好，茶叶品质佳，是全国著名的"绿茶优势产业带"、"黑茶产业中心"和"中国黄茶之乡"。多样化的生态环境和产销历史，加之长期以来湖南坚持多茶类协调发展，已形成了黑茶、绿茶、红茶、黄茶、白茶、乌龙茶、花茶等多茶类共同发展的格局，是全国茶类生产最为

---

* 萧力争，湖南农业大学园林学院，教授，湖南省茶叶协会；陈岱卉，湖南省农业委员会。

齐全的省份之一。黑茶、绿茶作为湖南省的主打茶叶产品，其产量占到全省茶叶总产量的80%左右。此外，红茶、黄茶、花茶作为湖南省的特色茶叶产品，在市场上也占有较重要的地位。近年，桑植白茶兴起，乌龙茶生产取得一定成功，花茶加工再度发力，多茶类生产的格局进一步确立，2018年，省领导提出要打造"五彩湘茶"品牌集群概念，全省要集中资源，重点打造安化黑茶、潇湘绿茶、湖南红茶、岳阳黄茶、桑植白茶五大湖南区域公共品牌。

2017年是"十三五"承上启下的关键一年，在精准扶贫和供给侧结构性改革中，湖南省委、省政府高度重视发展茶产业，各省直相关部门和各茶叶主产县（市、区）加大了对茶产业的支持、扶持力度，茶产业已成为茶叶优势区域精准扶贫、加快区域经济发展、建设小康社会的主导产业。全省通过实施茶产业结构调整，打造优质种苗、优质基地、优质产品、优质品牌、优质市场，引导茶叶生产由以数量为主转向数量质量并重，更加注重效益，全面推进湖南茶叶产业提质升级。

一 湖南省茶叶种植与加工

（一）茶叶种植

1. 面积、产量、产值

2017年湖南茶叶产业规模继续壮大，在全国产茶省（区、市）中的排位提升。2017年全省茶园面积218.8万亩，居全国第8位；茶叶产量19.7万吨，居全国第5位；单产90千克/亩左右，居全国第3位；全省茶业综合产值达713亿元，其中第一产业产值130亿元，第二产业产值421亿元，第三产业产值162亿元。黑茶产量稳居全国第2位，占全国黑茶总产量的33.0%；红茶产量居全国第4位，占全国红茶总产量的9.8%。

2. 有机茶园与出口基地

2017年湖南省有机茶园面积达11.8万亩，有机茶园面积占全省茶园总

面积的约5.4%。通过大力推广茶树无性系良种、"三品"认证、标准化生产及推行全程质量安全监管，茶叶质量安全水平稳步提升。全省出口茶叶备案生产企业32家，出口茶叶备案种植场49个，面积22.6万亩，为扩大湖南茶叶出口奠定了坚实基础。

3. 绿色精细生产模式

2017年农业部将湖南省桃源县列入首批全国果菜茶绿色高产高效创建县，拟重点打造3个茶叶绿色高产高效创建项目核心示范片，合计面积3436亩。重点推广了无性系茶叶工厂化育苗技术，病虫绿色防控技术，清洁化、连续化、标准化加工技术等六项绿色高产高效集成技术，成效显著，产品质量得到提升，生产效益显著提高，农民收入明显增加，生态环境大大优化。该项目的实施，对当地及全省茶产业发展起到了良好的示范引领作用。

（二）茶叶加工

湖南省目前拥有不同规模的茶叶初、精制加工厂约2100家。与茶园面积和产量规模相适应，初制加工厂多数规模较小，近年由于国家农机购置补贴政策的实施和各种惠农措施的落实，特别是在省发改委和省大湘西茶产业发展促进会的支持下，通过设备更新专项经费的支持，大湘西地区的部分初制厂设备得到更新改造，茶叶加工机械化、连续化水平提高，一批规模较大、实力较强的茶企，特别是黑茶加工企业，均采用了国内较先进的清洁化、机械化、自动化黑茶加工生产线。在长沙、石门、安化、桃源、沅陵、古丈等绿茶主产区，名优绿茶加工基本实现了机械化或半机械化，部分龙头企业基本实现了茶叶加工的自动化和智能化，如省茶业集团、华莱生物、湖南中茶、湘丰茶业、怡清源茶业等国家级和省级茶叶龙头企业的茶叶加工标准化、机械化、自动化、智能化水平已经达到国内一流水平。

湖南也是我国开展茶叶深加工技术研究和产业化最早的省份之一，1970年代初，湖南农业大学和长沙茶厂合作成功研究开发了速溶茶。此后湖南农业大学茶学学科在茶叶深加工领域不断深化拓展，在速溶茶、茶叶功能成分绿色高效提制技术、茶叶功能成分终端产品研发、植物资源功能成分的开发利用等领域取得了辉煌成就，通过成果转化与辐射，使湖南省在茶叶深加工领域保持着技术和产业方面的优势。目前，湖南省内有湖南金农生物资源股份有限公司、湖南省湘茶高科技有限公司、湖南华诚生物资源股份有限公司等茶叶深加工企业10余家，生产茶浓缩汁、茶多酚、儿茶素、茶氨酸、EGCG等产品，产品出口60多个国家和地区。

二　茶叶流通与贸易

（一）茶叶电商

在互联网+的时代背景下，茶叶互联网的创新模式发展迅速，一大批电商、微商、直供直销、个性定制、加工体验、特色工艺产品等新业态和新模式迅速崛起，市场营销不断向纵深推进。成立于2013年的湖南大茶视界控股有限公司（大茶网），采用O2O模式，打造涉茶类产品，开办线下实体店，开展线上电商订购。2016年，其线下门店超过900家，累计销售额突破11亿元，成为国内最大的垂直茶叶电商平台。近几年，湖南省重点产茶市县逐步开始发展茶叶电商，建立自己的电商平台。如常德市的品牌茶叶纷纷亮相"淘宝网""大茶网""东方红茶网"，2017年全市发展茶叶电商77家，同比增长了51%。2013年大茶网与沅陵县政府建立战略合作关系，并对沅陵县茶产业进行电商化改造，采用O2O的方式，推广销售碣滩茶。目前，大茶网沅陵碣滩茶的线下实体店已经超过900家，沅陵碣滩茶的品牌知名度和销售额都得到大幅提升。2015年6月古丈县布局茶叶电商，古丈毛尖官方网站开始试运营，成立了电子商务办公室与县级商务服务中心，建设和打造了一批电子商务平台，先后入驻大茶网、工商银行e购电商平台、建设银行善融商城电商平台。目前古丈全县有38家茶叶企业入驻电商平台，通过电子商务平台进行网上茶叶销售。为促进"潇湘"品牌发展，湖南省以大湘西茶产业发展促进会为主体投资建立了"潇湘茶网"，于2017年9月上线，服务上游会员茶企33家，对接实体店600多家，实现当年销售收入500多万元。

（二）茶叶交易市场

湖南省现有较大规模的茶叶交易市场近20个，如长沙高桥茶城、长沙茶市、长沙神农茶都、长沙天华茶城、常德茶叶市场、益阳茶叶大市场、衡阳茶市、衡阳海通茶业城、岳阳茶市、岳阳茶博城、茶陵中国名茶汇、安化黄沙坪茶市、安化盛世茶都等，合计门店约3000个。2017年湖南主要茶叶市场交易成交额约为30亿元，其中长沙作为全省茶叶最大的集散地，四个茶叶批发市场的总成交额约有10亿元（详见表1）。

表1 2017年长沙茶叶批发市场调查

市场名称	门店数（家）	平均年营业额（万元）	平均从业人数（人）	知名品牌或店
高桥茶城	500	150~200	3~4	白沙溪、湖南中茶、怡清源、广福林、南园极、金湘茗、尔福、好点、三佳、君山银针、石门银峰、古丈毛尖
神农茶都	280	60	2.5	明惠春园、三湘四水、大茶帮、高马二溪、致然成、黄金茶、中茶、古月轩、高翔、明月天下
长沙茶市	130	60	2~3	新传承、南尧、水木芙蓉、新源、嫩香灵、培安、陶渊茗
其他	100	30	2	
合计	>1000	10亿元	3000	

数据来源：湖南省茶叶产业技术体系调查数据。

（三）茶叶国际贸易

2017年，湖南出入境检验检疫局共检验出口茶叶2220批次，重量32848.8吨，货值10397.5万美元。批次、重量、货值分别较2016年增长17.0%、8.9%、15.5%。出口品种涵括绿茶、红茶、花茶、乌龙茶、白茶、黑茶等多个品种，其中绿茶出口货值7147.3万美元，占出口总量（货值比）的68.7%，其次为红茶，出口货值1995.9万美元，占出口总量（货值比）的19.2%。

2017年湖南省茶叶出口到79个国家（地区），贸易国家（地区）前八位的是欧盟、俄罗斯、乌兹别克斯坦、阿尔及利亚、美国、乌克兰、斯里兰卡、伊朗，其中出口欧盟茶叶货值2153.5万美元，占出口总量（货值比）的20.1%，出口俄罗斯茶叶货值1968.3万美元，占出口总量（货值比）的18.9%。茶叶出口前五位的企业分别为湖南省茶业集团有限公司、湖南登凯贸易有限公司、湖南湘丰茶业有限公司、湖南中茶茶业有限公司、湖南东方田园茶叶有限公司。

三 茶品牌与茶文化

（一）湘茶品牌建设

区域公用品牌有着无可替代的区域整合力和区域联动力。近几年，湖南省茶叶优势产区的地方政府和企业品牌意识不断增强，加大了区域公共品牌的整合建设力度，成效显著。

一是"安化黑茶"公共品牌。近年来，安化黑茶产业保持持续稳健快速发展态势。2017年安化县茶园面积达33万亩，茶叶加工量7.5万吨，实现综合产值152亿元，茶业税收达2.8亿元，分别比2016年增长15.4%、21.6%、40%，安化黑茶品牌影响日益增强。目前安化黑茶公共品牌旗下拥有中国驰名商标6个、1家中华老字号，"安化黑茶"公共品牌评估价值已达34.4亿元。2016年"安化黑茶"被评为湖南十大农业品牌之一，成为湖南省农业品牌建设的典范。浙江大学CARD中国农业品牌研究中心发布的《2016年中国农产品品牌网络声誉研究报告》中，"安化黑茶"入选"中国农产品企业品牌网络声誉50强"，品牌知名度排在第八位。安化县茶业协会向国家工商总局商标局成功申请了98个国家（马德里同盟）的"安化黑茶"国际商标注册，"一品千年 安化黑茶"公共品牌广告在央视播出，作为湖南唯一湘品应邀参加了第八届世界地理标志大会。2017年安化黑茶被评为"中国十大茶叶区域公用品牌"之一,并成为"世界茶乡 中国之夜"首届中国国际茶博会品茶招待会指定品鉴茶。2017年11月30日,湖南省第十二届人大常委会第三十三次会议批准了经益阳市第六届人大常委会第五次会议通过的益阳首部地方性法规《安化黑茶文化遗产保护条例》。

二是"潇湘"公共品牌。2015年,经湖南省人民政府同意,湖南省发展和改革委员会与湖南省农业委员会联合出台了《关于加快大湘西地区茶叶公共品牌建设的实施方案》的文件,成立了湖南省大湘西茶产业发展促进会,打造大湘西"潇湘"茶叶公共品牌。"潇湘"公共品牌涵盖湘西自治州、张家界市、怀化市、邵阳市、娄底市等市州的45个县市区,将区域内原有的古丈毛尖、黄金茶、碣滩茶、石门银峰等主要品牌进行了资源优化整合,构建了公共品牌＋地域商标＋企业商标的三级"母子"商标体系,实现了统一产业布局、统一品牌标志、统一准入机制、统一质量标准、统一市场形象"六统一"管理。2015～2017年,湖南省发改委共投入专项资金2.23亿元,带动企业投资超10亿元,促进茶产业发展成为大湘西地区农业支柱产业,精准扶贫的主导产业。三年来,除了支持会员企业在茶园改造、设备更新等方面的资金外,投入宣传广告、门店建设、会展推广、标准研究制定等方面的资金超过4000万元,"潇湘"品牌知名度和影响力快速提高,有力推动了大湘西区域茶产业的发展。2016年,大湘西地区茶园面积达到140万亩,茶叶产量达11.74万吨,茶产业综合产值为220亿元,人均年收入为6000元,分别比2014年增长18.9%、25.8%、46.7%和30.4%。

三是"湖南红茶"公共品牌。湖红工夫是我国历史悠久的工夫红茶之一,有百年历史积淀,文化底蕴深厚。1915年,湖南红茶与贵州茅台酒、天津泥人张等同获巴拿马万国博览会金奖,自此跻身世界顶尖红茶之列。近年我国传统的红茶重新崛起,改变了世人对我国红茶品质特征的认知,国内红茶消费快速增长。为推进湖南茶叶产业供给侧结构性改革,优化湖南茶类结构,增强发展动能,提升湖南红茶的市场竞争力,振兴湖南红茶产业,促进产业扶贫,增加农民收入,按照省政府的部署要求,湖南省农业委员会牵头,通过政府引导、市场运作、上下联动、社会参与的工作协同机制,打造了"湖南红茶"省级区域公共品牌。目前,省农委牵头组织成立了湖南红茶品牌促进会,组织有实力、有意愿的红茶加工销售企业,共同推出了"湖南红茶"系列产品,目标是到2020年实现湖南红茶年产量10万吨、出口5万吨、产值200亿元的目标,将湖南红茶培育成湖南省茶叶经济新的增长点。

四是"岳阳黄茶"公共品牌。君山产茶历史悠久,相传唐代贞观十五年(公元641年),吐蕃松赞干布迎娶文成公主,出发时文成公主就带着岳州名茶"灉湖含膏"入藏。君山银针由灉湖含膏发展演化而来,是中国传统十大名茶中唯一的黄茶,被视为中国黄茶的标志性产品。近年来,岳阳市政府和各县(市、区)分别出台了多项关于加快和推动岳阳黄茶产业发展的文件,编制了黄茶产业发展规划,成立专门机构,推出多项扶持政策,支持黄茶产业发展。举全市之力,共同打造"岳阳黄茶"区域公共品牌。2011年,岳阳市被中国茶叶流通协会授予"中国黄茶之乡"称号,2013年10月,"第九届中国茶业经济年会暨首届中国(岳阳)黄茶文化节"在岳阳市召开。2017年岳阳市茶园面积发展到30万亩,年产岳阳黄茶5600吨,黄茶产品达到370多种,岳阳黄茶占全国黄茶总产量的60%以上,茶叶综合产值达到40亿元,茶产业已经成为促进农业增效、农民增收的支柱产业。"岳阳黄茶"获评国家地理标志证明商标和百年世博中国名茶金奖,君山银针茶制作技艺被列入湖南省省级非物质文化遗产。

2018年5月岳阳市政府又与湖南农业大学正式签订了《岳阳黄茶产品创新及产业发展战略合作协议》,聘请湖南农业大学刘仲华教授团队,为岳阳黄茶产业发展制定全面的战略规划,并开展黄茶品种优选,黄茶产品创新,黄茶标准研制,黄茶保健功能研究和市场营销指导等,同时加大投入,尽快将岳阳黄茶品牌打造成湖南和全国的知名茶叶区域公共品牌。

五是"碣滩茶"区域公共品牌。2017年湖南省怀化市人民政府办公室下发了《关于加强茶叶品牌建设促进茶叶产业发展的意见》,明确开展茶叶品牌资源整合,将"碣滩茶"打造成怀化全市茶叶公共品牌,怀化市财政安排了3000万元专项资金用于"碣滩茶"品牌建设,全市确定28家茶叶企业被授权使用"碣滩茶"商标。怀化市政府与CCTV-7农业节目签订了品牌建设战略合作协议,并与CCTV-13、华威鼎智、金晟传媒、《湖南日报》、湖南卫视、湖南经视、红网等12家单位签订了品牌宣传合同,合同金额872.6万元。在CCTV-7、CCTV-13、湖南卫视、湖南经视和全国300个火车站投放"碣滩茶"广告;在高速公路、高速铁路沿线制作大型"碣滩茶"户外广告。2017年,在首届中国国际茶叶博览会上,"碣滩茶"被评为"中国优秀茶叶区域公用品牌",同年被评为"2017年湖南省十大农业区域公用品牌",品牌知名度和美誉度得到快速提升。

六是"桑植白茶"区域公共品牌。桑植县是湖南重点产茶县之一,位于我国茶叶黄金产业带北纬30°附近,属于武陵山脉优质茶叶产业带。该县也是我国第二大白族聚居区。桑植产茶历史悠久,其白茶加工始于400余年之前,但中道衰落,渐不为人知。近年国内市场白茶消费悄然兴起,福建的白茶产销影响全国,为推动精准扶贫,强化产业带动,桑植县委、县政府在有关科研院所的支持下,强力打造"桑植白茶"公共品牌,决心把桑植打造成湖南省的"白茶之乡",以此实现振兴全县茶产业、推动茶产业健康快速发展、助力全县实现脱贫攻坚的目标。桑植白茶继承传统晾制工艺,通过不同茶类工艺融合与创新,优化了制茶工艺,形成了产品汤黄亮、味醇甜、蕴花香、回味长的品质特点。通过引进龙头企业,进行桑植白茶新产品研发、销售渠道开拓和桑植白茶公共品牌推广,取得快速树立品牌形象、快速提升产品销售、快速带动茶农致富的良好效果,成为湖南茶产业发展的又一亮点。

(二)湘派茶馆业

湖南把具有湖湘文化和地域特色的湘派茶馆作为弘扬湘茶文化、推广湘茶品牌、促进湘茶消费、推进千亿湘茶产业建设的重要阵地。2007年,湖南省茶业协会成立茶馆分会,加强对全省茶馆业的引导和规范,促进了湖南茶馆业的健康发展。2017年5月25日,由中国茶叶流通协会、《中华合作时报》社、湖南省常德市政府主办,中国茶叶流通协会茶馆专委会、《中华合作时报·茶周刊》、常德市茶叶产业办公室承办的"2015~2016年度全国百佳茶馆颁奖典礼暨第七届全国茶馆经理人高峰论坛"在湖南省常德市隆重举行。大会对2015~2016年度全国百佳茶馆进行了颁奖，全国的107家茶馆分获殊荣，其中湖南省有11家茶馆获奖（见表2）。

表2　2015~2016年度全国百佳茶馆湖南省获奖名单

获奖类别	数量	获奖茶馆
最具影响茶馆	1家	清河茶馆
最具成长茶馆	1家	文芳茶苑
最佳主题茶馆	3家	阿甘茶馆、阿香美黑茶文化传播中心、茶香十里茶楼
最佳服务茶馆	1家	同之福茶馆
最佳文化推广茶馆	5家	杜甫江阁、艺芳轩、起云茶书院、尚书房茶馆、渌羽茶艺卓越店
合计	11家	

（三）茶业观光旅游

茶产业是最适合发展观光农业的领域，茶价值链与旅游六要素之间具有天然的链接基因。茶产业实现接二连三，六茶共舞，融合发展是茶业转型升级、提质增效的内在要求。湖南具有推进茶旅融合发展的资源优势和发展条件。湖南茶产业和茶文化资源丰厚，茶园面积大，很多分布在山水秀丽的山区和旅游景点周边，又是茶祖文化、禅茶文化的发祥地，是万里茶路的重要组成部分，开展茶旅融合资源十分丰厚。湖南省将茶旅发展作为推动湖南茶业转型升级的重要抓手，大力推进茶产业三产融合，发展势头很好，全省涌现出了一大批以茶兴旅、以旅促茶的典型。如新化县重点打造渠江源茶文化主题公园、渠江薄片产业园、吉庆茶旅游乐园、天鹏生态茶旅休闲农庄、雅天茶谷观光园、大熊山十里茶廊，并在各大旅游风景区周边新建了生态景观茶园，集茶叶生产、加工、休闲、品购、观光、体验、养生于一体，促进了该县茶产业和旅游业的全面发展。长沙县以金井"茶乡小镇"为依托，大力开展茶旅融合，2017年共接待游客25万人次，旅游服务收入及农产品收入达4400万元。安化县大力推进黑茶特色小镇、茶乡花海、洞市茶马古道、安化黑茶学校、盛世茶都·中国黑茶大市场、云上茶旅文化园、芙蓉山茶旅风景区等茶旅重点工程建设，策划和打造了多条以茶为媒的精品旅游线路，加快了茶旅一体化进程。沅陵县重点打造了"辰龙关碣滩茶庄园"项目，该项目位于沅陵县官庄镇，是沅陵县探索茶旅、文旅融合发展的重点项目，涉及沅陵县官庄镇以辰龙关为中心的牌楼边、界亭驿、清洁河、老街、辰州坪、黄金坪6个村，总占地面积15平方千米。目标是打造"种植园区＋加工厂区＋科研基地＋村寨景区＋电商物流"五位一体的农庄经济模式，以茶产业为支撑，以茶文化为主题，以茶旅游为依托的集碣滩茶产品生产销售、生态旅游、休闲度假、科普教育、观光娱乐及养生等多功能于一体的综合型休闲庄园。2015年九月，辰龙关十里生态观光茶廊被授予"中国三十座最美茶园"荣誉称号。此外，古丈、石门、吉首等茶叶优势区域县市，均通过推进茶旅融合发展，建设了一批茶旅融合发展的项目，既宣传了茶叶品牌，又拉动了茶叶消费，成为湖南省茶旅融合的典范。2017年湖南省发改委支持了大湘西地区建设茶旅融合发展示范项目20项（见表3），目的是通过这些项目的示范作用，发挥湖南茶产业和旅游、文化优势，打造湖南茶旅新优势，促进湖南茶业转型升级，提质增效。

表3 2017年大湘西茶旅融合发展示范专项支持项目名单

序号	项目名称	地区	建设单位
1	"神韵梅山·中粮中茶湖南安化第一茶厂"黑茶文化寻根及工业旅游茶旅融合发展示范项目	安化县	湖南中茶茶业有限公司、湖南安化第一茶厂
2	古丈牛角山大湘西茶旅融合发展示范项目	古丈县	湘西自治州牛角山生态农业科技开发有限公司
3	石门县达兰茶业有限公司茶旅融合发展示范项目	石门县	石门县达兰茶业有限公司
4	石门白云山林场茶旅融合发展示范项目	石门县	石门县白云山国有林场
5	桃源百尼茶庵茶旅融合发展项目	桃源县	湖南百尼茶庵茶业有限公司
6	湖南禅茶一味茶业有限公司茶旅产业融合开发项目	石门县	湖南禅茶一味茶业有限公司

续表

序号	项目名称	地区	建设单位
7	沅陵湖南辰龙关碣滩茶庄园项目	沅陵县	沅陵县文化旅游建设投资有限公司
8	吉首武陵山民族茶文化旅游体验中心及潇湘茶生态园一体化项目	吉首市	湘西新金凤凰农业开发有限公司
9	保靖黄金村茶园观光体验及茶文化休闲度假基地建设	保靖县	湖南保靖黄金茶有限公司
10	江华瑶茶产业园项目	江华县	湖南瑞鑫源生物科技开发有限公司
11	古丈列溪村茶旅综合体乡村游全域旅游开发项目	古丈县	湖南天下武陵旅游发展股份有限公司
12	绥宁县金水湾原生态茶园茶文化观光体验休闲度假基地	绥宁县	绥宁县金水湾生态农业发展有限公司
13	城步长安营原生态茶园及茶文化休闲度假基地建设项目	城步县	城步苗族自治县长安虫茶有限公司
14	桃源古洞春茶旅融合发展示范项目	桃源县	湖南古洞春茶业有限公司
15	沅陵潇湘·凤娇茶庄园建设项目一期工程	沅陵县	湖南省沅陵碣滩茶业有限公司
16	新化紫金生态茶旅融合示范基地项目	新化县	新化县紫金茶叶科技发展有限公司
17	武冈市邓元泰镇茶旅融合发展示范项目	武冈市	武冈市三为药用植物种植有限公司、武冈市邓元泰镇潘家所茶场
18	安化建玲茶旅融合发展示范项目	安化县	安化建玲实业有限公司
19	洞口县茶铺茶业潇湘茶旅融合示范项目	洞口县	洞口县茶铺茶业有限公司
20	新宁石河原生态茶园观光体验及茶文化休闲中心项目	新宁县	新宁县石河野生茶叶发展有限公司

（四）茶创意产业

为提升茶产业的附加值，推进茶产业转型升级，湖南省茶业创意产业向多元化发展。一是智能创意。2017年11月3～6日，益阳市举办首届生态农业智慧乡村互联网大会，安化县30多家茶企参展，安化馆内展示的安化黑茶产品可追溯体系、无人茶馆、VR体验、自助泡茶机O2O线上销售等系统得到了社会各界的广泛好评，湖南省委副书记乌兰、副省长隋忠诚亲自到馆内听取相关人员的介绍并现场体验。二是文化创意。为贯彻落实湖南省人民政府实施"湘品出湘"和打造"湖南老字号""湘字号"品牌工作的有关部署，湖南省总工会联合湖南省茶叶学会、石门县人民政府等单位主办了湖南省"湘字号"传统技艺工匠竞赛暨首届手工制茶技能大赛。十四个市州分别举办了预选赛，决赛于2017年5月25～27日在常德石门白云山林场举行，全省15支代表队75名制茶高手参加了决赛。湖南省总工会对获前十名的选手分别予以奖励并颁发"湘茶工艺大师""湘茶优秀工匠""湖南省技术能手""湖南省五一劳动奖章"等荣誉称号。三是媒体创意。湖南卫视茶频道成立于2014年，是全国首个且唯一一个茶叶类专业频道，是面对国内茶产业，致力于传承中国茶文化的电视推广平台。主要节目有：《百姓茶典》《茶馆》《茶闻天下》《茶香器韵》《快乐搜茶》《蹭茶时间》《美丽的行走》等，茶频道开播四年来，收视率不断提高，节目影响力越来越大，已经成功把节目推广到全国232个城市，覆盖省、自治区、直辖市和特区28个。茶频道除了优质的节目和有效的品牌推广外，还为茶企搭建以电子商务、电视购物为载体的虚拟销售网络平台，全力构筑媒体影响力。目前微信店铺是茶频道重点打造的营销渠道，频道官方微店与微信公众号紧密捆绑，高度配合，实现了"从内容到用户到关系到营销"的O2O营销模式。

（五）湘茶文化推广

2017年年末和2018年年初，在湖南省委、省政府的关心下，湖南卫视新闻联播隆重推出新闻大片《黑茶大业》。《黑茶大业》共6集，每集约6～8分钟，报道以新闻大片的形式从安化黑茶的悠久历史、制作工艺、产业价值等方面立体展示安化县黑茶的独特魅力。湖南卫视精心策划了此次安化黑茶系列报道，20余名创作人员深入安化县各黑茶主产乡镇进行采访。跋山涉水、走村入寨，与安化县相关茶企领导、知名茶人、制茶技师进行了广泛交流接触，收集新闻线索，拍摄新闻场景，历时近半个月，运用最现代的拍摄手法，通过"好故事"和"好画面"的极致结合，新闻性和文学性、专业性的极致结合，在全社会掀起了新一轮黑茶冲击波。在2017年湖南卫视春节联欢晚会、世界华人华侨大联欢现场，湖南卫视主持人汪涵、何炅特别推介了安化黑茶。这些高规格的媒体传播，大幅提升了安化黑茶的品牌知名度和影响力。

在湖南一年一度的中华茶祖节活动期间，全省举行了2017年中华茶祖节开幕式暨保靖黄金茶长沙见面会、大茶网4·20全球品茶周暨桃源红茶文化节、湘西黄金茶第三届国际品茶节、南岳祭茶大典、邵阳首届茶文化节、古丈毛尖品茶周、常德第三届茶文化节暨武陵红品鉴会、"请喝一碗石门茶"——2017石门银峰推介等一系列丰富多彩的茶文化活动，有力地拉动了湖南省茶叶的生产和销售。2017年9月8~11日，第九届湖南茶业博览会在长沙红星国际会展中心举行，吸引了省内外参展参会企业1518家，经销商超过1000余人，茶博会期间前来参观、洽谈的市民、客商人数超过12万人次。湖南茶业博览会对宣传展示湘茶产品、湘茶企业、湘茶品牌，扩大茶叶消费发挥了积极作用。

四　湖南茶叶科教

（一）茶叶教育

为适应社会对茶叶专业人才的需求，近年湖南商务职业技术学院开设了"茶艺与茶叶营销"专科专业，目标是培养系统掌握茶艺、茶叶评审、茶营销等方面的基础理论知识和专业技能，适应茶产业、茶叶流通与消费一线工作的高素质技术技能型专门人才。2015年，湖南益阳广播电视大学，筹备开设黑茶方向的茶叶评审与营销专业，与湖南农业大学合作编撰了黑茶的三门特色课程教材：《黑茶文化》《黑茶生产与加工》《黑茶评审与检验技术》。2018年该系列教材正式出版发行，与此同时，该校将招收黑茶方向的茶叶评审与营销专业学生。

2015年在长沙成立的中国茶业商学院，一直受到业界高度关注。几年来中国茶业商学院致力于提高办学能力，优化教学质量，强化针对性与实操性，专注于为中国茶行业培养更多的高级经营管理人才。2017年中国茶业商学院举办了两期总裁研修班，参加学习的学员有50多人。学习期间邀请了茶行业内外的专家、学者和企业家为授课老师，为学员开阔视野，使他们能跳出行业看茶业，更多元化地领略其他行业的经营管理之道，以助益学员对茶企经营的思考。通过开展游学和企业走访活动，学员们开放的理念和跨界的思维进一步强化，茶业商学院为行业搭建一个开放、平等、深化、交互的平台的理想正在一步一步实现。

（二）茶叶科研及科技创新

湖南省现有茶叶创新中心8个、工程技术中心6个、科技推广站点50多个，拥有教授、研究员22人，副教授、副研究员或相当专业技术职务人员50人，省科技特派员、三区人才、万名人才100余人。湖南华莱生物科技有限公司建立了博士后工作站，湖南白沙溪茶厂股份有限公司牵头成立了黑茶企业创新联盟，湖南省益阳茶厂有限公司被认定为2017年湖南省第一批院士专家工作站。全省茶叶科研攻关能力不断增强，产学研联动格局已形成。近年来，湖南省各科研院所和茶叶企业在茶叶科技创新方面成效显著（仅安化黑茶产业领域就申请了260项专利，其中发明专利40项），开发了一系列茶叶新产品，如桑香黑茶、辣木黑茶、速溶黑茶、茶胶囊、茶牙膏、茶面膜等。2017年，湖南省人民政府颁发首届创新奖，湖南农业大学、湖南省农科院茶叶研究所、湖南茶业集团股份有限公司的"茶资源高效生态利用关键技术研发与产业化"项目获湖南省首届科技创新奖。2017年，湖南省具有代表性的茶叶科技创新成果还有：湖南省白沙溪茶厂股份有限公司实施的"天茯茶关键技术研究与应用"项目获得"湖南省技术发明奖"二等奖；湖南湘丰茶业有限公司的"卷曲型绿茶产品及装备"获湖南省十大产品创新奖。

2017年11月13~15日，由中国茶叶学会主办的以"科技创新 三产融合"为主题的"2017中国茶业科技年会"在湖南省长沙市召开。来自全国各地的涉茶政府部门、科研院校、茶叶社团、茶叶企业的负责人或技术人员等1200余人参加了本次茶界盛会。会议特邀多位著名专家学者就我国茶叶科技创新、茶叶产业经济、茶叶品牌经营等进行专题报告。会议的成功举办获得了与会代表一致好评。

五 2017年湖南省茶业研究报告主要研究结论

（一）湖南产茶历史悠久，文化底蕴深厚，茶类结构多样，生态良好，各级政府发展茶产业积极性高，发展潜力巨大。

（二）结构调整和转型升级加快，发展的压力与机遇并存。

（三）政策引导、财政支持与企业主体、市场导向是茶业发展必须遵循的基本规律。

（四）稳定规模、优化布局、调整结构、提高品质、做强品牌、开拓市场是湖南茶产业持续发展的主要抓手。

附录1 湖南省茶产业主要统计数据

1. 2017年湖南省的茶园面积 218.8 万亩，其中有机茶园面积 11.8 万亩

2. 2017年湖南省的茶叶产量 197478 吨，
   其中：绿茶 85023 吨，
   红茶 24257 吨，
   乌龙茶 3315 吨，
   黑茶类 81352 吨

3. 2017年湖南省茶叶总产值为 7130000 万元（其中农业产值为130亿元）

4. 2017年湖南省茶叶生产加工企业 2300 余家（其中规模企业总数951家）

5. 2017年湖南省茶叶出口数量为 32848.8 吨，出口金额为 10397.5 万元，
   其中：
   绿茶 7147.3 万美元，
   红茶 1995.9 万美元

6. 2017年湖南省的茶叶产业拥有 21 个 全国驰名商标，80 个 省级著名商标

数据来源：表中出口数据源于湖南出入境检验检疫局。其余为湖南省茶业协会、湖南省茶叶学会调查统计数据。

B.6 江苏省茶产业发展研究报告

陈暄 黎星辉*

摘 要： 茶业是江苏省十六大农业主导产业之一，产业规模渐趋稳定。茶叶加工种类仍以绿茶为主，但生产比例有所下降，红茶则呈上升趋势，越来越多的茶叶企业增加了红茶产量。在国家政策的调整下，江苏省近两年出现了全机采茶园，提升亩产的同时有效降低采摘成本，在效益上已追平或超过传统名优茶生产方式。江苏省的茶叶精深加工企业如速溶茶粉等占据了国内速溶茶行业的较大份额；一些科技公司也积极开创新产品以满足不同的市场需求。茶叶生产、经营成本的上升与产业规模化程度较低、夏秋资源利用率低等因素限制了茶业的获利空间与规模扩增，需通过专业协作提高专业技术服务水平，通过机械化等途径融合劳动密集型与节力省工型生产方式，开发红茶产品，提升夏秋茶资源利用率，深入挖掘茶业三产功能，度过关键转型期。

关键词： 江苏省 全机采茶园 茶旅游

江苏省茶产业继续维持优质高效、以精品生产带动大众消费的道路，种植规模与茶叶产量相对平稳，由于市场结构变化及生产中人工成本持续上升，茶叶生产中以机械化采摘和机械化修剪领衔的机械化作业发展趋势愈加明显，江苏茶产业正经历着关键转型期。

---

* 黎星辉，南京农业大学，教授。

一 江苏省茶产业概况

（一）茶叶种植与加工

根据统计，江苏茶叶在2016年及2017年基本平稳，茶园面积也基本保持稳定，茶园总面积与开采面积均有小幅上升（见表1）。但是2016年及2017年新开采茶园面积分别为0.073万公顷和0.013万公顷，表现出种茶积极性下滑趋势。但无性系良种茶园面积比例仍在上升，从2015年的1.19万公顷上升到了2017年的1.22万公顷。有机茶园面积没有增长，仍维持在0.3万公顷左右。

表1 2016~2017年江苏省茶园面积情况

2017年茶园面积(万公顷)	2016年茶园面积(万公顷)	较2016年增减(%)	2017年茶园开采面积(万公顷)	2016年茶园开采面积(万公顷)	较2016年增减(%)
3.4	3.38	0.59	2.98	2.97	0.33

茶叶产量近几年基本稳定在1.4万吨左右，产值也稳定在22亿元左右（见表2），名优茶产量也有一定程度下降，2017年比2016年减少约20吨，但产值仍有少量增加，2016年、2017年江苏省名优茶产值在干茶中占比分别为83.96%和88.23%，充分体现了江苏省以名优茶为主的茶叶生产特点。

表2 2016~2017年江苏省茶叶产量和产值情况

	2017年茶叶产量(吨)	2016年茶叶产量(吨)	较2016年增减(%)	2017年茶叶产值(万元)	2016年茶叶产值(万元)	较2016年增减(%)
干毛茶	14223	14006	-0.2	215904	224679	-3.9
名优茶	4671	4691	-0.4	190500	188630	1.0

江苏省的茶叶加工种类仍以绿茶为主，但生产比例有所下降，红茶则明显上升，从2016年的17.3%上升到2017年的21.8%，同比增长26.4%，表明各茶厂对红茶产生的效益较为认可，越来越多茶叶企业推出红茶产品或增大红茶产量，另外仍有少量黑茶产品生产，两年分别为150和75吨左右（见表3）。

红茶的生产在江苏省内进一步得到推广，红茶产量在2017年有了较大幅度的上升，各企业纷纷推出自己的红茶产品，2013～2016年连续多年基本维持在2400～2500吨，但到2017年红茶产量上升到3121吨，比上一年度增长26%，其原因首先是红茶被江苏省内消费者接受的程度越来越高，市场接受度越来越高；另一方面，红茶生产期与传统名优绿茶有时间上的差异，红茶的生产正好在名优绿茶生产季的后期，企业除利用春茶末期生产红茶，企业可以根据实际情况合理选择配制采摘工，部分解决了采摘工价格上涨的不利因素，降低了采摘成本；还有就是红茶的效益可观，企业制作红茶在春茶季后期，茶叶鲜叶产量较大，相对采摘成本或鲜叶价格较低，制作工艺也并不繁杂，但红茶价格可观，与名优绿茶相比虽有差距，但其利润率一定程度上要高于绿茶；再有，茶业企业也需要不同价格区间的产品，红茶的加工制作也丰富了产品类型与产品种类。伴随着江苏省内茶业企业对夏秋茶的进一步开发利用，可以预见江苏省红茶的产量在近几年仍会呈现上升态势。

表3 2016～2017年江苏省不同茶类产量情况

年份	茶叶产量（吨）						
	绿茶	红茶	乌龙茶	黑茶	白茶	黄茶	合计
2016	11529	2477	—	150	—	—	14156
2017	11102	3121	—	75	—	—	14298

值得注意的是，江苏省近两年出现了全机采茶园。江苏省茶叶生产多以名优茶为主，大量茶企春季名优茶产值占全年产值的绝大部分，夏秋茶利用率极低，因此机采在江苏推广程度一直很低。近两年来在国家政策调整下，名优绿茶价格出现波动，2016～2017年江苏省陆续有多个茶企例如江苏鑫

品茶业有限公司、江苏御茶农林生态园、红岭茶场等的部分茶园开始或即将全年采摘加工蒸青绿茶,主要用于加工抹茶、绿茶粉、碾茶等产品,这部分春茶主要在5月开始生产,错开了江苏产区传统名优茶采茶期,虽然减少了名优茶开采面积,但因为机采降低了采摘成本,价格低亩产高,因此效益已经追平或超过传统名优茶生产。这也表明在目前的劳动力成本下,江苏省传统靠手工采摘做名优茶的模式正进一步受到挑战,虽然生产蒸青类产品需要对茶园覆盖设施等前期进行较高投入,并且在茶树品种上还有一定的要求,但只要机采茶产品能达到一定的效益,一些茶业企业还是会根据成本与效益分析做出大的转型。

有机茶园面积基本维持在0.3万公顷左右,并无明显扩增,显示茶叶企业在有机茶园申报与维护中更为理性,对在申报和维护有机茶园过程中产生的费用能够慎重对待。另外,经过多年的有机茶生产,有机茶园施肥原则与农药施用标准等管理理念已经渗入茶业企业的思维中,对如何维护有机茶园生态,如何保证茶园产出和效益等各茶业企业均进行了深入思考。各茶业企业表现出更注重实效的经营理念,即按照有机生产标准进行生产但并不申报认证,这应当也是近20年来持续推广有机茶园建设的初衷,有机茶生产中用于茶园管理与病虫草害防治的各类方法与措施正在江苏各茶业企业广泛推行,特别是有机肥的使用与茶园病虫草害的防治方法等。江苏省茶园在增施有机肥、病虫害绿色防控方面进步明显,在国家"双减"政策号召下,结合商品有机肥示范技术的推广,相当多的茶业企业秋冬季基肥使用均以饼肥类或商品有机肥为主,在农药选择上越来越多企业根据生产情况通过修剪等农业手段控制病虫害,而放弃使用农药,越来越多企业对秸秆行间覆盖、修剪物还田及部分田间杂草修剪还田持开放态度。因此,江苏茶业企业的可持续性、高品质、高安全性生产意识正在稳步理性发展。

江苏省还有茶叶的精深加工企业,以生产茶多酚(各类儿茶素)、茶色素(茶黄素和茶红素)和速溶茶粉为主。2016~2017年茶叶提取物行业受国际市场影响发展速度放缓,但是受国内茶饮料市场良好发展以及奶茶市场火爆等因素影响速溶茶粉产量较高,以南京融点科技有限公司为主的速溶茶占据国内速溶茶行业的较大份额；同时，融点科技有限公司也积极开发冻干茶粉等高档速溶茶，积极创制口感与香气较好的新产品，满足不同市场需求。

（二）茶叶流通

江苏省茶叶消费量远大于生产量，但近年来多种因素影响了名优茶的销量，而产茶大省的茶叶价格对江苏茶叶价格也有一定的冲击，但长期以来，江苏茶叶生产企业以自建营销网络为主，基本上均为产地直销，有比较固定的销售途径；另外，因江苏名优茶做工精致、外形精美、内质较好等特点省内有一定规模的茶叶企业仍能基本保证销售稳定。

线上销售逐渐在省内兴起。不同于传统的直销形式，江苏已有部分茶企业展开了线上销售，例如江苏浦桥玉剑茶业股份有限公司、江苏天乙生态茶业科技有限公司、江苏鑫品茶业有限公司等均在京东、天猫、淘宝等平台开设了销售途径。有部分产茶县市农业部门加快了对线上茶叶销售的扶持力度，为一些传统茶叶生产企业提供政策及网络平台。

（三）茶叶内销与外销

江苏茶叶一直以内销为主，名优茶比重高，价格也一直在高位，因此涉及出口的茶叶企业并不多，年出口量基本维持在4000吨以内，出口额近7000万元。随着机采蒸青加工的逐渐发展，预计江苏茶叶出口格局将会发生改变，出口量和出口价格均会有较大规模的提升。

（四）茶文化、茶旅游与茶服务业

茶文化、茶旅游及茶服务业在2016~2017年发展迅速，成为全省产茶区多地发展的重点。

为了加强茶文化在江苏省内的推广，2017年9月江苏省全省高校、园艺技术推广站等单位联合成立了江苏省茶文化讲师团。讲师团成员主要来自从事茶文化研究、教育、推广培训等方面的专家与学者，其目标是通过加强茶文化的传播，增强江苏茶文化的品牌影响力，从而提升江苏茶产业的核心竞争力，促进江苏茶叶产业的整体发展。

茶旅游在江苏省内受到各产茶区各级地方政府的重视，各地纷纷展开了以茶叶为主题的特色小镇建设。例如江苏省首批旅游风情小镇无锡湖□茶旅风情小镇，以阳羡茶为主题，依托区域内优越的自然生态环境与丰富的旅游业态，进一步整合茶文化、茶历史、茶产业、茶品牌等资源，并在度假区内打造了深氧度假综合体、唐贡茶文化村等项目，建成了以茶为主题的旅游风情小镇。

而南京市江宁区的黄龙岘也打造了一个茶文化旅游小镇，景区以"茶产业"为主导，结合自身产业并与旅游相结合，将传统茶产业和茶具产业、以山茶花为主的花卉种植业、以油茶为主的饮食业等内容纳入区域产业发展范畴，形成了旅游休闲观光与产业发展融合的黄龙岘茶文化特色小镇。同时黄龙岘"茶文化小镇"还构建了一种互联网+旅游新模式，利用"在南京"App等线上手段，用户可通过美丽乡村专区，了解黄龙岘"茶文化小镇"吃、住、行、游、购、娱等各方面信息。

目前江苏省共建立了105个农业特色小镇，其中以茶产业为主题的有4个，分别是镇江市丹徒上党镇清茶小镇、常州市金坛薛埠镇茶香小镇、溧阳天目湖镇白茶小镇和无锡市宜兴张渚镇茶旅文化小镇。茶叶均为这些镇的特色农产品，当地政府结合茶乡旅游发展规划，均提出了茶旅融合的特色发展路线。

江苏各产茶地区每年也会举办推广当地名优茶的特色茶叶节，比如，苏州市举办的吴中洞庭山碧螺春茶文化旅游节，溧阳市的中国溧阳茶叶节暨天目湖旅游节，句容下蜀茶香节，仪征"绿杨春早"茶文化节等，宜兴市在2017年也举办了首届茶文化艺术节以及"茶禅四月到宜兴"旅游季等活动，将茶叶品牌推介与旅游相融合，取得了良好效果。2018年，江苏又有多个城市开展了以茶叶为主题的茶文化节。

（五）茶学教育与茶产业创新

江苏省茶叶教育与科学研究体系日益成熟，南京农业大学正式开设了茶学专业，面向全国主要产茶省招生，每年招生规模为30人，与扬州大学、南京林业大学、江苏农林职业技术学院以及苏州农业职业技术学院一起组成了完备的茶产业教育体系。江苏省也具备了培养茶学博士、硕士、学士、高职人才等全系列茶叶人才培养体系，这也为江苏茶叶的科技人才与服务人员规模扩大提供了坚实后盾。

在茶学教育体系日趋完善的同时，江苏省茶学科研力量进一步提升，全省目前有3名国家茶叶技术体系岗位专家，另有2个国家茶业技术体系示范基地，在茶树栽培技术领域、茶园管理机械等方面形成了一定优势。南京农业大学、扬州大学、江南大学、省农科院、农业部南京农业机械化研究所等单位全面开展了茶树育种、茶树生理、茶树栽培、茶园管理机械、茶叶加工与深加工技术等全方位的科学研究。除此之外，诸多企业成立了科学研究机构，无锡茶树品种研究所、溧阳天目湖研究所等也在茶树的病虫害防治、新品种选育中承担了很多科研任务，形成了高校、农科院、研究所、企业合作开展茶学研究的新局面。

2017年，在原有省农业三项工程基础上，江苏正式启动省茶叶产业技术体系工作，每年投入科研经费400万～500万元进行江苏省茶叶产业体系的科学研究与推广示范。江苏省茶叶产业技术体系设首席专家，茶树良种繁育、茶树优质安全栽培以及茶树绿色防控三个岗位的专家，同时建立了首批7个体系实验基地，基本遍布全省各主要产茶区，全面建设江苏茶叶科技服务体系。江苏茶叶产业技术体系成立后，在全省开展了茶叶基本数据调查、茶树品种资源调查、茶园栽培以及茶园病虫害安全防控等多项科学技术的研究与推广示范工作，其他相关工作也将持续开展，为江苏茶产业提供科学服务。

二 江苏省茶产业存在问题

江苏省茶产业发展存在的主要问题有以下几点。

（一）产业规模较小，每个茶叶企业拥有茶园面积有限，组织化程度较低

除原有少数国营农场外，实际开采面积超过1000亩的茶叶企业很少，

仅有少数几个茶叶企业拥有超过500亩以上的开采面积，实际开采面积超200亩的茶叶企业也不是很多。这与长期以来江苏省茶园总面积小，茶叶企业多，且产品以精品茶、高档茶为主，目标以单位面积效益为主的生产模式有关。茶叶企业拥有自己的茶园，也负责茶苗引种、茶园管理、采摘加工、市场营销等全过程。而在20世纪八九十年代，江苏省中小型茶叶企业均迅速转型，形成以名优茶为主的生产经营模式，这种模式的高效益使各茶叶企业经营效益良好，竞争压力小，也使在江苏各产茶区县基本没有大规模茶叶企业出现。

目前，省内很多产茶地区还有许多传统分散的农户和小型茶厂，这种生产经营方式使小生产与大市场之间的矛盾日益突出。因为企业规模小，其生产茶园面积小，茶叶生产原料每天的来源不能保证均一，不同的原料对加工技术的要求不尽相同，又导致每批次产业质量不均一，其最终结果是同一质量产品批量小，无法适应目前的大市场要求。从经营环节来讲，市场经营主体数量多、规模小，基本无定价权，反而会在市场竞争中进一步压低当地茶叶销售价格。

（二）茶叶经营成本、劳动力成本持续上升

江苏省主要生产名优茶，产区采茶以手工采茶为主，2016~2017年劳动力成本持续上升给茶叶企业带来不小压力。全省采工工价小幅上升，省内各产区基本维持在100~140元/天的范围内，但采摘工基本不短缺；同时田间管理工价也小幅上升，秋冬季施用的饼肥价格上升，造成经营成本一定幅度的上升；而因为名优茶受政策调控，销售量有所下降，因此销售价格并未出现上涨趋势，而茶叶企业实际利润空间被进一步压缩。这种现象预计未来几年内仍将持续，这也将导致部分茶叶企业减少新开垦茶园面积，主动提高采摘标准，减少产量或者生产机采茶来降低人工采摘成本。

（三）茶园管理机械应用水平低，茶园采摘机械化比例低

江苏省每年都会投入大量资金扶持茶园管理机械，经过多年的推广示

范,茶园管理机械达到了一定的水平,但与产茶大省相比仍然落后。究其原因主要有以下几点:首先是茶园设计问题,绝大部分茶园仍按照传统茶园建园,种植密度高,茶园管理模式也以传统模式为主,土壤管理技术等不配套,大中型管理设备很难进入或调头,一定程度上限制了大中型管理机械的应用;其次每个茶叶企业茶园面积相对较小,而一个企业内的茶园地形又不同,丘陵、缓坡、平地等多种茶园并存,部分茶园管理机械适用性不佳,使部分茶园管理机械适用面积小;最后一些茶园管理机械投入高,如果没有补贴,小规模企业购置使用意愿很低。

(四)夏秋茶资源利用率低,茶园单产低

江苏省夏秋茶资源利用率一直较低,这与江苏茶产业特点有关。江苏省长期以名优茶生产为主,名优茶产量约占1/3,但是产值却占到85%以上,而企业的主要效益也来自名优茶。夏秋茶需要在春茶后进行轻修剪、施肥等管理措施才能保证产量,这就增加了人工与肥料的投入,另外,夏秋茶缺乏效益好的产品,因此利润低,同时如果生产夏秋茶时茶园水肥管理不好,还会在一定程度上影响第二年春茶的产量与品质,因此各茶企会根据情况在春茶后进行深修剪,不生产夏秋茶。这也就造成茶园单产低、茶园利用率低的情况。

(五)名优茶种类多,品牌众多,标准不统一

各产茶区县一般均有2~3种名优茶产品,各企业也有各自的品牌,因此市场上会出现很多茶企生产的不同品牌的同一产品,同一茶企也会生产多种名优茶。这样的优点是茶叶企业可以根据茶树品种的适制性选择做哪一种类名优茶,同时也可以根据茶树发芽情况来选择;但是这样也存在不利的方面,最主要的就是各茶叶企业标准不一,加工工艺和外形虽然相同或相似,但各茶企质量标准不尽相同,特别是一些小型茶企更缺乏标准化的意识。另外,地方茶叶标准的推广与示范不足,部分茶叶企业对茶叶标准无明确认识,对企业产品质量控制并无明确规程,部分小型企业生产管理较粗放,加工操作不规范。

另外，江苏茶园面积小，各地生产的名优茶实际生产量很低，市场占有率也低，外省仿制的江苏名优茶产品良莠不齐，但是销售量却超过江苏本地产的名优茶，在给消费者带来困惑的同时，也压低了高品质江苏茶的价格，最终给江苏茶带来持续的不良影响。2017年首届中国国际茶叶博览会发布"中国十大茶叶区域公用品牌"称号，江苏最终无一品牌入选，而作为传统名优绿茶代表之一的"碧螺春"落选。这次落选与"洞庭山碧螺春"在产区面积与销售总量上无法形成规模有直接关系。

三 本年度江苏省茶产业发展措施

（一）完善江苏茶叶产业技术体系的技术推广与示范工作

2017年江苏省建立农业产业技术体系，茶叶也是其中1项。江苏茶叶产业体系的建立，标志着江苏省茶业技术推广与示范与国家层面的接轨，江苏省分散式的农业项目按产业实行聚集，相关专家在体系内完成对茶产业的技术研究、推广与示范。体系任务下达之后，相关岗位专家与示范基地举行多次会议，对江苏省茶业发展情况、江苏省茶业面临的问题、江苏省茶业发展方向等进行了深入探讨，也初步决定从江苏地理标志产品名优茶的适制品种选育、适宜江苏名优茶制作的茶树品种推广示范、茶园复合生态建设、茶园合理水肥管理技术示范推广、适宜江苏茶园的机械化管理技术示范与推广、江苏省重点病虫害防治、病虫害绿色防治等几方面加强重点技术的研究与推广示范。首批7个基地分别设在苏州、无锡、南京、金坛、句容、镇江、仪征，2018年又新增溧阳，基本涵盖了江苏主要产茶区。

（二）继续加大无性系良种推广，合理发展特异叶色茶树品种，大力推进茶园标准化、机械化

无性系良种在江苏省普及率一直不高，这与江苏茶区偏北而有性系抗寒性强有关。近年来江苏省各科教及技术推广单位从当地种植的茶叶群体中筛

选出适应当地名优茶制作的很多单株并进行繁育推广，比如碧螺春产区的"槎湾"系列、无锡的"锡茶"系列、溧阳"苏茶早"等，都加快了繁育与推广示范的速度。中国农科院茶叶研究所推广的"中茶108"近两年在江苏省的推广力度也进一步加大，南京雅润公司建成了江苏省唯一的穴盘苗生产基地，因为茶苗成活率高，该基地在江苏及附近各省的无性系推广中起到了很大作用。另外，特异叶色茶树品种在江苏省推广速度也很快，"白叶1号"在江苏各产茶区县均有大面积种植，"黄金芽"、"紫娟"以及"中黄1号"等近两年也在逐渐推广。

栽培管理技术上江苏省以茶叶标准园创建提升全省茶园建设水平。目前共创建国家级茶叶标准园5个、省级茶叶标准园39个；在省内重点推广茶园喷滴灌设备、茶园防霜扇等茶园管理设施；推广太阳能杀虫灯、黄板、生物制剂等病虫害绿色防控技术；同时开展茶叶多功能耕作机、采茶机等茶园管理机械的示范应用。

（三）开发红茶产品，充分利用夏秋茶资源

江苏历年来在宜兴、苏州等产茶区均有一些红茶制作，但是产量并不高。近年来，各产茶区充分鼓励并推广红茶，逐渐形成各地"苏红"大发展的现象，各地均推出了红茶产品，如苏州的"碧螺红"、宜兴的"阳羡红"等，还有用"白茶1号"等开发的"白叶红"等近两年纷纷扩大生产规模，既丰富了茶叶的种类，也延长了茶叶的生产周期，更好地利用了土地资源，也使夏秋茶资源得到了更好的利用。

除红茶外，抹茶产品、碾茶产品、白茶产品、黑茶产品也有部分企业进行了少量试制与推广，预计未来几年将有更多夏秋茶产品进入市场，夏秋茶资源也将会得到更好的利用。

（四）着重打造当地茶叶区域公共品牌，扩大宣传力度

针对江苏茶产业近年来的发展以及市场取向发生的变化，江苏省茶业发展近年来更加重视市场的宣传与开发，由以往仅注重茶叶品质向品质和市场

并重的方向转变。在省内各级行业协会的组织下，茶企业参加国内外展销会人次数明显增多。各产茶区县通过各种措施加大宣传力度，增强影响力，以扩大内需。江苏各产茶区县陆续开展当地茶叶开采节、茶叶节，江苏省在省级层面还组织了名优茶评比、名优茶展销会等各种形式的宣传推广活动。在名优茶精品方面，江苏连续举办了17届"陆羽杯"名特茶评比用来打造苏茶精品，充分利用中国国际茶叶博览会等国内外平台，宣传苏茶区域公共品牌，提高江苏省内洞庭（山）碧螺春、南京雨花茶、天目湖白茶、金坛雀舌、茅山长青、阳羡雪芽、宜兴红茶等品牌的知名度和影响力。目前，江苏省有26个品牌茶叶为国家和省级名牌农产品。

（五）茶文化旅游融合发展，深入挖掘茶业三产功能

近两年，江苏省加快推进茶产业经济与文化交融、茶叶生产与休闲观光结合。2016年12月，首届江苏茶文化与旅游发展论坛在太湖贡山岛举行。这次论坛也是江苏首次以茶产业+旅游为主题举办的行业发展论坛，论坛以太湖贡山岛、江苏茶博园等省内茶文化旅游地为样板探讨了江苏茶文化乡村旅游的新模式。

目前，江苏省内也在加快推进创意休闲农业，为茶产业和乡村旅游的融合发展创造了新的发展空间。茶叶产业作为传统丘陵山区高效农业的代表，其在丘陵地貌基础上形成的独特茶园景观，茶叶采摘、茶叶加工过程的参与性以及茶文化特性延伸等与高度发达的江苏旅游业相融合，使以茶文化为主题的乡村旅游业受到了更为广泛的关注。随着茶园作为景观得到开发，各产茶区县结合当地特色茶园开展了系列茶旅游活动，依托美丽茶园发展休闲观光旅游，让茶区变成景区，例如宜兴龙池山自行车公园、南京高淳慢城等均以当地特色茶园景色作为亮点。与此同时，各产茶区还不断拓展产区旅游功能，综合开发各类产业，使茶旅产业综合效益在全国居领先地位，茶旅游业也成为当地茶农增收致富的重要产业。同时，旅游业又提升了茶业产业，使江苏茶业的知名度得到提升，影响力得以增强，促进了江苏茶文化产业的发展与传承。

B.7 四川省茶产业发展研究报告

张冬川 赵先明*

摘 要: 2017年四川省种茶面积稳步增长,达到534.4万亩,比2016年增加4.09%;产量大幅增加,形成以优质绿茶为主的"一主三辅"的优势特色产品格局。茶叶综合产值达到630亿元,助农增收成效显著。四川省稳步推进"两带两区"优势茶产业带建设,并推广绿色技术在茶产业中的运用,已有113.8万亩的茶园建立茶叶追溯体系,绿色防控面积、机采茶园等面积相比2016年都有明显增加。四川省茶业在2017年取得了各方面的进步,产品结构不断优化,市场需求不断增加,产品覆盖率不断扩大,龙头企业不断壮大,茶叶品牌影响力不断提升,但是仍然存在品牌多、名牌少,综合利用率较低,直接出口量少、出口值低等问题。

关键词: 四川省 一主三辅 两带两区

四川是茶产业大省,茶的故乡,茶文化的发祥地。省委省政府高度重视川茶产业发展,实现了茶产业连续17年健康快速增长,"川茶"已然成为四川现代农业的又一张名片。

---

* 张冬川,四川省园艺作物技术推广总站,农业推广研究员;赵先明,宜宾学院川茶学院院长,教授。

一 川茶产业发展成效

（一）面积稳步增长

2017年全省茶叶面积为534.4万亩，比2016年增加21.0万亩，增长4.10%，其中11个茶叶主产市茶园面积达525万亩，占全省的98.24%。已建成川西南名优绿茶产业带、川东北优质富硒茶产业带和川红工夫红茶集中区、川中优质茉莉花茶集中区即"两带两区"优势茶产业格局。

（二）产量大幅增加

2017年茶叶产量达到28.3万吨，比2016年增加1.83万吨，增长6.91%，其中绿茶产量为23.58万吨，红茶产量为0.54万吨，黑茶产量为1.84万吨，茉莉花茶产量为1.77万吨，已形成以优质绿茶为主，川红工夫红茶、雅安藏茶、茉莉花茶为辅的"一主三辅"优势特色产品格局。

（三）助农增收显著

各地积极推动茶产业转型升级，不断创新产业形态，促进茶旅融合、茶叶电子商务等新模式、新业态的迅猛发展，茶叶销售模式多、流通畅。2017年全省初级产品产值达到210亿元，全省500万茶农人均比上年增收280元，茶叶综合产值达到630亿元。

（四）产业化水平提高

2017年，全省省级以上茶叶龙头企业达到62家，省级以上茶叶专业合作社示范社达77个，已逐步形成"产业集群+农户"的产业化发展模式。全省连续化、自动化茶叶生产线达1700余台套，其中名优茶机制率达到90%以上，67%的大宗茶实现不落地加工，居全国先进水平。

（五）品牌影响力扩大

省政府连续三年安排专项资金1.2亿元用于"天府龙芽"省级区域大品牌的品牌宣传与打造；各产茶重点市政府加大力度提升"峨眉山茶""蒙顶山茶""米仓山茶""宜宾早茶"等区域品牌的影响力，其中"蒙顶山茶"和"宜宾早茶"荣获"中国十大茶叶区域公用品牌"和"中国优势茶叶区域公用品牌"称号；全省茶叶地理标志保护产品达29个，中国驰名商标有14个，著名商标68个，已形成以"天府龙芽"为核心，以市、县级地方品牌为支撑，以企业品牌为主体的多层级川茶产业品牌新形象。

二 川茶产业发展新举措

（一）种植基地稳定发展

1. 产业集聚发展

全省按照区域化、专业化、集约化和标准化的要求，发挥产地集中优势，稳步推进"两带两区"优势茶产业带建设（建设布局详见表1）。

表1 "两带两区"优势茶产业带建设布局

产业带	主产市	重点县（区、市）
300万亩川西南名优绿茶产业带	成都市、自贡市、泸州市、乐山市、宜宾市、眉山市、雅安市	名山区、雨城区、宝兴县、芦山县、荥经县、蒲江县、都江堰市、邛崃市、洪雅县、夹江县、峨眉山市、犍为县、沐川县、马边县、屏山县、高县、筠连县、翠屏区、珙县、宜宾县、纳溪区、古蔺县和荣县
200万亩川东北优质富硒茶产业带	绵阳市、广元市、达州市、巴中市	万源市、宣汉县、通江县、南江县、平昌县、旺苍县、青川县、平武县和北川县
10万亩川中茉莉花茶集中发展区	乐山市	以犍为县为中心
工夫红茶集中发展区	宜宾市	高县、筠连县、珙县、宜宾县、翠屏区

2.绿色技术推广

四川省紧紧围绕推进茶产业绿色发展的要求，稳步扩大基地建设规模，引导各地农业部门、经营主体和茶农树立绿色发展理念，在20个茶产业重点县全面推广优质高产无性系良种茶苗和茶园机械化采摘、绿色防控、有机肥替代化肥等绿色生产技术，推进茶叶质量安全追溯体系建设。2017年，全省无性系良种茶园达到398.41万亩，改造低产茶园100万亩，绿色防控面积达387.9万亩，机采茶园达60万亩，建立茶叶追溯体系的茶园达113.8万亩（见表2）。

表2　2016～2017年茶园建设情况

项　目	2016年(万亩)	2017年(万亩)	增加(万亩)	增长率(%)
无性系良种茶园	393.0	398.41	5.41	1.38
改造低产茶园	83.0	100.0	17.0	20.48
绿色防控茶园	364.78	387.9	23.12	6.34
机械化采摘茶园	20.0	60.0	40.0	200.0
追溯体系茶园	12.3	113.8	101.5	825.2

3.产区产业推进

全省11个主产市和20个茶产业重点县，在以四川省茶产业发展"十三五"规划为顶层设计的基础上，利用资源禀赋，充分发挥产品特色，纷纷制定了茶产业发展《规划》和《实施方案》，扎实推进了区域茶产业发展。宜宾市全面推进"233"发展战略，即"两区"——优势名优早茶区和中高山优质生态茶区，"三基地"——100万亩优质早茶生产基地、绿色茶叶原料生产基地、茶叶生态康养基地，"三市"——中国优质早茶强市、中国优质工夫红茶大市、国家级出口茶叶质量安全示范市。荣县新建或改造机采基地11.2万亩，机采率达70%以上，降低劳动力投入70%以上。

（二）茶叶加工创新发展

1.产品结构不断优化

依托四川资源优势并应市场需求，全省坚持以优质绿茶为主，川红工夫红茶、雅安藏茶、茉莉花茶为辅的"一主三辅"优势特色产品发展思路，取得了产品结构不断优化、市场需求不断增加、产品覆盖率不断扩大的效果（见表3~表6）。

表3 2016~2017年四川省茶叶产量和产值情况

2017年茶叶产量（万吨）	2016年茶叶产量（万吨）	较2016年增减（%）	2017年茶叶产值（亿元）	2016年茶叶产值（亿元）	较2016年增减（%）
28.3	26.47	6.91	210.0	190.0	10.53

表4 2016~2017年四川省名优茶产量和产值情况

2017年名优茶产量（万吨）	2016年名优茶产量（万吨）	较2016年增减（%）	2017年名优茶产值（亿元）	2016年名优茶产值（亿元）	较2016年增减（%）
17.07	16.24	5.11	161.7	144.04	12.26

表5 2016~2017年四川省大宗茶产量和产值情况

2017年大宗茶产量（吨）	2016年大宗茶产量（吨）	较2016年增减（%）	2017年大宗茶产值（亿元）	2016年大宗茶产值（亿元）	较2016年增减（%）
11.23	10.23	9.8	48.3	45.96	5.09

表6 2016~2017年四川省各茶类产量情况

年度	绿茶（吨）	红茶（吨）	青茶（吨）	黑茶（吨）	黄茶（吨）	白茶（吨）	茉莉花茶（吨）
2017年	235848	5374	5189	18410	89	382	17716
2016年	221380	4419	5438	17067	106	473	16434
增减量	14468	955	-249	1343	-17	-91	1282
增减率（%）	6.54	21.61	-4.58	7.87	-16.04	-19.24	7.8

2. 产品研发不断创新

应市场多元化的需求，传统的六大茶类产品已不能满足消费者的需要，茶企纷纷加快与中茶所、省茶科所、四川农业大学等科研院所的紧密合作，创新工艺，优化技术，提升设备，研发适销对路的产品。犍为县茶企与中国农科院茶叶研究所、四川农业大学、四川省农科院等科研院所广泛合作，开展茉莉花茶窨制工艺研究，形成了犍为首创、全国独有的炒花工艺，研发了"浓香、清香、熟香、兼香"四种不同香型的茉莉绿茶和茉莉红茶；同时成功开发了茉莉花酒、茉莉花浸膏、茉莉花精油等茉莉花衍生产品，打破了国内单一传统的"花-茶"加工模式，延伸了产业链条。为提高茶叶综合利用率，川茶集团、元顶子茶场等企业充分利用绿茶加工中产生的片、末，与食品企业合作，加工茶饼干、蛋卷、茶含片等茶食品，受到年轻人和小朋友的喜爱，雅安藏茶制成的"天路牌"藏茶精华液大量投放市场，成为一种时尚的保健饮料。茶叶过度包装一度制约着中高档产品的销售，为吸引更多消费者购买性价比高的茶产品，茶包装向着简化、美观、方便的方向发展，如米仓山茶业将绿茶包装制作成年轻人喜爱的动漫套装，并利用收集成套包装换礼品，刺激了消费。

（三）经营主体不断壮大

1.经营主体培优

到2017年，全省有规模茶叶企业614家，其中销售额500万~1000万元的有377家，1001万~5000万元的有157家，5000万元以上的有80家；省级以上茶叶重点龙头企业有62家，加工能力占全省的60%以上。四川省加大力度扶持龙头企业壮大，鼓励抱团发展，2017年茶叶挂牌企业有23家（见表7、表8）。

表7 四川省省级及以上茶叶龙头企业分布

区 域	省级及以上龙头企业
成都市	四川省文君茶业有限公司
	四川省花秋茶业有限公司
	都江堰青城贡品堂茶业有限公司
	四川都江堰青城茶叶有限公司
	四川绿昌茗茶业有限公司
	四川嘉竹茶业有限公司
	成都市碧涛茶业有限公司
	成都华高生物制品有限公司
	成都市鼎辰源农业开发有限责任公司

续表

区　域	省级以上龙头企业
自贡市	四川龙都茶业(集团)有限公司
泸州市	四川绿茗春茶业有限公司
	四川瀚源有机茶业有限公司
德阳市	绵竹三溪香茗茶叶有限责任公司
绵阳市	四川皇嘉农业集团有限公司
	北川羌族自治县羌山雀舌茶业有限公司
广元市	广元市白龙茶叶有限公司
	四川米仓山茶业集团有限公司
遂宁市	四川香叶尖茶业股份有限公司
内江市	四川省复立茶业有限公司
乐山市	四川省峨眉山竹叶青茶业有限公司
	峨眉山仙芝竹尖茶业有限责任公司
	四川省鹅背山茶业有限公司
	四川禹伽茶业科技有限公司
	四川省炒花甘露茗茶有限公司
宜宾市	四川省茶业集团股份有限公司
	宜宾市双星茶业责任有限公司
	宜宾醒世茶业有限责任公司
	四川省珙县鹿鸣茶业有限公司
	四川省旭茗茶业有限公司
	四川早白尖茶业有限公司
	宜宾川红茶业集团有限公司
	四川峰顶寺茶业有限公司
	宜宾市乌蒙韵茶业股份有限公司
达州市	四川巴山雀舌名茶实业有限公司
巴中市	四川竹海玉叶生态农业开发有限公司
	四川省通江县罗村茶业有限责任公司
	四川省元顶子茶场
	平昌县丰瑞农业科技有限公司
雅安市	四川省蒙顶山皇茗园茶业集团有限公司
	四川省蒙顶皇茶茶业有限责任公司
	四川川黄茶业集团有限公司
	四川蒙顶山跃华茶业集团有限公司
	四川省克鲁尼茶叶生物科技有限公司

续表

区　域	省级以上龙头企业
雅安市	四川省蒙顶山大众茶业集团有限公司
	四川省茗山茶业有限公司
	四川禹贡蒙顶茶业集团有限公司
	雅安市名山区西藏朗赛茶厂
	四川省荥经县塔山有限责任公司
	四川吉祥茶业有限公司
	雅安市友谊茶叶有限公司
	雅安茶厂股份有限公司
	雅安市和龙茶业有限公司
	四川雅安周公山茶业有限公司
	雅安太时生物科技股份有限公司
	雅安市蔡龙茶厂
	四川蒙顶山茶业有限公司
	四川省大川茶业有限公司
	四川宝兴海鑫茶业有限公司
	天全县青竹茶叶有限责任公司
眉山市	四川省金兴食品有限责任公司
阿坝藏族自治州	阿坝州九寨茶业有限责任公司

表8　挂牌板块企业名单

序号	企业名称	挂牌板块	注册地址
1	平昌县皇家山茶业科技有限公司	双创企业板	巴中市
2	筠连县乐添富茶业有限责任公司	双创企业板	宜宾市
3	筠连县美强茶业有限公司	双创企业板	宜宾市
4	四川巴蜀白茶有限责任公司	双创企业板	巴中市
5	四川省筠连县玉壶生态茶业有限责任公司	双创企业板	宜宾市
6	筠连县凤鸣茶业有限公司	双创企业板	宜宾市
7	筠连县鹏晨茶业有限公司	双创企业板	宜宾市
8	筠连县瑞鑫茶业有限责任公司	双创企业板	宜宾市
9	宜宾市乌蒙韵茶业股份有限公司	双创企业板	宜宾市
10	筠连县六五茶叶有限责任公司	双创企业板	宜宾市
11	盐边县百灵山茶业有限责任公司	双创企业板	攀枝花市
12	四川醇香茶业有限公司	双创企业板	泸州市
13	都江堰青城贡品堂茶业有限公司	一带一路板	成都市都江堰市

续表

序号	企业名称	挂牌板块	注册地址
14	四川米仓山茶业集团有限公司	科技金融板	广元市
15	四川蒙顶山跃华茶业集团有限公司	双创企业板	雅安市
16	峨眉山天然有机茶业有限公司	双创企业板	乐山市
17	马边高山茶叶有限公司	双创企业板	乐山市
18	马边彝族自治县凉风洞茶业有限公司	双创企业板	乐山市
19	马边永绿茶业有限公司	双创企业板	乐山市
20	绵竹三溪香茗茶叶有限责任公司	一带一路板	德阳市
21	成都市碧涛茶业有限公司	一带一路板	成都市邛崃市
22	成都崃岭生态茶业有限公司	一带一路板	成都市邛崃市
23	平昌县秦巴云顶茶业科技有限公司	科技金融板	巴中市

2. 利益机制紧密

各主产茶区围绕品牌茶企建基地，采用"公司+基地+农户"或"公司+专合社（种植大户、家庭农场）+农户"的经营模式，与茶农建立"利益共享、风险共担"的紧密利益机制，提高茶农种茶的积极性，也为茶企获得优质安全的茶原料提供了保障。现有茶叶专业合作社867个，其中省级及以上示范社77家，种植大户1029户，家庭农场568个，带动了500万茶农通过发展茶园、土地流转、劳动务工、加工生产、入股分红、提供技术服务及产销服务等方式实现致富奔小康。峨眉山竹叶青茶业有限公司自有茶叶基地2.2万亩，产量达1000吨，辐射带动基地24余万亩，产量达12200吨；川茶集团订单基地达38万亩，精制茶达10772吨。

3. 加工水平提升

近年来，四川在全省范围内有序地开展了标准化茶厂改造、设备改进和工艺创新，并加快了中国茶研所、四川茶科所、川农大等科研单位的科技成果转化，有力地提升了茶企的加工水平、生产能力和产品质量。2016年，工夫红茶自动化、连续化生产线达7条，年加工能力达2000吨；鲜叶分级机、萎凋机（槽）、发酵室（机）等先进设备得到广泛应用，大大提高了产品的质量，降低了生产成本。2017年，有3家企业获"中国茶叶行业综合实力百强企业"荣誉称号,芽芝春茶业、巴山云顶等7个企业的产品在"国饮杯"评选中获奖,犍为清溪茶业的清茗香在"全国茉莉花茶质量评选"中获奖,巴山雀舌、巴蜀玉叶等产品在北京茶博会名茶评比中获奖,全省茶产品品质大幅提升。

(四)品牌影响力不断提升

1. 做响省级区域大品牌

2016年省级区域大品牌"天府龙芽"在第五届四川国际茶博会暨天府龙芽茶文化节上隆重亮相,主办省还与中央电视台联合举办了"天府龙芽川茶区域品牌高峰论坛",邀请省内外知名专家,讨论川茶产业在"天府龙芽"统领下的发展之路。2017年又出大手笔,曲木史哈常委在第六届四川国际茶博会上做主旨演讲,向世界宣传"天府龙芽",宣传川茶产业。5月18日,"天府龙芽"又率领川茶企业抱团参加了在杭州举办的中国首届茶业博览会,将"天府龙芽"向全国、全球展示。其品牌形象和川茶系列产品受到农业部部长韩长赋等领导及国际友人的一致好评,同时成为央视二套《对话》栏目的合作伙伴,再次将"天府龙芽"推向全国,推向世界。

2. 做好市县级区域品牌

各茶叶主产市、县积极开展形式多样的地方区域品牌宣传活动,如第二届峨眉山茶文化节、第十届宜宾早茶节、第十三届蒙顶山茶文化旅游节、第六届特早茶采摘周等,吸引了国内外大量的茶人、茶商云集产地,感受茶文化,品鉴茶产品,大幅提高了区域品牌的影响力。在2017年度中国茶叶区域公用品牌价值评估中,四川有10个品牌参评,"蒙顶山茶"品牌价值26.66亿元。

3. 做强企业品牌

各茶叶重点龙头企业积极推进品牌建设,提升企业知名度和产品的市场占有率。四川米仓山茶业集团连续6年在西北、东北等销区城市开展品牌推介会,2017年又在乌鲁木齐举办了"米仓山茶"品牌推介会,并设立专卖店,为川茶出川再设窗口。在2017年中国茶叶企业产品品牌价值评估中,前100位茶企中有9家四川企业。宜宾川红茶业集团有限公司获得商务部

"国家级电子商务示范企业"荣誉称号,获四川省人民政府授予的电商服务业"四川服务名牌"称号,获四川省农业厅授予的川红红茶"四川省优质品牌农产品"称号;四川省峨眉山竹叶青茶业有限公司成为央视"国茶经典"合作伙伴,旗下的"碧潭飘雪"花茶产品荣获"2017年全国茉莉花茶产品质量"特别金奖;等等。企业积极参与政府、部门及知名机构组织的品牌评选活动,企业实力不断壮大,知名度大幅提升,2017年全省茶企获评中国驰名商标14个,著名商标68件。

(五)渠道建设不断拓宽

1. 展会效益凸显

各种形式品牌展会的举办,为川茶营造了良好的销售氛围。2017年,四川省成功举办了以"聚天下茶商,拓全球市场"为主题的第六届四川国际茶业博览会,吸引专业买家达3万人次,到展馆参观观众7万人次,总交易额达11.37亿元,均比上届增长10%以上。展会规模更大,品种更多,国际化水平更高,稳居西部第一。在首届中国茶业博览会上,四川省成功举办了"天府龙芽"推介会,吸引了广大茶客在欣赏四川茶文化的同时品鉴茶产品。

2. 国内市场结构优化

目前茶叶消费市场已从排浪式的大众消费,向便利化、个性化、品牌化、优质化、时尚化、社群化和功能化转变,销售方式也从实体店销售向电商、微商发展,吸引年轻群体利用"搜索+推荐"双引擎模式关注和入驻茶空间,拉动茶销售,推进线上线下快速融合发展。据统计,70%以上的茶企通过与天猫、京东、淘宝等合作的方式参与电商,竹叶青开展线下体验线上购买活动,仅2017年双十一,线上销售就突破千万元,成为天猫绿茶类热销品牌第一名。川红集团建立自己的电子商务,线上交易达9000万元,成为全省第一。批发市场和实体店销售也呈稳步恢复态势,30%以上批发市场的客商来自江苏、浙江、河南、福建等产区,需求的茶类有绿茶、红茶、黑茶及白茶,按外形分以一芽一叶扁形茶、卷曲形茶为主,约40%的绿茶产品通过批发市场进行销售。根据对批发市场、实体店、商超以及电子商务的调查，2017年包装茶销售增加，100克/袋和200克/袋的产品增幅较大，增长15%左右。价格在1000~2000元的高档红茶价格平稳，销量比上年略增5%；中、低档红茶价差缩小，平均单价提高10%，销量增长60%，价格在150~500元/斤的中档绿茶成为消费主流产品。

3. 出口市场稳步拓展

四川省以"一带一路"沿线及周边国家和地区为主，扩大茶叶出口。据统计，2017年四川省直接出口产品仍以绿茶为主，其次为红茶，出口总量突破2000吨，出口额达1800万美元，同比增长22.3%，出口国家和地区集中在摩洛哥、中国香港等地，相对稳定。夹江县间接出口量达2万吨，货值940万美元；出口红茶740多吨，创汇286.2万美元，平均单价3.84美元/千克，比2016年增长5.7%、16%和9.7%。

（六）融合发展不断推进

1. 创建农业产业园区

四川正在由茶叶大省向茶业强省跨越的进程中，以茶旅融合为载体，推动茶叶向加工、消费等产业链下游环节扩展，提升茶产业的综合效益和茶产品的竞争力。2017年，峨眉山市以茶叶为主导产业，集生产发展、优质茶加工、科技示范、休闲观光于一体的融合园区建设成功入选国家现代农业产业园创建名单。

2. 建设特色示范园区

四川也在建设茶文化风情体验园，拓展茶叶现代园区功能，展示茶叶从采摘、加工、质检、包装到品饮的整个过程，介绍茶叶基本知识，同时游客也可自己采摘、加工，亲自尝试制茶工艺，体验茶农之乐。纳溪区按照"一地一景观"和"一庄一特色"的原则，成功打造了白节瀚源茶庄、护国凤岭茶庄和梅岭茶庄等5个示范园区，并被评为"2016年度全国特色茶旅游资源区"。

3. 发展休闲与乡村旅游

各茶叶主产区，充分挖掘茶文化和旅游资源，将名茶与名山、名水、名人有机结合，为消费者设计茶旅游精品项目，推进一二三产业融合发展，使茶文化旅游成为茶产业的新的增长点。原农业部授予四川名山蒙顶山茶文化系统"中国主要农业文化遗产"荣誉称号，授予四川省雅安市名山区茶叶专业村红草村"中国美丽休闲乡村"荣誉称号，骑龙场万亩观光茶园入选"全国休闲农业和乡村旅游精品景点线路"，全国首个国家茶叶主题公园——蒙顶山国家茶叶公园——挂牌。蒙山新村、茶马古城、牛碾坪、红草坪、骑龙场万亩观光茶园、跃华茶庄等一批茶旅综合体建成并对外开放。

（七）产业支撑不断稳固

按照农业部绿色发展要求，四川广泛开展了良种、"双减"、机器代人、绿色防控等关键技术的推广。2016～2017年，原农业部分别在名山区、夹江县举办全国果茶提质增效经验交流会议和全国暨全省茶叶病虫害绿色防控技术培训班；省农业厅在沐川县、高县组织举办全省机采技术培训会，全省的农业推广部门和龙头企业参加了培训，参训人数达500人次；各市、县积极举办培训会，推广关键技术，累计培训2000人次；另各级相关部门组织茶技人员到村组、田间地头、茶场、农户采取集中培训、分散培训、现场指导、现场示范等多种形式相结合的方式，举办培训班近100次，培训万人以上，实现了先进实用技术全覆盖，推进了川茶产业快速健康发展。农业厅牵头制定《川红工夫红茶加工技术规程》《安全高效茶园建设技术规程》《机械采茶、修剪配套技术规程》等涉及茶园生产、产品加工的四川省地方标准9个，使提高茶农、茶企生产加工水平有标可依，使监管部门规范茶叶管理有标可查，全面提高了产业标准化水平。峨眉雪芽茶业公司设立了陈宗懋院士工作站。四川农业大学园艺学院唐茜教授选育的茶树新品种"紫嫣"被农业部植物新品种保护办公室授予品种权，四川省农业科学院茶叶研究所等单位研究的《茶树新品种特早213选育及配套关键技术研究与应用》获得农业部2016～2017年度中华农业科技奖三等奖。

（八）政策保障不断强化

为深入推进茶产业供给侧结构性改革，加快实现千亿茶产业目标，省委省政府高度重视产业发展，多位省领导先后对茶产业发展做出重要批示，其中2017年省委书记王东明的批示达4次。在2016~2017年，四川以省政府名义在广元市旺苍县召开了全省川茶产业发展助推产业扶贫工作会议，川茶产业发展省级联席会议成员单位、11个茶产业主产市的分管负责人及32个茶叶优势县的主要负责人、农业局长及部分省级龙头企业负责人参加了会议，曲木史哈常委到会并做了重要讲话。分管副省长先后主持召开了一次川茶产业发展推进会和两次川茶产业省级联席会议，具体研究部署茶产业发展工作。川茶产业联席会议办公室召开了两次川茶品牌打造专题会议。省级财政连续两年共安排专项资金6000万元支持机采基地建设，安排近7000万元支持"天府龙芽"省级区域品牌打造。各主产茶区党政也高度重视茶产业发展，制定措施，倾斜项目给予支持。泸州市人民政府制定了《关于大力推进茶产业发展的实施意见》，荣县编制了《荣县茶叶发展全域规划（2017~2022年）》和《荣县20万亩茶叶产业园区建设规划（2017~2022年）》，夹江县落实本级财政1000万元，全力推进茶产业发展。通江县投入1.5亿元，其中政府投入9000万元，企业自筹6000万元，用于无性系良种、"三推双减"、机采、清洁化加工等关键技术的推广和市场的拓展。

（九）扶贫攻坚不断

全省70%以上的茶园分布在盆周山区、丘陵地区，也是革命老区和扶贫攻坚的重要地区，省、市、县各级派出茶叶技术人员驻村开展技术扶贫。按照"一次规划、分步实施、突出重点、统筹兼顾"的要求，省农业厅派驻在泸州市叙永县西溪村的农技员，帮扶西溪村制定产业发展规划，制定产业发展方案，引入省级茶叶龙头企业四川瀚源有机茶业有限公司建基地建厂发展茶业，推动旅游业与茶叶产业融合发展，带动全村流转土地200亩

（涉及28户）参与茶叶生产，建立帮扶机制和紧密的利益机制，发挥了茶产业在精准扶贫中的带动作用。各市、县级驻村农技员为帮扶贫困户掌握茶叶种植、加工、绿色防控等技术，结合各地特点，开展技术培训和示范引领、带动等活动，发放技术资料万余册，带动贫困户不断增强自我发展能力，加快实现脱贫致富。

三　川茶产业发展中的主要问题

一是区域大品牌不响。最突出的问题是就是品牌多、名牌少，没有一个像铁观音、龙井、普洱茶等那样叫得响的区域品牌。

二是龙头企业带动力不强。在工商部门登记注册的加工企业达4700多家，太多、太分散，经营组织化程度低，以原料形式销售多，品牌销售少，实力不强，龙头企业带动能力和定价能力较弱。

三是综合利用率较低。四川省茶叶精深加工综合利用处于较低水平，初级产品多，精深加工产品少，产品结构单一，夏秋茶利用率不高。

四是市场开拓能力不强。长期以来，川茶产业注重生产多，对市场建设开拓、品牌打造重视不够，营销队伍建设、渠道建设滞后，缺乏抱团合作精神。川茶直接出口量少，出口值低，在全国排名长期靠后。

B.8 云南省茶产业发展研究报告

周红杰　李亚莉　单治国　高　路　杨杏敏　涂　青　汪　静　李嘉婷　付子祎
辛　颖　马玉青　陶琳琳　方　欣　熊思燕　熊　燕　季晓偲*

摘　要： 云南省2017年茶叶种植面积已达到41.33万公顷，从事茶叶种植的农户有800多万人，涉茶人口高达1100多万人，占到云南人口总数的近1/4。云南省2017年茶叶出口量位于全国第七位，出口总量约为0.79万吨，总出口金额为3860.44万美元。茶叶的出口以红茶、绿茶和普洱茶为主。随着市场经济的发展，越来越多云南省普洱茶企业将茶叶种植、加工与茶叶销售相结合，形成多渠道的交易方式，销售渠道及消费方式也越来越多样化，围绕茶叶种植、生产、加工、包装等茶产业链，逐步衍生了茶园观光、茶文化旅游、茶文化创意产品等多种附加产业，与茶产业之间相辅相成、密切互动，呈现出协调联动的发展态势。云南省茶产业精深加工未来将推动产业不断升级。

关键词： 云南省　普洱茶　茶叶出口　茶文化　茶旅游产业

---

* 周红杰，云南农业大学教授。

一 云南省茶产业概况

（一）茶叶种植

1.面积

云南省的茶叶种植历史悠久，茶产业是云南高原特色农业的重要组成部分。云南省共有16个地州市和129个县市区，其中种植茶叶及生产茶叶的就有15个地州市110多个县市区。2017年，云南省从事茶叶种植的农户有800多万人，涉茶人口高达1100多万人，占到云南人口总数的近1/4，茶产品远销40多个国家和地区。

据云南省农业厅行业统计数据，2017年云南省的茶叶种植面积达到41.33万公顷，采摘面积达到38.33万公顷。在《云南省茶产业发展行动方案》中，预计到2020年，云南省茶叶种植面积将稳定在630万亩（其中，优质的生态茶园面积300万亩，有机茶园70万亩；到2022年，总的面积不变，优质生态茶园面积将会超过350万亩，有机茶园将超过80万亩）。同时，云南省到2020年将打造出25个万亩生态、有机茶叶示范基地；到2022年将建设30个万亩生态、有机茶叶示范基地。

2.产量

近年来，云南省茶叶产业稳步发展，2017年省农业厅数据显示：茶叶总产量达38.70万吨，综合产值达到742余亿元，茶农人均来自茶产业的收入为3280余元。其中普洱市、西双版纳州、保山市、德宏州、红河州、文山市、大理市、玉溪市、楚雄州、曲靖市等11个地州市的茶叶产量约占全省茶叶总产量的90%。昭通、昆明等小叶种片区的茶叶产量占云南全省茶叶产量的4%左右。全省年产茶量达500吨以上的县市区约有40个，产茶量1000吨以上的县市区约有31个，思茅区、江城县、凤庆县、澜沧县、勐海县、景洪市等地区年产茶达到5000吨以上。

云南省在《云南省茶产业发展行动方案》中预计了茶产业发展，到

2020年茶叶总产量将达到38万吨，综合产值突破1000亿元；茶农人均茶产业方面的收入提高到4000元；将打造30个茶叶综合产值在5亿元以上的重点产茶县市区。

3.品种

云南栽培的茶树品种主要是有性群体品种和无性系品种。云南茶树群体品种均是通过自然杂交、以种子进行繁殖的云南大叶种茶树的后代。其中主要有性群体品种有勐库大叶种、勐海大叶种、凤庆大叶种等。

云南无性系品种主要有云抗10号、云抗14号、长叶白毫、云梅、云抗37号、云抗43号、云选9号、云瑰、矮丰等。其中，"云抗10号"是云南无性系大叶种的代表，推广面积最大，达到160余万亩。

4.茶园管理（成本）

2017年，版纳茶区、临沧茶区和普洱茶区这三个主要产茶区由于采摘时间较晚，茶园管理成本普遍上涨了30%~50%，鲜叶收购价格也较2016年高，茶园对肥料的施用也有所增加。其中，高优生态茶园鲜叶均价增长30%~40%。鲜叶平均价格每千克增长9~12元，增长幅度达30%~40%。

（二）茶叶生产加工

云南省茶叶生产加工的趋势是大力探索创新初制所初加工和龙头企业精加工的产业格局。国家普洱茶地理标志产品保护范围是：昆明市、楚雄市、玉溪市、红河州、文山州、普洱市、西双版纳傣族自治州、大理白族自治州、保山市、德宏州、临沧市等11个州（市）75个县（市、区）所属的639个乡（镇、街道办事处）现辖行政区域。普洱茶按加工工艺及品质特征分为普洱茶（生茶）、普洱茶（熟茶）两种类型，其原料为晒青毛茶。云南省绿毛茶按干燥方式不同分为晒青、烘青和炒青。同时，还有采用蒸气（湿热）杀青的蒸酶绿茶。云南红茶（滇红），产地分布在临沧、凤庆、普洱、保山、西双版纳、德宏等云南省南部与西南部，为采用优良云南大叶种茶树鲜叶为原料，经萎凋、揉捻或揉切、发酵、烘干等工序加工而成的成品茶。

1.茶类初加工

普洱生茶加工流程：采摘鲜叶→静置摊晾→杀青→揉捻→晒干（晒青毛茶）→筛分→分选→拣剔→拼配→蒸压成型→干燥。

普洱熟茶加工流程：生茶毛茶→潮水渥堆→出堆→解块→干燥→分级→蒸压（类似生茶蒸制过程）→干燥摊凉。

滇绿茶加工流程：鲜叶→杀青→揉捻→干燥。

滇红初加工流程为：鲜叶→萎凋→揉捻→发酵→干燥。

云南省2018年公布《茶叶标准化初制所建设技术规范》，加快了茶叶初制所的提升改造，建立了茶叶初制所备案信息化管理平台，规范了初制所标准化生产管理；同时出台《茶叶初制所改造提升扶持办法》，大力改建初制所厂房，进行设备更新、新技术运用等，将茶叶初制所加工设备购置纳入全省农机购置补贴范围，每年改建20个标准化示范初制所，辐射带动初制所产能、技术和装备水平全面提升。

2.茶叶精加工、深加工

滇红、滇绿、普洱散茶的精加工工序：筛分→风选→拣剔→再干燥→拼配→匀堆装箱。

紧压茶精加工工序：毛茶拼配出仓→筛分→半成品拼堆→潮水→蒸压→干燥→包装。

云南省的两大主体特色茶类普洱茶、滇红茶，产量占全省茶叶总产量的55%，精制普洱茶、滇绿茶、滇红茶产量比为4:3:2，普洱茶、滇红茶产品主体优势持续提升，滇绿茶产品稳步协调发展。

云南省茶产业精深加工未来将推动产业不断升级，大力发展茶叶深加工及茶副产品等茶叶衍生产品。茶叶精制企业生产技术和设备升级换代推进，有利于提升精加工、深加工技术水平。茶叶加工园区土地、用电、税收等各项优惠政策将落实，茶企将向加工园区集中，凤庆县、勐海县、思茅区3个茶叶加工园区将得到重点打造。到2022年，全省茶叶精深加工比重要提高到80%以上，3个茶叶加工园区产值总和达到100亿元以上，这是云南省茶产业发展行动方案提出的目标。

（三）茶叶流通

普洱茶是新世纪（21世纪）最为健康的饮品之一，与当下社会主流消费理念相符合。随着市场经济的发展，越来越多云南省普洱茶企业将茶叶种植、加工与茶叶销售相结合，形成多渠道的交易方式，销售渠道及消费方式也越来越多样化。

1. 交易方式

目前普洱茶茶叶消费弹性小，供应弹性大，茶叶交易以茶博会、批发市场、企业品牌专卖店等现货交易方式为主，主要是自产自销。如在企业重组、资本重构、结构调整下，"大益""帝泊洱""七彩云南""滇红"等，积极打造品牌优势，迎合当前市场需求，建立与企业相符的交易方式。

网购是打破空间界限、突破普洱茶人际传播局限的最好方式，不仅可以很大程度上降低普洱茶的推广成本，还能够提高普洱茶的消费量和成交率。作为茶产品推广销售重要平台的茶博会，让参与者既能了解同类茶产品的生产水平，又可以洞悉茶产业的最新发展趋势，是广大茶叶爱好者、茶产业技术人员、茶叶企业管理者信息传播、技术交流、商贸洽谈的重要舞台。茶叶零售呈现零售店、茶叶专卖店、网上商城、百货公司、农贸市场、综合性购物场所等多样化发展的态势。其中，便利店、超市等新型零售形式的普遍与快捷也拓宽了茶叶的销售渠道，方便了消费者的购买，促进了茶叶的销售。并且，茶叶消费场所的拉动对促进茶叶零售起到了不可忽视的作用。调查表明，全国各类茶楼、茶艺馆等饮茶场所有几万家，不仅带动了茶叶经济发展，促进了茶文化的宣传和推广，而且对扩大茶叶消费市场起着积极的推动作用。另外，近年来时尚的茶旅游也带动着茶叶商品销售，使商家在轻松愉悦的环境中达到茶叶销售的目的，并能带来合作伙伴及商业洽谈等。

普洱茶产业早期的交易渠道主要是茶叶批发市场，相对单一，近几年来通过加强交易渠道的建设，已发展为批发市场与零售终端并重（见图1）。茶叶企业与市场紧密联系，根据市场的真实需求不断改变产品结构，生产便捷化产品符合消费者的需求，推动着普洱茶品饮市场的健康发展。渠道更加

规范，市场秩序维护得更好，价格终端体系控制得更严，杜绝了假冒伪劣产品的出现。云南省加强了对市场秩序的维护，杜绝市场炒作，建立起规范、稳步、有序的普洱茶市场。

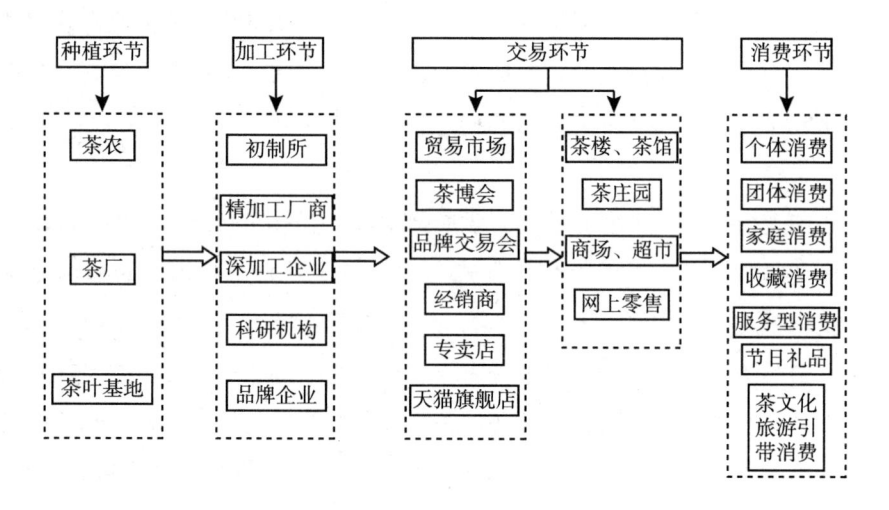

图1　普洱茶交易流程

2. 交易场所

随着人们生活节奏的加快，包装茶发展迅速。普洱茶快消品也逐步产生：如速溶茶、袋泡茶、茶点、茶膏等。其销售场所也在不断拓展，例如冷饮店、蛋糕店、咖啡店等都会看到与茶相结合的产品。

普洱茶交易场所多样，目前主要包括专卖店、茶庄、茶楼、茶馆、商场专柜、卖场超市、网上商城及零售店等。特别是茶庄园，其特点是集旅游观光及文化体验于一身。普洱茶庄园是集茶叶种植、加工及文化、旅游、生产、营销、仓储于一体的产业，可提供包括茶文化、生态环境、绿色产业、休闲娱乐等在内的生活体验，是普洱茶文化传承及推广的媒介。

（四）茶叶消费

2017年云南省茶业发展总体稳中趋好，省内消费保持稳定，茶叶出口量有所增加，但出口金额呈下降趋势。

1. 茶叶内销

2017年，云南茶叶消费市场的消费量、消费额、价格等增幅与之前相比有所减缓，总体保持稳定。消费市场中，茶业电商整体零售量增加。值得注意的是：普洱茶消费市场仍旧保持增长，消费者对"古树茶"的追捧热情不减。云南茶叶消费市场经产品结构不断深化、调整，已达到相对稳定的产品格局，高档茶总量有所缩减，中、低档茶叶价格有所提升。

2. 茶叶出口外销

云南省2017年茶叶出口量位于全国第七位，出口总量约为0.79万吨，总出口金额为3860.44万美元。茶叶的出口以红茶、绿茶和普洱茶为主。除绿茶外，其他产品的出口总量都在不断增长，但出口金额却增速放缓甚至出现下降现象。

目前，云南省的茶叶出口企业结构正在逐步发生变化。云南省茶叶出口企业中，国有企业占茶叶出口总额比重较大。近年来，国有企业出口额与所占比重明显呈现下降态势；而民营企业则在迅速发展起来，出口额呈上升趋势，比重增长趋势显著，增长速度保持在4%左右；外商投资企业的出口额也保持着稳定增长。历来国有企业一统云茶出口市场的局面逐渐被打破，云南省茶叶企业出口结构正在向多元化发展，民营企业与外资企业发展前景良好。

近年来，云南省茶叶出口对欧盟、日本等地的影响，直接冲击了当地的茶农和茶叶贸易商，这些地区为保护其利益，不断更新各项茶叶检测标准，这在一定程度上制约了云南省茶叶的出口，降低了云茶在这些市场的比重。

（五）涉茶产业

中国自改革开放以后，尤其是加入世贸组织后与国际市场无缝接轨，在民族文化及民族商品"走出去"策略方针的指导下打造茶产品，茶产业进一步壮大发展，众多茶企如雨后春笋般争相涌现在华夏大地之上，相关制造工艺、法律法规、包装方式等渐趋成熟，实现了一体化与多样性并存的产业发展模式。围绕茶叶种植、茶叶生产、茶叶加工、茶叶包装的茶产业链，逐

步衍生了茶园观光、茶文化旅游、茶文化创意产品等多种附加产业,与茶产业相辅相成、密切互动,呈现出协调联动的发展态势。

1. 茶旅游产业

近年来,茶旅游成为众多都市人喜欢的出走方式。随着社会经济的高速发展,人们享受生活的方式更趋向于追求休闲旅游。茶叶流通协会预判,在资本市场上,中国企业上市的步伐将进一步加快,社会资本流入茶产业的数量将逐步增多;同时,受新消费热点转换和产业政策的引导,金融资本将流入茶旅游等产业融合项目,助推茶叶行业的一二三产融合发展,构建现代化茶产业体系。茶文化旅游因其文化深厚和身心体验有效受到越来越旅游者的喜爱。伴随着"一带一路"建设的推进,茶文化旅游基础设施的改善,茶文化与旅游业的融合,茶文化旅游将实现稳步增长。当前加强我国茶文化旅游市场管理,重点应在茶文化产品开发、接待方式、旅游路线设计、游览时间、人均消费等方面下功夫。应积极打造精品旅游路线的认知度和影响力,来吸引更多的旅游爱好者,促使茶文化旅游市场健康持续发展。

2. 茶文化创意产业

茶文化创意产业是茶产业发展在新形势下形成的分支。指以茶和茶文化为核心要素,将茶叶进行深度加工,根据创意主体的想法选择相应的技术手段,提升茶产品质量,并能够应用创意主体的智慧与思想,对茶文化资源进行整合与加工,使茶产品和茶具等涉茶衍生品质量提升,为经济的发展提供有利条件的产业体系。茶文化与创意产业的融合,形成了多种经济形态共存的新型经济形态。

3. 茶教育培训产业

教育是国之根本。近年来,人民的生活水平日益提高,消费者更追求丰富的文化生活。伴随茶行业的发展,茶教育社会培训机构应运而生,并不断壮大,全国不论是产区还是销区,都兴起了一大批茶行业培训机构。据不完全统计,目前有 300 余家培训机构从事茶艺师、评茶师培训和茶叶企业内训。

茶产业作为健康产业、永恒产业，急需茶艺师、评茶师等生活专业人才，这种需求不断促进了社会化茶培训行业的发展。在国家从站起来，到富起来，再到强起来的今天，学茶、爱茶、离不开茶成为时尚，人人学茶成为未来中国人的生活方式。茶教育行业、社会培训机构面对的学生和学员来自不同的社会群体，年龄不一，职业不同。

4. 茶机械产业

手工制作茶叶是最传统的加工方法，随着茶产业的扩大，茶叶销量不断增加，茶叶标准化程度不断提高。传统的手工炒茶将难以满足消费者日益增加的需求。因此，加强茶机械的开发研究，联合农业局积极研发茶机械加工工艺，有助于在保证茶品质的同时，增加茶叶销量。

茶叶品质的稳定与标准化生产标志着茶产业的发展程度，而茶机械的应用直接关联其发展的水平。中国现阶段茶产业面临产品结构调整和推行"机器换人"，研发茶叶机械刻不容缓。茶叶机械和茶叶行业寻求协作，机械、农艺、制茶工艺不断融合，新技术、新能源得到应用，开发出多种适于茶叶规模化生产的新型单机和连续化、自动化生产线，以及茶园作业设备，特别是采茶机械化取得较大进展。

5. 茶会展产业

茶叶博览会是促进茶产业、弘扬茶文化的重要形式。而展会则是促进茶文化传播的媒介，茶会展产业的大力开展对整个茶产业的发展至关重要。

2017年举办的首届中国国际茶叶博览会，对于茶行业来说更是意义非凡。会展开幕式现场，时任农业部部长韩长赋宣读了中共中央总书记、国家主席习近平专门为首届中国国际茶叶博览会发来的贺信，贺信中指出："中国是茶的故乡。《茶经》有云：'茶之为饮，发乎神农氏，闻于鲁庄公。'茶叶深深融入中国人的生活，成为传承中华文化的重要载体。从古代丝绸之路、茶马古道、茶船古道，到今天丝绸之路经济带、21世纪海上丝绸之路，茶穿越历史、跨越国界，深受世界各国人民喜爱。希望你们弘扬中国茶文化，以茶为媒、以茶会友，交流合作、互利共赢，把国际茶博会打造成中国同世界交流合作的一个重要平台，共同推进世界茶业发展，谱写茶产业和茶

文化发展新篇章。"习主席的这番话，充分肯定了茶叶对传承中华文化、促进国际交流的重要作用。

（六）年度影响系列

1. 年度茶叶企业

2017年，在第12届中国云南普洱茶国际博览交易会上，交易会组委会、云南省普洱茶协会宣布了"云南省普洱茶十大影响力企业"，获得此荣誉的分别是："大益""下关""勐库戎氏""庆沣祥""龙润茶""六大茶山""澜沧古茶""陈升号""醉春秋""八角亭"。

2. 年度茶人

2017年4月14日，在吴觉农先生的家乡浙江省上虞市，纪念吴觉农先生诞辰120周年纪念大会隆重举行。此次大会还举行了第三届"觉农勋章"奖颁奖典礼。本届"觉农勋章奖"获奖者共50人，其中云南有6位；"觉农贡献奖"获奖者共38人，其中云南有14位（见表1、表2）。"觉农奖"于2007年创立，旨在表彰长期从事茶叶工作，在茶叶生产、加工、科研、教育、贸易等多个领域具有突出贡献的人才，激励广大茶叶工作、爱好者，共建祖国茶业更加美好的未来。

表1 第三届"觉农勋章奖"云南茶人获奖名单

王树文	吕才有
杨行吉	周红杰
张宝三	魏谋城

表2 第三届"觉农贡献奖"云南茶人获奖名单

王乐观	冯德棋	杜琼芝
李师程	李宏国	李荣春
杨思义	汪云刚	陈升河
罗乃忻	赵华琼	赵炳忠
曾维然	詹英佩	

3. 年度茶园

在2017年度，由中国农业国际合作促进会茶产业委员会、中国合作经济学会旅游合作专业委员会共同主办的"全国十大魅力茶乡、全国三十座最美茶园"评选活动中，云南省入选茶园有哀牢山古茶园、柏联普洱茶现代农业庄园、普洱板山茶园共三座。评选活动宗旨是：促进全国茶乡旅游发展，发挥绿色、生态、旅游、产业等融合发展的示范带动作用。

最美茶园主要参考因子：①茶园连片面积不低于1000亩，且水土保持良好，园地有机质丰富；②茶园及周边自然景观优美，茶文化内涵丰富；③餐饮、住宿、交通、卫生等硬件条件满足游客休闲旅游需求；④满足游客购物需求并保证产品质量安全；⑤有满足游客休闲旅游参与的体验项目并保证服务质量。

4. 年度研究机构

云南省农业科学院茶叶研究所成立于1938年4月，是云南省唯一一所从事茶叶研究的省级科研单位。在近80年的发展过程中，其主要研究为大叶种茶树种质资源、新品种选育、栽培植保、茶叶加工、生理生化、茶经济、茶文化等方面。目前承担的国家自然科学基金、国家重点研发项目、国家茶叶产业技术体系、科技部国家农作物资源平台、云南省茶叶产业技术体系、云南省重点研发项目等省部级以上科研项目超过40项。

云南省农业科学院茶叶研究所已经建设成为云南省茶叶科技创新的研发中心、科技成果转化与技术服务的中坚力量、支撑云茶产业发展的主力军；在未来的茶叶科技发展中，将努力建设"全国大叶茶种质资源研究中心"和"中国普洱茶研究基地"，全面建成现代化的茶叶科研所，为全省茶业的健康、可持续发展做出新的更大的贡献。

二 云南省茶产业对外贸易及第三产业概况

（一）云南省茶产业概况

据中国茶叶流通协会公布的数据，近五年云南省茶叶种植面积持续增长。总体来看，云南茶产业发展势头有所放缓，各主要茶区发展趋势良好。2017年，云南省茶叶种植面积达到620余万亩，同比增长1.63%，其中采摘面积575万亩；茶叶总产量40.55万吨，同比增长0.65%，其中普洱茶产量增加，达到15.70万吨，绿茶产量约17万吨，红茶产量约7.50万吨；茶叶综合产值742亿元左右，同比增长10.70%，成品茶平均单价90元/千克（参见表3～表7）。

表3 2013～2017年云南省茶园面积情况

年份	2013	2014	2015	2016	2017
面积(万亩)	586	595	608	610	620
同比增长(%)	2.80	1.54	2.18	0.33	1.64

数据来源：中国茶叶流通协会。

表4 2013～2017年云南省茶叶产量情况

年份	2013	2014	2015	2016	2017
产量(万吨)	30.20	33.60	37.20	38.50	40.55
同比增长(%)	11.10	11.26	10.71	3.49	5.32

数据来源：云南统计局。

表5 2016～2017年云南省不同茶类产量情况

年份	绿茶(万吨)	红茶(万吨)	普洱茶(万吨)
2016	17	7	14.20
2017	17	7.50	15.70

数据来源：《中华合作时报·茶周刊》。

表6 2013～2017年云南省茶叶综合产值情况

年份	2013	2014	2015	2016	2017
产值(亿元)	300	370	600	670	742
同比增长(%)	34.70	23.30	62.16	11.67	10.75

数据来源：云南农业信息网、云南省茶叶流通协会。

表7 2017年云南省各主产茶区指数

	普洱茶区	临沧茶区	保山茶区	勐海茶区	德宏茶区
种植面积(万亩)	167.70	143.30	68.30	62.10	60.40
产量(万吨)	12.02	12.50	5.10	2.50	2.10
采购均价(元/千克)	40.90	51.20	33.50	42.00	20.00

数据来源：茶悦世界。

1. 茶叶出口情况

目前，全球产茶大国依次为中国、印度和肯尼亚，中国的茶叶产量占全球茶叶产量的45%，而肯尼亚的茶叶出口量比中国和印度多，中国和印度的茶叶大部分满足本国消费者。

2017年统计表明，中国茶叶总产量为255万吨，茶叶出口35.50万吨。其中云南省茶叶出口0.79万吨（见表8），出口金额3860.44万美元，位列全国茶叶出口第七位。云南省茶叶多以内销为主，出口量较少，这与云南省茶叶产量相比差距较大。今后云南省必须扩大茶叶出口市场，才能进一步扩大茶叶的出口量。

表8 2017年中国茶叶出口数量前十省份排行榜

排名	省份	数量(万吨)	金额(亿美元)
	全国	35.53	16.14
1	浙江	17.50	5.06
2	安徽	6.44	2.57
3	湖南	3.29	0.91
4	福建	1.95	2.33
5	湖北	1.63	1.33
6	江西	1.06	0.60
7	云南	0.79	0.39
8	河南	0.73	0.50
9	广东	0.674	0.97
10	重庆	0.49	0.04

数据来源：中商情报网。

2. 茶文化、茶旅游与茶服务业发展

（1）茶文化

云南作为特色名片的茶文化对于提高当地民族文化的经济与社会文化价值有着广阔的前景。2015年云南省"茶之道·茗之源——寻访原生态茶系列活动"开展，丰富多彩的活动内容向人们展现了卓越的云南民族茶文化，也增强了云南民族茶文化的传播力度，对于云茶文化及产业的转型升级有着积极的推动作用，将云南民族茶文化的文化价值和经济价值进行了完美呈现。2015年7月1日云南省茶文化博物馆参加米兰世博会，这是云南茶文化又一次走出国门、走向世界的表现。

（2）茶旅游

云南是多民族聚居地，26个民族都有着悠久而独具特色的茶习俗，这些多样化茶习俗构成的茶文化也能够为云南茶乡旅游发展起到推动作用。云南省将生态旅游资源与茶叶传统产业结合在一起，融合茶园与景区的发光点，推广茶园景区化、景区茶园化，推动二者共同发展。进一步丰富茶旅民族文化内涵，打造特色茶旅游品牌，开发了茶产业创新系列产品，研发茶业旅游，使茶旅文化精髓得到发扬。同时，提高茶旅游产业的经济效益与时代价值，以期实现茶产业与旅游业的一体化共同发展。

（3）茶品牌

茶品牌是企业发展核心竞争力的重要元素，拥有知名茶叶品牌是推广茶文化、推进茶旅游、兴盛茶产业的基石。云南省实行品牌推动战略，努力提升包装与宣传的能力，扩大对海内外的影响，打造茶旅先锋品牌，促进茶旅产业的专业化、规模化、品牌化发展。

（4）茶服务业

近年来，云南省茶服务产业已渐渐趋于成熟，随着云南普洱茶推广范围的日益扩大，及深入"走出去"方针与战略快速拓展全国各地的市场，众多茶企通过在我国内地各种茶叶博览会上进行参展和销售，在北方市场的推广尤为突出，营销网络和销售额持续以20%的速度上升，市场占比日益增加，固定的消费群体得到建立，销售市场已基本覆盖全国。云南茶不仅于国内销售，还远销其他国家。其中，澜沧古茶、大益、滇红等知名茶企陆续在一些国家设立了相应的销售渠道和机构。

为了建立良好的茶叶企业推广平台，云南省政府定期举办了茶叶博览会，并积极参加国内外相关的茶事活动，组织云南知名茶叶企业和其他地区与国家进行交流。通过深圳、广州、上海等经济发达地区的茶博会拓展国内市场。随着互联网时代国内茶专业形象体验店以及茶超市的开办，报刊、电视、微信、自媒体等传播方式被广泛用于宣传和营销。

（二）云南省茶产业创新及发展

1. 云南茶产业创新案例：以科技创新为核心推动普洱产业创新

云南茶叶生产企业以科技创新为核心，进一步加大在茶资源开发中的研究力度，将生物技术引入传统普洱茶的生产，进行创新开发，开发出多种茶叶深加工产品，如集数字化、功效化、标准化、规模化、品牌化、国际化和安全性、便捷性、有效性（"六化三性"）于一体的产品普洱茶膏、即溶普洱茶珍等。普洱茶产业正在向着现代生物茶产业方向不断发展，如云南天士力帝泊洱生物茶集团有限公司建造了全球最大的普洱茶创新技术中心和生产制造基地"天士力帝泊洱生物茶谷"。其开发的帝泊洱系列在优化改善传统普洱茶产业供给结构和质量的基础上，形成了即饮普洱茶珍饮料、普洱茶牙膏、沐浴露等日化产品，产生了更好的经济效益，形成了新的增长点。

2. 云南本科茶学教育案例：云南兴建茶学本科专业，大力发展茶学高等教育

茶学是中国特色鲜明的一门包括了自然科学和人文科学的现代学科，历史悠久。云南是世界茶树起源的中心，茶叶是云南省高原特色传统支柱性产业。在贫困山区，茶产业关乎数百万山区农民的生计，是当地茶农的主要经济来源及地方财政的主要税源。茶学高级人才培养对学科发展和产业发展至关重要。

（1）云南农业大学普洱茶学院茶学专业

建立于1972年的云南农业大学茶学专业，1973年开始招生，1996年被

批准为硕士研究生授权点（含农业推广硕士和高校教师在职攻读硕士学位），1997年开始培养茶学专业硕士研究生，1998年云南农业大学茶学专业招收了第一位外国留学生，2000年面向全国招生。2005年，在社会经济发展对人才相应需求不断增加的实际情况下，茶学专业增设了茶学（茶艺茶道）方向。2006年全国第一个茶学院，全球唯一一个普洱茶学院（云南农业大学普洱茶学院）成立。普洱茶学院自建立至今，获云南省人民政府科技进步特等奖1项，一等奖1项，三等奖4项；云南省教学成果一等奖1项，在茶学领域成果丰硕。云南农业大学普洱茶学院茶学专业拥有一支年富力强、学科交叉、结构合理（教授8人、副教授5人、讲师8人）、学历层次高（博士8人，硕士学位及研究生班学历10人）的师资队伍。茶学专业师资队伍具有较高的业务素质和敬业精神，在教学活动中能为人师表，教书育人，其中，有国家支撑计划项目首席科学家1人，省级教学名师2人，云南省中青年学术技术带头人才1人，云岭产业技术领军人才1人，云南省高等学校教学名师2人，云南省高等学校名师工作室2个，农业部"先进个人"1人，省级师德先进个人1人，"全球普洱茶十大杰出人物"4人。

普洱茶学院现有茶学教学实验中心（茶树栽培与育种、茶叶生物化学、茶叶加工、茶叶品质鉴评、茶叶成分分析、茶文化、茶艺茶道等教学、科研实验室），还有教学茶树品种园、实践茶园、茶文化实验室、品茗室等特色教学场所，拥有普洱、昆明、孟连、大理等七个云南主要产茶地区校外教学科研基地。

（2）滇西科技师范学院兴办茶学专业

滇西科技师范学院成立于2015年，面向云南省内招生。地处临翔区旗山脚下，占地面积1084亩，具备总值5000余万元的教学仪器设备，图书馆藏书达70.82万册。其前身为临沧师范高等专科学校，茶学专业是该校首批设置的5个本科专业之一，填补了临沧市没有本科茶学高等教育的空白，对学生就业、学校的长远发展以及临沧经济社会发展有积极意义。滇西科技师范学院随着办学条件的改善，教学质量的提升，服务于当地社会经济发展的能力得到了显著增强。

（3）普洱学院兴建茶学本科专业

普洱学院前身是思茅师范高等专科学校，是普洱市最早开办茶学本科教育的地方高校，2016年开始招收茶学本科专业学生。建校以来，学院培养了大批合格的中小学教师和服务地方经济社会发展的应用型人才。

普洱学院全日制在校生为12442人；教职工521名，其中包括专任教师477人，硕士及以上学位的教师283人（博士学位教师16人），副高及以上专业技术职务的教师147人，教授37人。现有文学、法学、农学、理学、历史学、管理学、经济学、教育学、艺术学9大学科门类，本科专业24个，专科专业38个，具有省级重点专业美术教育、生物技术与应用专业。目前学院已形成教师教育和高职教育、普通教育和成人教育、专科教育和本科教育共存的格局。

校园占地超过2000亩，建筑面积达21.7万平方米；教学科研仪器设备总值5271万元；纸质图书72万册，期刊1000余种，电子图书及期刊23万册；学生实习学校30所，校外实习实训基地30个，其中包括4个省级实习实训示范基地。创办省级期刊《普洱学院学报》。

（4）滇西应用技术大学普洱茶学院落地普洱

滇西应用技术大学普洱茶学院位于云南省普洱市思茅区，是作为"世界茶源、中国茶城、普洱茶都"和"国家园林城市"的普洱市新增的茶学高等教育摇篮。"创办一个学院、振兴一个产业、致富一方群众、传承一方文化"是普洱茶学院的办学宗旨。学院利用部委高校的教育资源优势，结合当地普洱茶产业特色优势，使产业发展与科研教学相融合，培养出大批支撑产业和转型升级的高层次应用型技术技能人才。茶学本科专业致力于培养德智体美全面发展，适应我国社会主义现代化建设需要，在农业生物科学、食品科学、茶学等方面具备基本理论、知识、技能，能在农业、经济贸易、文化等多个领域从事与茶学有关的技术与设计、推广与发展、经营与管理、教学与科研等工作的科学技术专门人才。

学院占地面积201亩，校园环境优美。现有教师46人（其中，高级职称19人，博士学位7人，硕士学位23人），办学硬件功能齐全，配备多媒体教室64个，实验实训室21个，大师工作室2个。教学设施完善，拥有校外教学实习基地8个。

回顾历史，展望未来，云南茶学高等教育经过一代代人的不懈努力，一步一步，从无到有，从落后到领先。现如今，云南省已拥有从中职人才到硕士、博士的不同层次的具有云南特色的茶学教育体系，具备了具有一定实力和影响力的茶叶教育和科技人才库。云南茶学教育界要珍惜来之不易的大好局面，不忘初心，培养更多的茶学技术技能人才，为新时代云南茶学教育繁荣发展而努力。

（三）云南茶产业的现状

云南抓住全国茶叶市场从"名茶"到"民茶"向理性回归的机遇，将云茶未来的发展重心放在打造千亿云茶大产业上。云南茶产业发展要注意普洱茶、滇红茶和滇绿茶等茶类的综合协同发展，要不断进行技术创新研究，以加快改善茶叶品质，增加涉茶人员收入，致力于茶叶种植基地的基础建设提升，打造茶叶大品牌，推进茶叶消费的透明化，开拓茶叶市场，以茶文化引领茶经济的发展。

1. 茶叶产业快速发展，产业规模不断扩大

茶产业作为云南省高原特色农业产业之一，关乎千万涉茶人员的生计，是云南部分地区人民的主要经济来源。今天，茶叶是解决贫困山区的农民和少数民族人民的温饱问题，并带领他们脱贫致富的金钥匙。

云南省的临沧、普洱、西双版纳、保山、德宏、文山、大理等地都是主要的产茶区域。各产茶区重视良种良法，大力发展普洱茶、滇红茶和名优绿茶，通过市场营销策略的改进，促进了市场中消费者对云茶的需求，进而在增加农业产值的同时，也增加了茶叶产品的附加值。

2. 原料资源丰富，种质优势明显

茶树是一类古老的经济作物，在自然环境中受到多重因素的作用，通过世代繁衍和广泛传播，由野外生长发展为人工种植栽培，在漫长的发展过程中形成了非常丰富的茶树种质资源。

云南茶叶生产的历史悠久，拥有丰富的品种资源，数十年中几代云南茶叶科技工作者经过研究，培育出了较多的优良品种。在云南境内发现的地方茶树品种共有199个（其中：无性系良种46个，有性系良种153个，14个为省级良种，5个为国家级良种）。在云南推广种植的品种主要是：云抗10号、云抗14号、长叶白毫、雪芽100、清水3号、凤庆9号、凤庆3号等。

云南省的茶区呈立体多样性分布，南部和西南部最适宜发展无公害茶和有机茶，茶树生长海拔高达1000~2100米，这里生态环境良好，植被丰富，并且远离污染源，生长在这里的茶树不易发生病虫害。

近年来，云南省高度重视茶叶食品安全，全省茶叶农药残留量在全国处于较低水平，符合国内外相关检测标准。云南省茶叶具有的优良品质和低农残特点提高了其在国内外市场中的竞争优势。

与其他中小叶种相比，云南大叶种茶树鲜叶具有更丰富的内含物质和更高含量的有效成分，是加工普洱茶、红茶、速溶茶的优质原料，也是茶饮料原料的首选。深入挖掘开发，潜在经济价值巨大。

3. 加工工艺日臻成熟，名优品牌逐步形成

云茶的生产加工在继承传统工艺的同时，也在不断引进现代先进的生产工艺，实现了传统与现代的有机结合。总结大叶种茶的相关加工技术特点，应用丰富的茶叶加工经验，不断开发出适应市场销售需求的新产品。

在茶叶品牌方面，普洱茶、滇红茶是享誉海内外的云南茶叶品牌。滇绿茶也在几十年的发展过程中成为国内知名品牌。近年来，普洱茶、滇红茶、滇绿茶保持着良好的发展势头，"冰岛""老班章""易武""景迈""千家寨"等优质的山头茶品牌也逐渐进入消费者视野，并受到推崇。

4. 产业发展基础较好，产品市场潜力巨大

云南茶区主要集中在北回归线周边的山区、半山区的丘陵地带，海拔1000~1500米，具北温带温暖湿润的气候特点，雨量充沛，光热充足，土壤疏松，有机质含量高。自然条件得天独厚，有利于茶树的种植和生长，是云南高品质茶叶产品茶树生长的良好条件和气候环境基础。云南的滇南、滇西南地区生态环境适宜大叶种茶树的生长。

在整个云南省茶产业发展的过程中,茶叶企业规模不断扩大,企业生产效益不断提高,部分龙头企业逐渐"走出去"为广大消费者所熟知。目前,云南茶业已初步形成了以勐海大益、云南滇红集团、下关(沱茶)集团、云南龙生集团、云南普洱茶集团、陈升号、大栗树等为代表的重点企业,为云南省茶产业的发展奠定了重要的发展基础。在众多茶企业的不断努力下,云南省茶叶市场规模不断扩大,普洱茶出口量逐年增长,在港、澳、台、日本及东南亚市场,甚至欧洲及美国等地市场具有良好的市场占有率和口碑;滇红茶出口量最大时约占全国茶叶出口的1/4;沱茶在美国、加拿大及欧洲市场一直处于热销的地位;滇绿茶已打开中亚市场,进入德国、波兰、俄罗斯等市场,深受当地消费者青睐;云南CTC生产的红、绿碎茶,已批量出口欧洲市场。这表明,云南茶产品发展规模得到进一步提升,市场潜力巨大。

5.茶文化积淀深厚,茶文化发掘势头较好

云南这片古老的产茶区域,积淀了深厚的茶文化,并推动着云茶科技的创新和云茶产业的健康持续发展。

云南地区拥有多元的民族文化,少数民族在祝寿、满月、会友、婚丧嫁娶、祭祀等生活的方方面面都离不开茶,各少数民族在日常生活与劳动生产活动中形成了各具特色的饮茶习俗(如:白族的三道茶、傣族的竹筒茶、布朗族的糊米茶、怒族的漆油茶等)。少数民族文化与茶文化融合,绽放出更加绚烂的魅力,这些丰富多彩的少数民族饮茶风俗及其所蕴涵的深远意义丰富了人们对茶文化的认识,也进一步提高了云南茶产业的知名度,是云南茶产业发展不可缺少的一个重要元素。

三 云南省茶产业发展存在的问题

(一)质量安全管控压力大

云南省茶叶生产种植主体基本为一家一户,企业与农户(基地)缺乏风险共担、利益共享的有效联结机制,茶叶生产和经营过度分散,企业对优质原料把控的能力弱,受价格、品质、数量等不稳定性波动因素的影响,难以形成和构建起利益紧密关联和相对稳定的"联合体"。茶产业链条涵盖茶叶加工企业、茶农、茶场、经销批发商和零售商等诸多环节,茶叶生产经营分散,产业化程度低,产业链各环节间联系不紧密。而且,位于产业链下游的农药、化肥等产业,不能给茶树种植、茶园管理提供产业化的有力支撑,这不但影响了茶叶产品中"农残"含量,更严重制约了整个茶产业链竞争力的提高。企业对农残超标原料收购态度不一致,加之监测设备、监测技术缺乏,导致原料市场无法很好地体现按质论价原则,茶叶价格高时,时有茶农超标使用生长剂或叶面肥以提高鲜叶产量,茶叶价格低迷时,则有茶农对茶园弃管弃采,安全生态的茶叶品质难以保证,产品质量安全存在隐患。老班章、冰岛、景迈等名山茶赖以生存的产地生态环境破坏严重。无规划、无节制建房、建厂,茶商承包茶树后掠夺式的过度采摘,茶农为追求短期产量、眼前利益通过剥皮等方式至遮阴树死亡等情况,导致茶园生态环境持续恶化,茶叶品质下降,极端的导致古茶树死亡,亟待加以治理。

(二)亟须加强大型茶叶交易中心、市场的功能和影响力

云南省茶叶产业庞大,关乎上千万人生计,但市场建设和渠道拓展滞后。全省现有规模以上的茶叶交易市场十余个,茶叶交易平台的现状堪忧,实体店不足,交易量有限,交易额低。现有茶叶市场功能不全、知名度低、规模散而小、规划滞后,有的市场甚至转变功能,名存实亡,专业性强、功能齐全、有影响力的市场平台缺乏。茶叶交易市场的落后现状与云南茶叶产业的规模优势、品质优势及"产茶大省"的定位还不相称,导致云南省在市场竞争中信息反馈滞后,亟须加强云南茶叶知名度和美誉度的提升,以便维护市场自主定价权并主导市场营销渠道。

(三)优质茶产品品牌较少,推介平台整合乏力

目前,"普洱茶"公用品牌已经成为全国知名度和影响力较大的茶叶第一品牌,位于十大"全国茶叶区域公用品牌"(2017年分别为:云南的普洱

茶、浙江的西湖龙井、河南的信阳毛尖、湖南的安化黑茶、四川的蒙顶山茶、安徽的六安瓜片、福建的武夷岩茶、福建的安溪铁观音、安徽的黄山毛峰、贵州的都匀毛尖）之首。然而，地域品牌的背后是茶企生产规模小、散、乱的状况，技术工艺不规范，质量不标准，值价不相称。茶企业之间要统一品牌但茶叶质量各异，定价随行就市，严重影响地域品牌质量的提升。且企业品牌意识不强，重商标不重品牌，造成市场上"商标千千万、品牌却寥寥"，让消费者无从选择。

（四）产业效益贡献与产业规模、资源优势极不相称

2017年云南省茶产业的综合产值达742.80亿元，但税收总额较少，GDP和财税贡献率低，纳税500万元以上的茶叶企业数量较少，茶产业规模和效益虽然持续增长，但占全国茶叶市场的份额却增长有限。其产业核心竞争力不强，差异化、特色化不突出，资源优势、规模优势、品质优势未能转化为产业竞争优势。

（五）企业整体规模不大，经营管理粗放

全省生产规模5000吨以上、销售收入达1亿元以上的企业较少。申报并获认定的规模以上企业有限。全省的茶叶生产加工除普洱思茅工业园区、西双版纳勐海八公里工业园区、凤庆滇红生态文化产业园相对集中外，其他县市区多处于零星分布状态，呈现散、小、弱、乱、杂的明显特点，茶叶生产企业数量虽然不少，但大部分茶叶企业属于民营企业，家族式管理特点明显，管理比较粗放，资产质量不高，财务制度不够健全，且企业活力不强，带动能力弱，集聚效应不明显。加之，企业普遍缺乏建立现代企业制度的意识，融资渠道狭窄，资产不能转变成资本，缺乏流动资金，抗风险能力弱。

（六）核桃茶叶间作负面影响逐步凸显

为了增加土地产出率，提高土地单位面积的经济效益，核桃和茶叶间

种在各主要产茶县市区均有分布。虽然各茶区出台政策，明确"严禁在茶园间种、套种核桃、桉树等危害茶树生长和茶叶品质的植物"。指出核茶间作模式下的土壤环境趋向不适宜茶树生长，尤其在核桃树龄30年的核桃茶叶间作茶园中，土壤酸碱度已经不是茶树生长的适宜范围。且核桃树树冠较大，遮光过强，对茶叶品质的负面影响较大，核桃茶叶间作茶园鲜叶采摘轮次少，鲜叶产量低，口感和品质不佳，最终影响茶叶的销售和价格。目前，在主产茶叶地区，部分茶农已经在自发对套种核桃进行移植，以保证茶叶品质的持续稳定，但其他地方群众仍普遍面临"双趋冲突"心理困境。

（七）挖掘茶文化内涵有利于促进茶经济发展

云南茶文化底蕴深厚，民族文化丰富多彩，但茶文化挖掘不够，主推产业发展乏力。系统茶文化开发滞后，茶文化与少数民族文化、风情习俗及茶事活动等结合不紧密，茶企对茶文化元素的重视和钻研不透彻，特色不鲜明，吸引力不够，文化引领缺位。茶产业功能拓展不够，缺乏茶区生态观光、休闲旅游、体验购物等茶旅结合项目的开发，没有形成一批由茶文化引领、主推茶叶发展的国内外知名的茶山景区（点）和茶文化产品。

四　云南省茶产业发展措施

（一）明确云南茶业发展思路和目标任务

云南茶产业的发展，要围绕生态高质的方向，紧扣"十三五"茶产业发展规划，按照《云南省茶产业发展行动方案》，以提质增效为核心，以技术创新为驱动，以茶农增收为目标，结合供给侧结构性改革，把握市场需求，重点以普洱茶、滇红茶、滇绿茶同步发展，突出30个茶产业重点县市区的区域发展布局，通过优化产品结构，提高品牌带动力，构建现代市场营销体系，促使全省茶业经营主体综合实力明显增强，促使具有公信力的消费

环境深入人心，力争云南茶产业在"十三五"期末实现综合产值达1000亿元，在"十四五"期初实现综合产值达到1200亿元以上的发展目标。

（二）打造全国最大的有机茶生产基地

强化《有机茶生产技术规范》（DB53/T614—2014）地方标准的宣传和执行力度。以"高效、优质、生态"茶园基地建设为指南，加强茶园水利等基础设施建设，推进机制模式创新，对初制所进行改造提升，打造古茶名山基地，推进农民合作社、家庭农场等新型经营主体，企业与茶农建立紧密的利益联结机制，扩大适度经营规模，打造万亩连片生态、有机茶叶示范基地。

（三）精准施策，培育壮大龙头企业

云南茶业，始终缺乏可以起领军作用且规模较大的"龙头"企业。因此，亟须建立全省茶叶龙头企业信息化监测管理平台，制定全省茶叶企业评价分级标准体系，以普洱茶、滇红茶产品为主开展茶叶龙头企业动态监测工作，支持鼓励茶叶企业采取股份制、合资合作、兼并重组等方式，壮大龙头企业的规模和实力。同时，应致力于实现资源的优化配置，顺应市场发展的客观规律，建立其与茶叶生产中小企业、茶叶生产农户的利益联动机制，保持茶叶龙头企业的竞争力与影响力，推动互惠互利、风险共担、携手发展的利益共同体形成。

（四）加强普洱茶原产地保护意识

普洱茶是云南特有的茶产品，要加强贯彻落实《地理标志产品 普洱茶》（GB/T22111—2008）国家标准和普洱茶地方标准体系的力度，云南省各级政府都要严格种植、生产、加工和流通环节的管理规范，积极组织申报普洱茶地理标志产品，尤其对知名古茶山，如班章、冰岛、景迈山等，要加快地理标志产品的登记、认定和保护；并加大《普洱茶地理标志保护产品茶园登记证明》的推广应用，支持各地、有关企业开展茶叶地理标志产品登记保护；

鼓励相关协会和合法机构，配合政府部门规范普洱茶地理标志及商标的使用和管理，切实增强普洱茶原产地保护的公信力，这是各级政府的责任和义务。

（五）抓紧实施云茶大品牌战略

云茶发展要树立整体意识，统一打造"云茶大品牌"。要整合现有资源，构建"公共品牌+区域品牌+企业产品品牌"三位一体的品牌架构，支持每个重点产茶州市打造1~2个区域品牌，全省着力打造10个区域品牌；积极推动普洱茶生产技艺入选"世界非物质文化遗产名录"，支持和引导龙头企业开展国际可持续认证（GAP、UTZ和RA），围绕大型龙头企业，择优重点培育有规模、有前景、基础好、效益好的10个企业产品品牌，不断提升品牌的价值和国际认可度。

（六）加快标准体系建设

要围绕健康、绿色、有机的市场消费理念，推进标准体系建设。要修订普洱茶国家标准和滇红茶生产和质量地方标准以及古树茶资源保护与利用条例。在现有国家颁布的《地理标志产品 普洱茶》（GB/T22111—2008）国家标准的基础上，开展普洱茶标准体系制（修）订工作，成立普洱茶标准体系建设项目领导小组，开展《云南大叶种茶种植生产技术规范》《普洱茶原料（晒青茶）加工技术规范》《古茶树、古茶园保护及开发利用技术规范》《普洱茶冲泡技术规程》《普洱茶感官审评技术规程》《普洱茶产品加工技术规范》《普洱茶仓储技术规范》《普洱茶产品标准》《普洱茶产品检验检测技术规程》等普洱茶地方标准体系的编制工作，制作普洱茶标准实物样，强化对地方标准的宣传和执行力度，推进云茶从原料到茶杯的标准体系和质量控制评价检测体系的建设，完善全省古茶树信息数据库，引导和支持制定行业标准和企业标准，加大标准宣传和执行落实的力度。

（七）建设适合云茶发展之创新营销平台

云茶发展关键在营销，要充分发挥南博会、茶博会、农博会及省外展会等重大活动平台的作用，积极开展不同形式、层次、规模的品鉴和品牌推介活动，精准推广"普洱""滇红"两大公共品牌。借助高规格、高水平的"中国云南普洱茶国际博览交易会"，提升云茶知名度。同时，要创新云茶营销方式，充分利用云数据和"互联网+"模式建立功能齐全，具有国际、国内影响力的云茶交易中心和产销信息发布平台。推广茶产品连锁经营、直供直销、电子商务等新型流通业态和现代交易方式。大力引进和培训电商人才，推广O2O线上线下一体化模式，在全省创建10个茶叶"淘宝村"，开展电子商务进茶区综合示范活动，提高电商覆盖范围。定期发布云茶产品产销供求信息、价格指数，提升市场话语权。

（八）加大市场整治力度

要建立健全部门联合执法工作机制，明晰部门职能职责，强化市场监管横向协作，采取日常监管和专项整治相结合的方式，形成市场管理的强大合力。设立举报投诉电话，强化社会监督，畅通消费者权益维护渠道。完善茶叶经营者诚信体系建设，加大对违法失信经营主体的惩治力度，及时曝光失信经营者黑名单，塑造规则清晰、公开透明、公平合理、诚信经营的有序市场。成立专项整治工作组，以茶叶生产企业、茶叶销售市场、电商营销为重点整治范围，以普洱茶制假售假、以次充好、编造年份为重点整治内容，对企业生产、市场销售、产品质量进行全方位、全过程、无死角的严格监管，及时公布检查结果，从严从重查处违法违规行为，对情节严重的要取缔企业的生产、加工、经营资格或将其移交有关司法部门处理。

（九）开展"百千万"茶业专业人才培养行动

要开展"百千万"茶业专业人才培养（培养100名高级职称专业技术人才、1000名中级职称业务骨干、10000名实用技术人才）行动，搭建产、学、研、市场、文化相结合的专家库和技术平台，开展专家顾问咨询服务，推进云茶产业大数据中心、国家级普洱茶和滇红茶工程技术研究中心、茶叶园区研究院、企业研发中心等科技服务平台建设，加大茶产业发展关键工艺技术、基础性理论的研究与攻关，加速科技成果转化，促进茶产业转型升级。

（十）实施云茶产业三产融合发展战略

要针对云茶具有的有机、绿色、健康等生态优势，进一步挖掘云茶历史文化和民族文化，紧密结合云南省旅游资源和云茶文化内涵，加强对云南茶文化的研究和推广，深度挖掘并弘扬云南茶文化，开辟跨界融合发展新途径。推动茶产业与特色旅游、绿色餐饮、民族风情文化、"大健康"、金融、信息等第三产业的深度融合，努力打造3个茶产业三产融合现代农业示范园（区）、5个以茶叶为主题的休闲观光园区、10条茶文化精品旅游线路，建设100个秀美茶园、美丽茶乡村。

B.9 浙江省茶产业发展研究报告

苏祝成　黄韩丹*

摘　要： 2017年浙江省茶园面积达299.5万亩，同比增长1.35%；茶叶产量达到了17.9万吨，同比增长4.07%。通过改革合作社，进一步提高了茶叶生产的组织化程度，提升了产品的市场竞争力，形成集成优势，近几年积极推广茶叶生产的标准化和规模化颇有成效。除此之外，茶叶线上销售继续蓬勃发展，茶文化活动内容、形式丰富，对浙江省茶叶推广有积极作用。浙江省仍然位居绿茶出口的霸主地位，但是从量和价上来看均呈下降趋势。目前，浙江省采茶工短缺造成经营成本上升，获利空间受到挤压，而通过提高机械化程度、开展"茶+N"与茶旅游等多种产业融合的发展方式，可以进一步增加茶业的利润。气候是茶叶产量与品质的主要影响因素，浙江省政府近年来把"茶叶低温冻害保险"列为省级特色农业保险试点产品，缓解企业与茶农的损失。

关键词： 浙江省　合作社　绿茶　茶文化　低温保险

一　浙江省茶产业概况

浙江省历来是中国最重要的产区之一，也是绿茶生产和出口的重要省

---

* 苏祝成，浙江农林大学教授。

份,其中龙井茶一枝独秀。浙江茶产业结构复杂,既有传统一产的茶园及茶厂,也有大量的茶叶产销企业和机构,还有深厚的茶文化和茶叶科学部门作为产业发展强有力的后盾。2016年浙江省茶产业发展稳中有升,新技术、新模式也在不断涌现。

(一)茶叶种植与加工

2016年浙江省的茶园面积达到了295.5万亩,茶叶产量17.2万吨,出口量超过14.7万吨。其中,名优茶(以龙井茶为主)产量7.66万吨(占总产量的44.53%)。[①] 浙江省生产的茶类约99%为绿茶,其他1%是红茶、乌龙茶和紧压茶等。

2017年浙江省茶园面积299.5万亩,同比增长1.35%;茶叶产量达到了17.9万吨,同比增长4.07%。其中,名优茶产量达8.5万吨,同比增长10.97%。2017年浙江省茶园种植面积、产量均创历史新高。

从产值上看,2016年浙江省茶叶生产的农业产值为155亿元,同比增长7.6%;名优茶的农业产值为125亿元,占农业产值的80.65%。2017年浙江省茶叶生产农业产值达175亿元,比上年增长12.9%;其中名优茶产值145亿元,同比增长16%。

浙江省茶产业一些详细数据见表1~表3及图1。

表1 2016~2017年浙江省茶园面积情况

2017年茶园面积(万亩)	2016年茶园面积(万亩)	较2016年增减(%)
299.5	295.5	+1.35

表2 2016~2017年浙江省茶叶产量和产值情况

2017年茶叶产量(万吨)	2016年茶叶产量(万吨)	较2016年增减(%)	2017年茶叶产值(亿元)	2016年茶叶产值(亿元)	较2016年增减(%)
17.9	17.2	+4.07	175	155	+12.9

---

① 数据来源:浙江省农业厅。

表3 2012~2017年浙江省茶叶生产统计*

年份	茶园面积（万公顷）	产量（万吨）	农业产值（亿元）	平均价格（元/千克）	生产经营型企业数（个）
2012	18.3	17.5	114.7	65.7	2273
2013	18.4	16.9	114.7	67.9	2340
2014	19.6	16.5	130.5	79.1	2473
2015	19.5	17.3	144.1	83.5	2530
2016	19.7	17.2	155.0	90.1	—
2017	20.0	17.9	175.0	97.8	—

注：2012~2015年的数据来源于《中国茶业年鉴2013~2016》；2016、2017年的数据根据浙江省农业厅的数据计算。

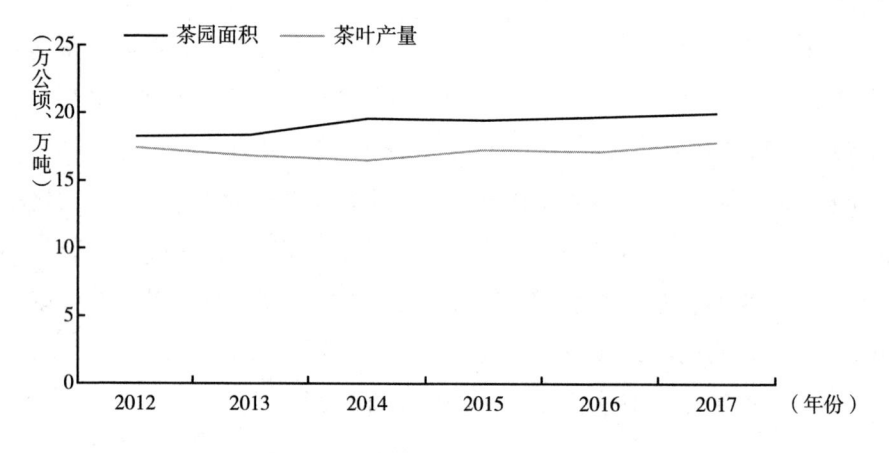

图1 2012~2017年浙江省茶园面积及茶叶产量

优质的茶树种质资源是优质茶叶生产的基础，为了保护和发展浙江省茶树品种资源，浙江省推出了"十三五"种植业的发展规划，提出要建立"浙江省茶树种质资源圃"，资源圃的建设由浙江丽水市农科院承担。项目从2016年开始筹划建设，预计可在2021年完成。浙江省茶树种质资源圃预计投入资金达550万元，建成后资源圃占地面积将达到218亩。

浙江省近几年积极推广茶叶生产的标准化和规模化，截至2017年年底，全省有128家标准化名茶厂。浙江省6000多家茶厂中，能入选浙江省标准化名茶厂的，必须在企业规模、产品品牌、环境、加工车间与设施、配套设施、管理等方面符合基本条件。其中，全程连续化、自动化生产线作业是评选的首要条件之一。

表4是2017年新增的标准化名茶厂名单。

表4 2017年新增19家浙江省标准化名茶厂名单

序号	县(市、区)	企业名称
1	建德市	建德市天羽茶业有限公司
2	建德市	建德市峰鼎茶业有限公司
3	宁海县	宁海国元茶叶有限公司
4	海曙区	宁波市五龙潭茶业有限公司
5	泰顺县	温州台源茶叶有限公司
6	泰顺县	泰顺县官引茶厂
7	文成县	文成县茶龙茶叶专业合作社
8	永嘉县	浙江五井农业开发有限公司
9	永嘉县	永嘉县楠溪江云岭山白茶有限公司
10	安吉县	安吉县晨溪山茶场
11	安吉县	安吉香叶茶场
12	安吉县	安吉广福贡叶白茶园
13	安吉县	安吉御禾源茶业有限公司
14	长兴县	长兴水口瑞专茶场
15	磐安县	磐安县农发茶厂
16	新昌县	新昌县清河茶业专业合作社
17	天台县	天台华林农业开发有限公司
18	松阳县	浙江茗阳茶业生物科技有限公司
19	景宁县	景宁畲族自治县香雨有机茶有限公司

（二）茶叶流通

近年来，传统的农村合作社由于小而散，无法形成规模和品牌，产品在市场上没有竞争力，因此，如何将合作社做大做强是浙江省茶叶生产的根本问题。为此，2016年浙江省长兴县创新推进了"户（专业大户）改场（家

庭农场)、场入社(农民专业合作社)、社联社(若干农民专业社组建联合社)"。通过建立"联合社",浙江省集中精力引导并鼓励农民专业合作社以产品和产业为纽带开展联合与合作。

浙江省的农业管理部门支持区域性同类或相关联的合作社实施兼并与重组,为合作社的改革提供技术和资金支持,进而实现资源的合理配置。通过改革使茶叶合作社能做大、做强,形成一批经营规模大、管理水平先进、业绩好的"金牌"合作社,进一步提高茶叶生产的组织化程度,提升产品的市场竞争力,形成集成优势。

以浙江省长兴县为例:2017年7月长兴县新成立第一家茶产业联合社,合作社联合社名称为:"长兴四合茶叶专业合作社联合社"。这个合作社是由长兴仁合茶业有限公司、长兴高坞茶叶专业合作社、长兴丰收园茶叶专业合作社、长兴茗咏茶叶专业合作社、长兴宏阳茶种植专业合作社5家单位发起设立的。

2017年浙江省知名品牌百强中,安吉白茶、越乡龙井、长兴紫笋茶、大佛龙井、开化龙顶、缙云黄茶、松阳银猴、径山茶、望海茶、武阳春雨、千岛湖茶、江山绿牡丹和平水日铸13个区域公用品牌入选浙江省知名农产品区域公用品牌;有9家茶叶企业入选浙江省知名农业企业品牌:绿剑、御茶村、艺福堂、华发、华茗园、更香、羊岩茶厂、仙居茶叶、惠明茶业;另外,浙江衢州的"龙游红"入选特色农产品品牌。

2017年龙井茶春茶价格较高,较往年高出30%。以西湖龙井头茶为例,收购价为3000元/斤左右,比2016年高出了20%,商品零售价可达6000元/斤。越乡龙井茶品质好的也能卖到3000元/斤,较往年至少上涨了20%。

浙江省有两个全国最大的龙井茶批发市场,分别是新昌的中国茶市和浙江丽水松阳的浙南茶叶市场。这两个茶叶市场的交易量及价格直接影响浙江省乃至全国龙井茶的销售和消费。2016年,这两个茶叶市场发挥集散地作用,吸引了大量周边省份的茶叶进场交易,全年交易总量达14.96万吨、茶叶交易总额达到了193.2亿元,同比增长分别为3.77%和

0.89%。

根据新昌中国茶市的统计，2016年市场茶叶交易总量为1.52万吨，交易额为40.91亿元，分别同比下降5.23%和9.93%。2017年新昌中国茶市的大佛龙井交易量为15212.15吨，交易额为45.8381亿元，交易均价为301.33元/千克，比2016年的264.42元/千克增长13.96%。其他茶类交易量较少，其中乌龙茶交易量仅为396.2吨，交易额为1.0301亿元；红茶交易量353.8吨，交易额为0.2474亿元；其他绿茶类交易量为618吨，交易额为2.2248亿元。

位于浙江丽水松阳的浙南茶叶市场虽为后起之秀，但由于产量大、价格便宜，近年来逐渐取代了中国茶市在中国绿茶交易市场上的地位。浙南茶叶市场2016年的茶叶交易总量为7.62万吨，交易总额为50.45亿元，交易量、交易额居全国同类市场第一，已成为全国最大的绿茶产地市场。2017年浙南茶叶市场交易总量为76774吨，交易总额为57亿元，分别同比上涨了0.71%和13.00%。

浙南茶叶市场规模大，全国各地约有4000多名茶商常驻市场。浙南茶叶市场的发展，带动了浙江及周边省市1000余万亩茶园的生产和销售，150余万茶农受惠。

但是，从数据上可以看出，首先，随着电子商务的蓬勃发展，传统的批发市场受到很大的冲击，茶叶批发市场的商家们除了线下外，努力通过微信及淘宝等网络平台销售茶叶。其次，茶叶成本的逐渐增加，特别是名优茶价格的上涨，抑制了高端茶的消费需求，名优茶的茶叶交易量有所下降，交易额上涨。茶叶生产成本的增加是近年来浙江省茶叶生产的必然趋势，如何在价格上涨的同时，提高茶叶品质和服务，是茶叶市场和生产、销售企业面临的最主要的问题。

（三）茶叶内销与外销

2016年浙江省茶叶出口量为14.72万吨（见表5），同比减少6.66%；出口额为4.62亿美元，同比下降11.17%。从数据上看，浙江省茶叶出口量和出口额均出现下滑，而且占全国茶叶出口总量和出口总额的比重分别为44.79%和31.09%，同比分别下降3.75个百分点和6.53个百分点。浙江作为全国最主要的茶叶出口省份的地位逐渐受到贵州等新兴绿茶市场的冲击，出口形势严峻。

从出口茶类来看，2016年浙江省绿茶出口量为14.19万吨，同比减少5.37%，但绿茶仍然是浙江省主要的出口茶类，占浙江省总出口量的96.40%；绿茶出口额为4.38亿美元，同比下降10.66%，占总出口额的94.81%。

除绿茶外，浙江省其他茶类的出口量极少，不足4%。红茶是国际市场上主要消费的茶类，但是2016年浙江省红茶出口量只有0.19万吨，出口额仅为757万美元。其次，福建省主要的出口茶类乌龙茶在浙江省出口量仅为0.14万吨，出口额仅为503万美元。花茶是中国除绿茶之外主要出口的特种茶，但浙江省2016年出口量仅为0.18万吨，同比减少1.13%，出口额1104万美元，同比下降10.02%。近年来在国际市场上逐渐被认识到的普洱茶，国际消费市场在逐渐扩大，但2016年浙江省普洱茶出口量仅为151吨，同比减少1.03%，出口额51万美元，同比下降62.72%。

从以上数据分析来看，浙江省仍然位居绿茶出口的霸主地位，但是量和价均呈下降的趋势。由于地理条件和生产结构的限制，浙江省其他茶类的出口与其他省份和国家相比没有竞争优势，因此必须在绿茶的出口上进行产品结构的调整和市场的推广，积极开发更适应国际市场的茶产品。

2016年浙江省茶叶出口的国家和地区中，摩洛哥占第一位，2016年出口量4.84万吨，同比增长2.11%，这是因为摩洛哥是传统的绿茶消费市场；除此之外，其他地区如毛里塔尼亚1.15万吨，同比增长6.44%；塞内加尔0.84万吨，同比增长4.29%；乌兹别克斯坦0.75万吨，同比减少30.87%；喀麦隆0.60万吨，同比减少11.93%；阿尔及利亚0.45万吨，同比减少20.27%；巴基斯坦0.43万吨，同比减少8.42%；马里0.41万吨，同比减少13.63%；冈比亚0.36万吨，同比减少15.36%；加纳0.35万吨，同比增长20.60%。出口量在3000吨以上的还有日本3440吨，俄罗斯3076吨，贝宁3057吨。下降幅度较大的市场有：美国从0.57万吨下滑至0.27万吨，同比减少52.63%；乌兹别克斯坦从1.08万吨下滑至0.75万吨，同比减少30.56%；德国从0.35万吨下滑至0.25万吨，同比减少28.57%。茶叶出口单价继续下降。2016年，浙江省茶叶出口平均单价为每吨3136美元，比上年下降4.83%，比全国平均单价低30.59%。

根据浙江省农业厅的统计，2016年浙江省有101家企业有茶叶出口，其中1万吨（含）以上的企业仅有3家，1000～1万吨（含1000吨，不含1万吨）的企业仅有28家，100～1000吨（含100吨，不含1000吨）的企业有28家，其余42家为100吨以下的出口企业。可见浙江省茶叶出口企业规模小的状况未有改观。

浙江省茶叶出口面临的另外一个考验是"绿色壁垒"——茶产品的农残检验。2016年欧盟对中国茶叶进口加强了检验要求，先后增设了唑虫酰胺、氟啶脲、蒽醌、高氯酸盐等项目。只有通过建设绿色有机的标准化茶园，提高生产和管理的标准和要求，根据市场需求生产茶叶，才能满足这些需求。

表5 2016～2017年浙江省茶叶出口情况

年份	出口（万吨）	出口金额（亿美元）	平均单价（美元/千克）
2016	14.72	4.62	3.14
2017	17.50	5.06	2.89

（四）茶文化及茶事活动

2016年浙江省茶事活动丰富，活动类型多，层次高。根据日期排列如下。

2月26日　　2016有机茶生产贸易合作会议

3月24日　　第十四届温州早茶节

3月25日　　杭州茶文化博览会开幕式（西湖龙井开茶节）

4月9日　　千岛湖斗茶大会（第二届）

4月12日	第十届新昌暨大佛龙井茶文化节
4月24日	浙江省敬老茶会
5月6~9日	宁波国际茶文化节（第八届）
5月20日	2016浙江绿茶（西宁）博览会
5月25~27日	杭州G20峰会的茶事活动及茶文化融合
6月9日	第五届中国国际茶文化博览会
11月5~6日	第三届中华茶奥会（杭州茶都名园）

（五）茶学教育与培训

茶产业的发展需要人才的储备和科技的支撑，2016年浙江省在茶学教育方面强化了专业人才培养，并强调了科技对产业的支撑。浙江省政府大力支持高等院校加强茶叶相关学科专业的建设，以及完善茶叶相关专业的继续教育和职业教育，支持通过引导校企联合办学或合作培训，以及建立教育实习实训基地等方式，为浙江省茶叶专业人才培养提供持续的动力。[1]

除此之外，在茶文化普及方面，浙江省还在各个行业领域和学校积极推进茶文化教育。例如2017年10月13日杭州西湖小学就成为全国首个"少儿茶艺教学基地"。西湖小学在校内举行了茶艺游园活动，开设了茶艺拓展课程，节假日还会举办与茶文化探寻相关的小队活动，参与的同学们还可以体验采茶、制茶等生产过程。学校不仅邀请了中国茶叶学会的江用文理事长作为茶文化顾问，还定期邀请茶学专家走进课堂，组织学生到茶相关专业机构学习。

浙江省近年来不断加强茶产业管理与科技推广队伍的建设，充分发挥了浙江省茶产业技术创新与推广服务团队为基层服务的作用，并建立了与茶产业相关的"三农六方"产学研合作等平台，推进了浙江省茶产业技术的自主创新和成果产业化，强化了科技对产业的支撑。

---

[1] 2016年浙江省《关于促进茶产业传承发展的指导意见》。

2016年10月21日，浙江省首次将茶叶加工作为一项职业技能进行竞赛。"2016茶叶加工工职业技能竞赛"在杭州市龙坞镇外桐坞村举行，共有来自10个产茶区县的20名选手组成代表队参加。这次竞赛是由浙江省农业厅、浙江省总工会及浙江省人力资源和社会保障厅联合主办的。

浙江省作为全国茶叶科技发展的前沿地区，茶叶生产新技术层出不穷，管理部门积极推进茶产业链各个环节的企业和技术人员进行学习和交流。2016年11月1日，浙江省农业技术推广中心主办的"浙江省茶叶生产新技术现场培训会"在临海市举行，培训会邀请了全省10个产茶市及重点产茶县的茶叶负责人。会议参与人员分别学习了生产技术、茶叶加工、茶旅结合等方面的经验，并交流、探讨了茶叶生产的新技术和新模式。

浙江省各茶叶产区的管理部门也积极邀请专家并引导茶农进行培训和学习。2017年12月18日，浙江林业科学研究院程诗明研究员为德清的茶园管理和生产人员讲授了"茶园生态修复技术培训班"，为学员讲解了茶园生态修复的重要性和必要性。同时，课堂上研究员还为学员介绍了茶园合理补植珍贵乔木、彩色树种等技术。

二 浙江省茶产业存在问题

随着浙江省茶产业的蓬勃发展，过去一直困扰浙江茶产业的两个"老大难"问题愈加严重：一是采茶工的短缺，对名优茶生产的影响尤为显著；二是春季寒潮对早春茶叶生产的影响。

（一）采茶工短缺

由于劳动力成本的上涨，浙江省大部分茶园采茶工严重缺乏，出现了大面积适采鲜叶不能采摘的现象，直接影响茶叶的产量。浙江省以生产名优绿茶为主，对采工要求精细，日均采摘量低，每亩茶园至少需要配置1~2名采茶工。浙江大部分茶区采茶工的工资在100~200元/天，外地招聘的采茶工还需要提供食宿（人均约30元/天）。

浙江省松阳县新兴镇为解决采茶工的问题，建立了"采茶工服务中心"，中心负责从河南、湖北、安徽、山东等地区招聘采工，茶农及茶厂则从服务中心招聘。

（二）倒春寒对春茶的影响

浙江省茶叶生产以绿茶为主，绿茶的全年产量中又以春茶为主，因此影响产量及品质的主要因素是气象条件，特别是气温和降水。上年冬季的冻害及缺水也会影响茶叶的生产，使产量下降，芽叶较瘦弱。

每年春茶前期的"倒春寒"对茶叶产量有非常大的影响，特别是浙北及高山茶区。"倒春寒"不仅影响茶树的生长，而且会使刚刚萌发的新芽扭曲变形，成茶出现"焦边"，使春茶全面开采推后10天以上，单产明显下降；4月至5月上旬，阴雨天气较多，常造成采摘时间大幅减少；7月的持续晴热高温天气，则易造成主产区茶园的高温灼伤现象，茶叶产量减少。2016年浙江省约165万亩茶园遭受霜冻，不仅早春茶损失严重，春茶中后期长势也受到很大影响。

2018年春茶采摘开始前，气温较高，上升快，茶叶开采期也受到影响提前。以浙江武义县2018年3月的春茶为例，气温从3月3日的22~24℃上升到3月4日的30~32℃，可采摘新梢数量快速上升，开采日全县只有几百斤鲜叶，3月4日达到了2万~3万斤鲜叶，产量增长速度非常快。鲜叶价格从开采日的85~90元/斤快速下降到3月6日的60~70元/斤。受春茶生产季节温度上升较快的影响，春茶整体的生产时间缩短，2018年除温州、丽水等地在2月下旬就开始生产茶叶以外，绍兴、杭州、金华、衢州等茶区几乎同时开采，春茶季比往年缩短10天左右。

三 2017年度浙江省茶产业发展措施

浙江省茶叶发展的新举措以"高效生态、特色精品"为目标。在发挥浙江省茶产业资源与传统优势的基础上，顺应市场需求，并且强化政策引导、科技支撑、主体培育、品牌引领和文化促进，通过这五个方面促进茶叶发展。在茶叶生产方面，浙江省深化茶树的良种化、茶叶生产的标准化，以及茶产品的品牌化战略，并且重点推进"机器换人"、"电商换市"、精深加工等全产业链发展和建设新举措。浙江茶产业在近几年将出现新面貌——茶产业、茶生态、茶经济、茶旅游和茶文化有机融合、协调发展的现代茶产业体系。

（一）"茶+N"与茶旅游

2016年浙江省被农业部、财政部确立为农村一二三产业融合发展试点省，从上游的生产、中游的加工，再到下游的产业链延伸，相互交叉，相互渗透。"茶+N"是浙江茶产业发展的新趋势。茶旅融合能助农赢得高效益，并随着休闲农业、乡村旅游的兴起，探索新的发展之路，让茶区变为景区，让旅游带动茶叶销售。

浙江省计划到2020年，建成约20个茶业特色强镇。这批茶镇分别位于浙江省的主要茶叶产区，将建设茶庄园、茶博园和茶主题公园等设施，并根据不同产区的特点，建设符合各地条件的茶园风光观赏区、茶叶交易集散区、茶叶生产示范区、茶文化体验区、茶乡民俗体验区、养生健身度假区、文创艺术集聚区和户外运动休闲区等子项目。

2016年浙江省涉茶第三产业产值已达52.4亿元，比2010年的22.5亿元增加了1.33倍。浙江省已开发的茶乡小镇有西湖龙坞茶镇、松阳茶香小镇、富盛抹茶小镇、磐安古茶场文化小镇、鸠坑有机茶镇等，多业态融合的茶产业形态发展效益不断显现。

龙坞茶镇是以茶产业为核心的浙江省省级特色小镇，总面积24.7平方公里，由杭州之江经营管理集团有限公司对项目进行建设和管理（西湖区委、区政府联合成立了区属的国有企业）。项目由绿城集团、蓝城集团等房地产单位进行开发，茶镇将建设幼儿园、九年制义务教育学校、茶产业平台和公园绿化景观等设施。

（二）机器换人

劳动力短缺是当前中国茶产业发展中遇到的主要问题，在浙江省这个问题尤为突出，因为浙江省以名优绿茶生产为主，采摘要求高，对劳动力需求大，同时浙江省各产业发展促进了劳动力成本较其他茶叶产区高。通过机械化，茶叶生产方式将由以人力为主的粗放式生产向以机械化为主的高效作业跨越。

浙江将通过打造一批高质量、高水平的农业生产全程机械化示范样板企业，带动全省农业机械化水平整体提升。2016年浙江省有29个茶叶企业作为"机器换人"的示范基地，全省"十三五"期间将创建5个茶叶生产全程机械化的示范县。根据浙江省农机局统计数据，截至2016年底，浙江省茶机装备总量已达43.3万台套，同比2010年增长了53%。

浙江省不仅在茶叶机械化的量上快速增长，茶机装备性能也有了很大幅度的提升，特别是加工机械逐步从单台机械小规模作业向成套流水线设备自动化、不落地作业转变，提高了茶叶生产加工的规模化和清洁化水平。2016年底，浙江省已配备全自动成套茶叶加工生产线194条。

除了茶叶加工方面的机械化，茶园管理方面的机械化也在不断推广，应用最为广泛的是茶园修剪和茶叶采收。浙江省大宗茶类修剪和采摘机械化水平近90%，除名优茶采摘外基本实现了机械化生产作业。2017年春茶期间，浙江省武义县利用1400多台采茶机采摘谷雨前春茶，一台茶机可日均采茶5吨左右（相当于100多个人工的采茶量）。

浙江省还通过充分发挥农机购置补贴的导向作用，提高茶叶种植户购买和使用机械的积极性，不断扩大茶机装备的应用和普及，减少茶叶生产对劳动力的依赖。浙江省近年来每年约有3万台（套）各类茶机装备依托购机补贴政策。

（三）推进茶叶深加工

茶叶从古至今都是一个多用途的农产品，既可以入菜，亦可以入药，随着科技进步，还可以作为日化用品、纺织品的原材料。深加工的推进或科技成果的产品化，更激发出了茶叶综合利用的巨大潜力。以浙江省诸暨的绿剑茶业为例，其近几年开发的深加工新产品有茶巾、茶袜、茶枕头、茶毛巾、茶服、茶酒、茶年糕、茶面条等。

浙江省现有茶叶精深加工企业52家。茶叶精深加工产品的初级形式包括饮料用茶、提取用茶（茶多酚、茶氨酸、茶黄素等）、超微茶粉、速溶茶粉及其他深加工产品等，这些产品的生产量逐年都有显著增加。产销量最大的是速溶茶，全省速溶茶企业生产能力已达到10000吨左右，满足生产能力可消化干茶5万吨，但实际年产量不到5000吨。2016年浙江省精深加工茶叶消耗量已达11.7万吨，实现产值19.75亿元，2014年以来年平均分别增长19.16%和28.84%。速溶茶产生的茶渣还可用于生产有机肥，浙江省2015年速溶茶产量为4093吨，产生茶渣量18930吨，可用于生产有机肥18800吨。

（四）龙井茶品牌保护及推广

截至2017年2月底，全国龙井茶证明商标授权使用企业为338家，较2016年同期减少48家。

从2017年开始，相关部门在每年的3月和9月检查并公布"授权使用龙井茶证明商标企业名单"和"取消使用的企业名单"。企业在出现以下五类问题的时候，将被取消继续使用证明商标的资格，同时将被依法追究违约责任。

（1）违反《龙井茶证明商标使用管理实施细则》等有关规定的。

（2）产品质量不合格，整改期过后仍不合格的。

（3）食品生产许可证未通过年检或被吊销的。

（4）使用违禁农药，或不按规定间隔期使用农药的；在加工中违规使用添加剂和掺杂的；以次充好欺骗消费者，造成较大影响的。

（5）转让、出售、转借、赠予龙井茶证明商标给他人使用的。

2016年在国内大中城市建立的经西湖龙井、新昌大佛龙井、嵊州越乡龙井、磐安生态龙井等产区有关部门认可的龙井茶专卖店达到789家，比上年新增191家，增幅为31.9%。

通过制定各类茶叶的行业和地方标准，政府部门可以严格控制和管理茶叶生产，有利于产业的发展。2017年3月30日，浙江省龙井茶证明商标管理和保护委员会办公室在嵊州市首次发布龙井茶（钱塘产区、越州产区）国家标准实物参考样，标志着以文字标准和实物样标准为基础的统一的龙井茶产品管控机制基本建立。

龙井茶的等级设置及其感官质量标准与GB/T8650《地理标志产品龙井茶》国家标准相符。生产企业可根据龙井茶实物参考样为茶叶定级，消费者可对照实物参考样更准确地选购茶叶，监管部门也能凭借实物参考样规范市场。农业管理部门组织审定专家组建议的标准实物参考样，并在龙井茶生产、加工、流通和管理方面推广使用。龙井茶国家标准实物参考样共有两套，按照钱塘产区、越州产区分别制定，根据外形（包括扁平、色泽、整碎、净度）、内质（包括香气、滋味、汤色、叶底）等因子，6个龙井茶等级分别为特级、一级、二级、三级、四级和五级。

四 新动向：浙江省茶叶低温保险政策

茶叶是浙江省重要的农业产业之一。浙江省茶园大部分位于山区，每年2月下旬到4月春茶采摘的时期非常容易遭受低温霜冻（"倒春寒"）的灾害，导致茶叶减产茶农减收。为了缓解茶农及茶叶企业多年来受"倒春寒"的损失，浙江省政府近年来把"茶叶低温冻害保险"列为省级特色农业保险试点产品。

茶叶低温保险不同于传统的政策性农业保险，这种新型保险模式理赔的唯一依据是气温数据。茶叶低温气象指数保险是根据历史数据制作出损失模型，在采摘期内，茶园遭遇低温冻害天气，只要气温降至保险合同约定的最低温度以下，就视为保险事故发生，启动理赔程序。

（一）浙江省茶叶低温气象指数保险现状

浙江省气候中心在设计茶叶低温气象指数保险产品时，特别考虑了低温霜冻对不同海拔地区茶叶生产的影响。2017年3月初，一波冷空气使浙江省茶叶出现较为严重的低温冻害，各地气象专家深入茶园调查早春茶冻害情况。结果显示，与高海拔地区相比，低海拔地区的植株损失更为严重，这与设计茶叶低温气象指数保险产品时的状况相吻合，其科学性和可行性也得到了验证。截至2017年5月，杭州、湖州、绍兴、温州、金华、丽水、台州等重点茶区已实施"茶叶低温冻害保险"，参保茶园面积达12.4万亩，较2016年的5.9万亩增加了110%，2017年总保费达到1704万元，较2016年的656万元增加了160%。

以浙江省绍兴市为例，作为在全国率先推出茶叶低温气象指数保险的茶区，绍兴市在2017年已是第三年开展此项保险，2017年参保茶叶企业和农户共143家，比2016年增加36家，参保茶园面积22348亩，同比增加4748亩，总保险费301.41万元，可以为参保茶园提供3352.2万元的风险保障。

（二）案例：浙江省茶叶低温气象指数保险

温州永嘉县以生产乌牛早为主，2月底或3月初就有鲜叶采摘，是每年受"倒春寒"危害较严重的茶区之一。以下内容是中国人民财产保险股份有限公司浙江省分公司为温州永嘉县的茶叶企业或农户提供的"茶叶低温气象指数保险条款"。

1. 保险标的

保险条款第二条提出投保人符合条件的"保险茶叶"应全部投保，不得选择投保。条件包括：第一，茶园连片集中，产地环境条件符合农业行业标准；第二，茶叶连片种植面积10亩（含）以上且树龄3年（含）以上；单户种植面积不足10亩的散户，经行政村统一组织后也可以投保；第三，茶农或茶叶企业信誉良好，无违法违纪记录。

2. 保险责任

条款第三条规定：在保险期间内，保险茶叶所在区域的气象观测站实测日最低气温达到或低于0.5℃且产生对应赔偿金额时，视为保险事故发生，

保险人按照保险合同的约定负责赔偿。

3. 保险金额

保险茶叶的每亩保险金额参照茶叶年生长期间所发生的成本,由投保人与保险人协商确定,并在保险单中载明。

保险金额 = 每亩保险金额(元/亩) × 保险面积(亩)

4. 保险期间

保险期间仅限当年的春茶生产期间,温州永嘉县的茶叶低温保险期间为2月10日起至4月20日止。

5. 赔偿处理

条款的第十七条规定:保险茶叶发生保险责任范围内的损失,分品种分每拨档次计算赔偿,每亩茶叶赔偿金额参照附件提供的《茶叶低温气象指数保险每亩损失赔偿金额表》及备注说明。

赔偿金额 = $\sum$ 每亩赔偿金额

6. 茶叶低温气象指数保险每亩损失赔偿金额表

条款第二十四条关于附录中的保险茶叶的茶树品种释义:保险合同涉及的 A 品种是指"嘉茗一号"(俗称乌牛早)、B 品种为除嘉茗一号外的其余所有品种。附录内容较多,本文摘录下表(表6):以 B 品种海拔300米(含)以上的保险茶叶为对象的保险赔偿金额。

表6 气温指标出现日期对应赔偿金额

单位:元/亩

气温指标 TL(℃)	2.10~2.29	3.1~3.4	3.5~3.8	3.9~3.12	3.13~3.18	3.19~3.23	3.24~3.31	4.1~4.1	4.11~4.20
[0.5~0)	0	0	0	15	30	30	30	30	15
[0~-0.5)	0	0	0	30	45	45	30	30	15
[-0.5~-1.0)	0	0	0	30	75	75	60	45	45
[-1.0~-1.5)	0	0	15	45	90	120	75	60	45
[-1.5~-2.0)	0	0	15	60	105	135	75	75	60
[-2.0~-2.5)	0	0	15	60	165	210	135	105	60

续表

气温指标 TL(℃)	2.10~2.29	3.1~3.4	3.5~3.8	3.9~3.12	3.13~3.18	3.19~3.23	3.24~3.31	4.1~4.1	4.11~4.20
[-2.5~-3.0)	0	0	30	75	225	300	195	135	75
[-3.0~-3.5)	0	15	45	90	240	330	210	180	75
[-3.5~-4.0)	0	15	60	105	270	360	225	195	90
[-4.0~-4.5)	0	30	75	120	300	450	300	300	105
[-4.5~-5.0)	0	30	75	135	375	525	375	330	135
[-5.0~-999)	0	30	75	150	420	600	450	375	225

B.10
重庆市茶产业发展研究报告

陈明成　贺鼎*

摘　要： 2017年重庆市茶叶种植规模呈现稳步增长态势，相对于其他经济作物具有更强的比较优势，综合产值能达到50亿元。"中国·重庆茶旅文化节"等大型茶事活动带动了茶叶功能向观光休闲扩展，并进一步推动了茶文化推广圈层的产生，但是依旧面临茶园基础条件薄弱、产业集中度不高等问题。为此，政府加快推进茶叶标准园创建工作，推广现代生态茶园生产技术。并倾力打造渝茶公共品牌，强化知名品牌建设，进一步完善茶叶专业市场。

关键词： 重庆市　茶文化建设　茶叶链条

一　重庆茶产业发展概况

重庆是世界茶树原产地和茶文化发祥地，产茶历史悠久，茶文化底蕴深厚，宜茶资源优势明显，为大力发展优质茶叶生产奠定了良好基础。"十三五"期间，在市委、市政府的正确领导下，依靠政策支持、市场驱动、科研支撑，重庆茶产业发展加快。呈现五个显著特点。

种植加工量质齐升。一是种植规模扩大。种植规模呈现稳步增长态势，据农业部门统计，2017年末，全市茶园总面积达78万亩，其中：投产面积

---

* 陈明成，重庆市农业技术推广总站研究员；贺鼎，重庆市农业技术推广总站高级农艺师。

达51万亩，茶叶总产量达到3.69万吨，茶叶总产值达到23.76亿元，综合产值达到50亿元。二是分类指导成型。建成3个茶产业综合示范区和5个茶产业重点区县，示范区名优特早茶，无公害、生态有机茶生产优势突出。三是产品质量提高。重庆市加强生态茶园标准化建设，推广太阳能杀虫灯、色板等生物物理防控措施，示范引领全市标准化茶叶基地建设。重视加工厂的燃料和机具设备改造，推广清洁化、连续化、智能化加工，使重庆市茶叶质量安全水平得以全面提高。

科研资源优势明显。一是机构人才多。汇集了市农科院茶研所、市农技总站、西南大学等一批国家和市级科教机构，涌现了一批国家级专家，这些机构和专家能随时对重庆茶叶科技工作进行对接指导。二是品种资源好。现有国家级无性系良种48个，省级及自育良种10个，南川蕴藏4000多棵古茶树，江津、万盛、綦江等地的野生大茶树资源和其他引进选育的品种资源储备达1000余份。

区位效益优势突出。一是区位优势明显。随着三峡黄金水道、渝新欧铁路的开通和重庆寸滩保税港区的建设，重庆市物流和进出口贸易成本大大降低。二是比较效益突出。常规管理条件下，1亩茶园鲜叶收入可达到4000～5000元，加工成名优茶后，每亩茶叶商品附加值可再提高200%以上，茶叶相对于其他经济作物具有更强的比较优势。

市场品牌培育良好。重庆市倾力打造渝茶公共品牌，大力推进茶叶龙头企业、合作社茶叶品牌培育工作。以重茶集团、永川云岭公司等一批国家、市级龙头企业为代表，推进"永川秀芽""巴南银针""金佛玉翠""南川大树茶""江津富硒茶""重庆沱茶"等区域、特色品牌建设，突出重庆针形绿茶、特早茶、千年古茶树、沱茶等资源优势。通过政府引导、行业协会和重点龙头企业牵头，通过兼并重组、市场融资、连锁加盟等方式组建大集团，以品牌汇聚各类茶企，集中政府及社会资源共同推动渝茶品牌整体效应，做大做强企业品牌，提升渝茶的价值及其在全国市场上的竞争力。

茶文化建设初步推进。一是产业功能得到拓展。中国·重庆茶旅文化节、永川茶山竹海休闲观光节、巴南休闲茶叶采摘节、南川金佛山古茶树节等大型茶事活动带动了茶叶功能向观光休闲、体验旅游拓展，对二、三产业的发展和推进起到了积极的作用。二是市场驱动了清茶馆、茶文化推广圈层的产生。典型的如传统文化与巴渝文化做得较好的茶艺馆白鹭原、苗品记，茶文化推广与培训做得较好的信睦、井杨子、荟茗等茶文化传播机构。市场自发提高了社会各界对茶叶的认知度，促进了各种资源进入茶叶链条的各个环节。

（一）茶叶种植与加工

1. 茶叶种植

重庆市建立茶叶生态栽培示范点，开展了实用新技术的推广工作。结合农业部、市级茶叶标准园创建工作，在重庆市巴南区二圣茶场、永川区永荣茶厂建立了茶叶生态栽培技术示范区，试验示范茶叶生态栽培技术，推广色泽诱杀、灯光诱集、性信息素诱捕等生物物理防控措施，集成了适宜重庆茶区的《茶叶绿色生产模式及配套技术》，制定了地方标准《现代生态茶园生产技术规程》。同时开展全市茶叶绿色发展培训会，现场培训与指导相结合，在全市茶区开展了茶叶绿色生产模式及配套技术应用推广活动，推广绿色防控、统防统治、配方施肥及以有机肥替代化肥，促进化肥农药减量增效，推动全市茶叶绿色发展，确保茶叶质量安全。

2. 茶叶加工

重庆市以针形名优绿茶为主，重点推广连续自动化加工关键工艺、品质设计与智能化拼配等技术，改进生产工艺，提升茶叶质量的标准和水平。优化创新现有红茶加工技术，实施红碎茶加工清洁化改造和提档升级，恢复提升了重庆沱茶加工技术。以龙头企业为平台，引进改造机械设备，分别建立了绿茶、红茶、黑茶初制、精制、包装的连续自动化生产线，提升了加工、包装的清洁化、连续化、标准化水平。

2016~2017年重庆市茶叶种植生产等基本情况见表1~表3。

表1　2016~2017年重庆市茶园面积情况

2017年茶园面积(万亩)	2016年茶园面积(万亩)	较2016年增减(%)
78	72	8

表2　2016~2017年重庆市茶叶产量和产值情况

2017年茶叶产量(吨)	2016年茶叶产量(吨)	较2016年增减(%)	2017年茶叶产值(万元)	2016年茶叶产值(万元)	较2016年增减(%)
36949	32930	12	237632	200295	18

表3　2016~2017年重庆市不同茶类产量情况

茶叶产量(吨)

绿茶	红茶	乌龙茶	黑茶	白茶	黄茶	合计
28154	3921	500~	355~	—	—	32930
31387	4300	600	662	—	—	36949

（二）茶叶流通

重庆现有专业茶叶流通公司约30余家，以加工和经销自产茶叶为主，年销售额在3000万元以上的企业有7家。如重庆茶业集团、长城茶业、重庆翠信茶业、苗品记茶业四家企业总计年销售重庆本地茶叶3000吨左右，年销售收入3亿元左右。零售茶叶场所主要有大型国有商场、大型超市、专业零售店、综合性副食商场和零售店等，重庆主城区年销售茶叶约5亿元。

（三）茶叶内销与外销

1. 茶叶销售持续增长。重庆市茶叶市场发展较快，现有重庆茶叶专业批发市场、重庆石生国际茶城、重庆天月茶城、重庆京闽国际茶都等四个大型茶叶专业市场，总建筑面积达12万平方米，入住商户总共达700余户，年交易额9亿元左右。重百、新世纪等大型国有商场、超市依然是茶叶消费的品牌窗口。此外，重庆茶叶销售市场中茶叶专业零售店、综合性副食商场等形态大量涌现。如盘溪农产品市场。2017年全市茶叶销售额与2016年相比稳中有升，初步统计约 25 亿元左右。

2. 茶叶消费趋于合理。重庆消费茶叶以名优绿茶、沱茶和普洱茶、花茶、红茶等为主，其中：40%为名优绿茶，25%为沱茶和普洱茶，25%为花茶，10%为乌龙茶、红茶等特种茶系列。从总体来看，2017年重庆茶叶消费结构中，花茶减少，绿茶、红茶增长，工夫红茶基数低但上升较快，乌龙茶增速减缓；礼品或高档茶销量与上年持平。

重庆茶叶国际贸易除有少量的绿茶出口以外，其他主要是对巴基斯坦和俄罗斯出口低档次红碎茶。据不完全统计，2017年荣昌区出口红茶3800吨，实现创汇360万美元。总体出口情况见表4。

表4　2016~2017年重庆市茶叶出口情况

年份	出口（万吨）	出口金额（亿美元）	平均单价（美元/千克）
2016	0.325	0.0314	0.96
2017	0.38	0.036	0.94

（四）茶文化、茶旅游与茶服务业

在市商委、市农委等业务部门的大力支持下，在重庆市国际茶文化研究会、重庆市茶叶商会、茶叶学会等行业协会的组织协调下，全市2017年先后举办了中国茶文化与"一带一路"论坛、重庆首届无我茶会、全国茶艺职业技能大赛（重庆赛区）决赛、"三峡杯"和"十大名茶"评选活动等不同主题的大型茶事活动10余场次。通过大型茶事活动，重庆市传承和推广巴渝茶文化，共同打造重庆"茶的故乡"这一绿色品牌，吸引了我国西部和沿海地区，乃至国外的茶叶、茶具、茶食品、茶制品、茶家具等商家到重庆参展销售，助推了重庆茶业会展业的持续健康发展，促进了重庆茶馆茶楼及茶文化服务企业的快速发展。

在茶旅游资源开发方面，各产茶区县引导和开展生态茶园、景观茶园观光游，进行以茶园为载体的茶文化展示和体验，包括品尝以茶为特色的美味佳肴，体验采茶、制茶、品茶等一系列的茶文化、茶知识。如：重庆西线永川的茶山竹海游，东线长江三峡库区生态游，南川金佛山古茶树祭拜游，巴南、梁平、万盛等城边的休闲生态茶园体验游等，既推动了旅游生态观光茶园发展，又开发了旅游产品，促进了旅游大发展。

（五）全市茶叶科技发展情况

重庆汇集了西南大学食品科学院茶学系、重庆市农科院茶叶科学研究所、重庆市农业技术推广总站等一批国家和市级的茶叶科研、教学及推广单位，成立了国家现代茶产业创新技术体系，西部病虫防控团队，对培养高素质科技人才，开展茶叶科技创新、成果转化和技术服务起着重要作用。

1. 茶叶生产环节

①针对茶树特异性资源挖掘不够、创新资源少、良种化率低等突出问题，重庆市茶叶科研、教学及推广单位联合开展了特色茶资源创新与品种培育，选育优质高抗、适合机械化采摘、适宜加工针形茶等的特异性茶树新品种，培育了省级茶树新品种渝茶3号和渝茶4号；引进筛选出适宜本地区栽培的具有高氨基酸的中黄1号、黄金芽优良特色茶树良种进行示范推广。

②针对茶园规模小、标准化程度低、质量安全存在隐患等问题，重庆市农业技术推广总站开展了茶园肥料农药施用控制、病虫无害化高效治理、茶叶生态栽培技术攻关，集成1套《茶叶绿色生产模式及配套技术》，制定地方标准《现代生态茶园生产技术规程》，创建了一批全国及市级标准园示范基地，促进了化肥农药使用量"零增长"或"负增长"。

③重庆市农科院茶叶科学研究所首次将信息技术应用于茶树植保领域，构建茶树病虫害监测预警平台，研发组建了"专家系统"，实施叶蝉的数字化监测预警，截至2017年平均准确率达85%以上，为全国主要茶区叶蝉的防控提供了技术支撑。

2. 茶叶加工环节

针对传统名优茶工艺生产效率低、品质可控性差等问题，重庆市农科院茶叶研究所集成创新了名优绿茶加工工艺，形成了适宜连续化、标准化生产的"蒸汽—热风—微波三级联合杀青、自动精准程控揉捻和烘炒定型焙香"

核心技术，研发了全自动连续揉捻机，建立了工艺数据库，实现了揉捻工序的连续自动化运行，提升了名优绿茶标准化连续自动化生产水平。全市以绿茶为主，产品结构单一，茶资源利用率低。重庆市农科院茶叶研究所、西南大学食品科学院开展了重庆特色红茶工艺创新、重庆紧压茶（沱茶）加工技术创新。

二 重庆茶产业发展中存在的主要问题

近年来，重庆茶叶产业得到快速发展，各方面工作都取得了长足的进展，但重庆茶叶起步晚，产业基础条件落后，与全国乃至西南的四川、贵州等其他主要产茶省相比仍有一定的差距。目前，茶产业发展中存在的问题主要表现在以下几方面。

（一）茶园基础条件薄弱，生产机械化水平不够

全市茶园基础设施建设普遍滞后，且有30%的茶园建于20世纪六七十年代，建园基础差，建设标准低，产出水平低，茶园标准化、机械化程度低。部分茶叶加工厂房陈旧、设备落后，机械化、智能化程度低，导致茶叶加工品质不稳定，难以形成规模化、标准化生产。

（二）产业集中度不高，茶叶综合利用率低

全市涉茶区县37个，无1个区县茶园种植面积达到10万亩，无面积超2万亩的乡镇，超过5万亩的区县仅有4个，上万亩的区县14个。茶企规模小，已注册茶叶企业545家，年产值在1千万元以上的有39家，年产值在5千万元以上的有4家。全市重春茶、名优茶，轻夏秋茶、大宗茶，导致夏秋茶弃采、弃用现象突出，夏秋茶采摘利用率低，茶叶深加工产品缺乏。

（三）茶叶品牌影响力不大，茶叶专业市场建设需加强

重庆茶产业品牌众多、分散，规模偏小，区域辐射窄，品牌推广落后，

缺乏全国知名品牌，难以推广到省外、国外茶叶市场。茶叶专业市场建设需加强，全市仅主城有相对集中的茶叶市场，产地市场缺乏，企业营销主要集中在市内和产地区县。市外营销渠道开拓不够，基本上未走出重庆，未形成面向全国、多元化的营销渠道网络。

（四）新型经营主体带动不强

重庆市缺少一批能带动全市茶叶产业发展并具备强劲综合实力的龙头企业，龙头企业作用发挥有限，带动能力不强。目前，国家级龙头企业只有1家。其他企业规模更小，市场适应能力、安全生产能力、仓储加工能力、营销推介能力及抗风险能力较弱，推动茶业发展的能力有待加强。

（五）茶文化建设需提档升级

重庆茶文化建设严重滞后，没有形成良好的茶文化氛围。除永川、巴南、万州等区县外，区县级举办茶文化主题活动较少，规模较小，影响力低，没有很好地利用茶文化活动，搭建好茶叶生产与茶叶消费的互动平台，发挥茶文化活动、茶文化旅游对茶叶生产的拉动作用。

三　重庆茶产业发展措施

（一）加快基地建设，夯实茶园基础

一是以做大茶产业优势区县为重点，加快推进茶叶标准园创建工作，推广现代生态茶园生产技术，推行绿色防控措施，发挥示范带动作用。南川、永川、秀山3大茶产业综合示范区，每年以1万亩的速度发展标准化生态茶园，力争到2020年茶园面积分别发展到10万亩以上；巴南、江津、万州、荣昌、酉阳5个茶产业重点区县，每年以0.5万亩的速度发展标准化的生态茶园，到2020年茶园面积分别发展到5万亩以上，建成万亩级高标准茶叶

生产示范区。二是新建渝西、渝东北、渝东南3个茶树良繁基地，构建良繁体系，保障良种茶苗供给。

（二）强化科技支撑，提升生产技能

一是搭建合作平台，加大企业与技术推广、教学、科研等部门紧密结合，开展技术攻关与培训，加快对传统名优绿茶和特色茶产品加工工艺的改进、茶产品精深加工、储藏保质等技术的研发。二是全面推广现代化的加工装备，支持示范带动作用强的企业加大厂房和设备改造力度，实现清洁化、自动化、连续化、标准化加工，提升茶叶加工水平。在重点区县和重点龙头企业建立茶叶质量监测体系。三是提高茶叶资源综合利用率。根据不同季节时期原料的特征（特别是夏秋茶），在品种和茶类上做文章，利用夏秋茶制红茶、花茶等其他类别茶叶；同时，保护性开发野生古树茶，复兴沱茶、红茶、边销茶等多茶类发展。

（三）优化组织模式，培育新型主体

一是以职业茶农种植为基础壮大茶园基地。通过政策引导以新型茶农、家庭农场、专业合作社为主体扩增茶园，鼓励茶企将建成茶园反包给农户种植，引导茶企创建茶农与茶企之间的利益联结机制。形成公司基地引领示范、以农户及种植大户为基础的茶园生产模式。二是以中小茶业为主体夯实加工能力和品质。以清洁化、机械化、标准化为目标，鼓励中小茶叶加工企业加强技术改造，着力提升现代化加工技术水平。在有条件的茶叶主产区构建茶叶加工园区，形成区域茶叶加工产业集群。三是以大型龙头茶企为主导引领产业发展。培育大型龙头茶企，引导国家级、市级龙头企业通过多种形式联合中小茶企和研发机构等组建新型联合体，培育打造成科技型、外向型、带动型的龙头企业，带动大基地发展。

（四）创建知名品牌，强化宣传营销

一是创建地域特色突出、产品特性鲜明的区域公用品牌。依托大型茶叶

集团和茶产业联盟，制定生产规程、加工工艺、品牌使用规则，共同维护品牌形象，提升渝茶品牌影响力。如重点打造"重庆沱茶""南川古树茶""永川秀芽"等渝茶品牌。二是鼓励企业打造公用品牌下的企业品牌，加快注册，制定企业标准，塑造品牌核心价值。同时，支持茶叶生产最适宜区县积极申报农产品地理标志，制定地理标志产品标准，严格规范，保证质量。三是支持品牌茶企将文化与品牌结合，通过媒体、电视、互联网、广告牌等大力推介渝茶品牌，同时建好茶叶品牌专营店、连锁店，培育营销队伍，提高品牌营销和服务水平。支持茶企参加茶叶展销会、博览会和名优茶评比活动，举办各种形式的茶叶节会，宣传重庆茶叶、茶叶企业，突出重庆针形绿茶、特早茶、千年古茶树等资源产品优势，形成以全市公益性品牌统领各区域特色品牌的渝茶品牌体系，提升渝茶的价值和在全国市场上的竞争力。

（五）加强市场建设，完善流通体系

一是构建全面的营销市场和营销体系。在完善现有茶叶专业市场的基础上，在主产茶区建立区域性茶鲜叶、毛茶交易市场，在综合示范区建立茶机、茶包装、茶产品交易市场，促进茶农、茶企顺利链接，促进产品流通，做到物流快、辐射广、规模大、配套全、文化浓、品位高。二是积极融入"一带一路"国家发展倡议，努力拓展国内外市场，鼓励市级龙头企业联合各中小茶企，确立市外重点区域，建立渝茶专卖店、批发店、各大商场专柜，大力发展茶叶产品电子商务，建立区域性线上渝茶馆，拉动渝茶线上销售。

（六）深掘文化魅力，加强茶文化建设

一是收集整理具有重庆市地方特色的茶歌、茶舞、茶诗、茶具、历史品牌名茶，以茶叶为主线，挖掘其历史文化渊源，在主城打造2个集产品展销、茶艺展示、品饮体验、养生体验等为一体的巴渝茶文化创意体验区，促进渝茶文化的宣传与普及。二是加强重庆国际茶文化研究会、市茶叶商会、茶叶学会等单位的组织协调作用，举办不同主题的大型茶事活动，传承和推

广巴渝茶文化，共同打造重庆"茶的故乡"这一绿色品牌，促进重庆茶馆茶楼及茶文化服务企业的快速发展。三是积极推进茶产业与文化产业、旅游产业的有机结合，延长产业链条，开发茶叶文化旅游产品。建设好观生态光茶园，打造茶文化产业园，争取对接各类旅行社团到茶区开展茶乡风情游、生态游，适当举办有区域特色的茶叶经贸文化旅游活动，促进茶产业与休闲、旅游相互结合，与二、三产业相融合，共同发展。

参考文献

[1] 杨江帆、李闽榕等：《中国茶产业发展报告（2017）》，社会科学文献出版社，2017，第11~52页。

[2] 唐文祥、周红杰等：《云南省2016年度食品工业发展报告》，昆明：云南省工业和信息化委员会食品药品工业处，2017，第8~39页。

[3] 云南省人民政府：《云南省人民政府办公厅关于印发云南省茶产业发展行动方案的通知》，http：//www.yn.gov.cn/yn_zwlanmu/qy/wj/yzbf/201711/t20171110_31029.html.，2017-11-10。

[4] 中国普洱茶网：《云南大叶种茶树群体种：凤庆种、勐库种、勐海种的分布》，http：//www.puercn.com/puerchazs/peczs/9896.html.，2011-09-18。

[5] 中国普洱茶网：《2018云南明前茶量价齐增，高优生态茶园鲜叶均价增幅超30%》，http：//www.puercn.com/puerchanews/yuncha/133790.html.，2018-04-28。

[6] 中国普洱茶网：《中国茶叶主产省份之云南省名茶简介》，http：//www.puercn.com/czs/cycs/44043.html，2013-03-22。

[7] 李佳禾：《2017中国茶叶消费市场报告》，《茶世界》2017年第10期。

[8] 张沛祺：《基于统计学的茶叶消费数据实证分析》，《福建茶叶》2017年第39（03）期。

[9] 纪慧慧：《中国茶叶出口贸易现状分析》，《合作经济与科技》2018年第1期。

[10] 雷俊霞：《农产品视角下茶文化与创意产业融合发展的创新研究》，《管理纵横》2018年第2期。

[11] 王家勇：《茶机械加工工艺的分析与研究》，《农机化研究》2017年第22期。

[12] 《茶旅游——第十二届中国茶叶经济年会系列报告之一》，《茶世界》2016年第11期。

[13]《2017年茶行业新闻盘点》,《人民政协报》2017年12月22日第11版。

[14]张星海:《高度文化时代背景下茶艺师历史使命和社会责任》,《中国茶叶加工》2017年第1期。

[15]刘长英:《"一带一路"倡议对茶文化旅游的影响》,《合作经济与科技》2018年第4期。

[16]周红杰:《云南普洱茶》,云南科技出版社,2004。

[17]云南省科学技术厅,http://www.ynstc.gov.cn/.,2018-05-24.

[18]中国普洱茶网,http://www.puercn.com/.,2018-05-24.

[19]中国茶叶学会网,http://www.chinatss.cn/.,2018-06-02.

[20]云南省农业科学院茶叶研究所,http://yntri.com.cn/.,2018-06-02.

[21]杨江帆、李闽榕等:《中国茶产业发展报告(2017)》,社会科学文献出版社,2017,第11~52页。

[22]胡静春:《云南茶乡全域旅游发展路径探析》,《福建茶叶》2018年第3期。

[23]陈勋儒:《公布2017云南普洱茶指数及2018茶区采购参考价》,http://www.lctea.gov.cn/index.php?a=show&c=index&catid=9&id=403&m=content.,2018-01-10。

[24]福建省茶产业转型升级:让技术融入全产业链,中国国农业新闻网-农民日报,http://www.farmer.com.cn/jjpd/nycyh/201805/t20180525_1379495.html.,2018-05-25。

[25]国家食品药品监督管理总局:《总局关于发布〈饮料、茶叶及相关制品中对乙酰氨基酚等59种化合物的测定〉等6项食品补充检验方法的公告》,http://samr.sda.gov.cn/WS01/CL0087/220651.html.,2017-12-27。

[26]虞建萍:《品牌发展之路如何走?听全国茶产业经济研讨会怎么说》,http://www.tea.agri.cn/newscw/jjxwcw/201805/t20180521_6152463.html.,2018-05-21。

[27]李佳禾:《2018年度茶叶消费市场风口及发展建议》,http://www.ctma.com.cn/zhuanyefuwu/zhuanyebaogao/2018/0125/58955.html.,2018-01-10。

[28]《云南省农业厅-云南省人民政府办公厅关于印发云南省高原特色现代农业产业发展规划(2016~2020年)的通知》,http://www.ynagri.gov.cn/news8536/20170207/6692202.html.,2017-02-07。

[29]《云南省农业厅-云南省人民政府办公厅关于成立云南省加快推进茶叶和核桃茶叶发展领导小组的通知》,http://www.ynagri.gov.cn/news8536/20170620/6891771.html.,2017-06-20。

[30]《云南省农业厅-云南省人民政府办公厅关于印发云南省茶产业发展行动方案的通知》,http://www.ynagri.gov.cn/news8536/20180116/6979416.html.,2018-01-06。

［31］《普洱市古茶树资源保护条例》，《普洱日报》2018年4月4日第006版。

［32］刘福桥、段红睿、熊丽娜：《基于数据库技术构建茶叶全产业链质量可追溯体系应用研究》，《食品安全质量检测学报》2017年第8（7）期。

［33］孙威江、张翠香：《茶资源利用及茶产品开发现状与趋势》，《福建茶叶》2004年第1期。

［34］徐梅生：《茶的综合利用》，中国农业出版社，1996，第1~130页。

［35］中国普洱茶网：《2017双十一淘宝茶叶数据报告：全品牌品类竞争激烈，普洱熟茶热销，小青柑榜上无名!》，http：//www.puercn.com/cysj/dcbg/124885.html.，2017.11.15。

［36］中国普洱茶网：《京东发布茶叶2017年数据：茗茶类目销售额稳居食品TOP3》［EB/OL］，http：//www.puercn.com/cysj/dcbg/127419.html.，2018.01.03。

第三部分 专题篇

Frontier Problems and Hot Discussion

B.11
中国茶叶业态变革之中寻找智慧路径

——动力机制、理念革新与路径选择

彭婵娟 刘芷君+ 陈潜 杨江帆*

摘 要： 近年来随着人们生活水平的不断提高，茶产品的消费需求向品质化、多元化转变，消费结构升级加快，引领了茶产业业态的变革和发展。基于消费需求与业态变革间互动关系的分析，本报告指出了业态变革背景下传统电商、线下门店、跨境电商、"明星"产品、私人定制和智慧茶业等茶产业转型升级路径，提出了因需而变、因势而新、因时

---

* 作者简介：彭婵娟，博士，福建农林大学茶学博士后，湖北省社会科学院农村经济研究所助理研究员。研究方向：农林经济管理和茶叶经济。刘芷君，福建农林大学园艺学院硕士研究生。+为共同第一作者。陈潜，福建农林大学副教授，博士。研究方向：农林经济管理和茶叶经济。杨江帆，教授，博士生导师，博士。研究方向：茶叶经济。*为通讯作者。

而进等角度，及在业态变革中寻找转型智慧路径的方向和趋势。

关键词： 消费需求　消费结构　茶产业

近年来由于中国茶产业的快速扩张，茶叶供应量与消费者需求不平衡的趋势不断加剧。据2017年中国茶叶流通协会发布的《中国茶业经济形势报告》统计，2017年全国干毛茶产量达260.9万吨，同年茶叶年消费达190万吨，茶产业供求差额达到70万吨。① 在信息技术改革大背景下，茶产业新业态不断涌现，导致当前茶产业发展现状表现为供需终端的不平衡。为解决供给需求结构性错位问题，茶产业需优化调整资源配置方式，扩大有效供给，清除冗余供给，推进供给侧结构性改革。

党的十九大报告指出："要完善促进消费的体制机制，增强消费对经济发展的基础性作用。"根据马斯洛需求层次理论，随着社会的发展和人们生活水平的提高，新的消费需求会不断出现。随着社会的高速发展，人们的购买力随生活水平的提高而大幅度提升，人们对于茶叶的消费需求向高质量化、多元化转变。茶产业消费结构的改变，引导产业发展在逐步实现三产融合，相继衍生出"明星"产品、茶旅融合、私人定制、个性化服务等一系列新型茶产品。要推动并增强消费需求对茶产业业态经济发展的基础性作用，就需实施与消费现状适应的茶产业业态结构性改革，促进茶产品的供给和需求能力的释放，优化茶产业业态布局，把握消费需求与业态发展的关系。

---

① 数据来源于中国茶叶流通协会发布的《中国茶业经济形势报告》摘要。

一 互动与共生：茶叶消费者需求推动茶产业业态变革的动力机制

（一）决定力：需求多样性决定业态多维性

消费需求是消费者对以商品和劳务形式存在的消费品的需求和欲望，随着经济模式的多样化以及业态的革新，消费者的消费需求和欲望会不断提高，呈现为多样化、多层次，并由低层次向高层次逐步发展。上海财经大学市场营销系教授吴佩勋表示（新华社），在当今体验式消费盛行的时代，消费者生活方式、消费追求的改变推动了茶产业业态的革新，消费结构和消费行为的改变也激发了新业态的诞生，消费需求会引导茶产业业态的变革，同时，消费需求的多样性也决定了业态变革的多维性。随着社会生产力的不断发展，企业会通过构建新的经营战略，更好地满足消费者的消费需求。新经营模式的产生，也能使茶企业的经营风险降低，市场收益得到提高。消费者对于茶产品需求的多样化，激发了茶产业横向供应链结构的改变，推动了纵向相关深加工产品的衍生，进而影响了业态的多维性。茶叶品质、品饮方式及其保健功效都是影响消费者购买需求的外界因素，茶叶包装、茶产品创新也会影响消费者的内在购买需求，这些因素也通过影响消费者的需求，间接为茶产业新业态提供多维的变革方向。

（二）核共振：茶叶消费需求推动业态变革

国务院总理李克强在2014年常务会议中指出，消费是经济增长的重要引擎，是我国发展的巨大潜力所在。在稳增长的动力中，消费需求规模最大。消费是产业发展的目的和动力，消费可以创造出新的业态形式，扩大消费需求，是实现我国茶产业业态可持续发展的动力源泉。业态是为了满足特定消费者的特定需求，通过各种经营方式提供服务的经营形态。消费者的消费偏好与消费习惯、文化的变化，会改变经济资源在不同消费品之间的配置。茶叶消费需求的提升,导致了茶叶消费结构的改变,进而推动着茶产业业态的变革,主要体现在两个方面:(1)茶叶消费需求向高端体验化消费转变,茶叶文化娱乐类支出比例提升,茶产业由原先的第一产业向第二、三产业跨越融合;(2)消费需求呈现多元化、个性化趋势,茶产业业态为迎合需求变化涌现出许多新业态;(3)消费需求的扩大推动了业态的改进和产业人力资源的整合,促进了产业经济增长模式由粗放型向集约型转变。消费结构的变化是否合理,决定着产业结构的合理性以及茶叶经济能否长期稳定高效率发展。因此产业结构必须瞄准群众的多样化需求,根据消费结构的变化进行调整,通过完善产业结构调整机制,加强产业结构转换能力。

(三)催化剂:业态变革激发全新消费需求

业态结构的关键在于最大限度地利用资源供给,不断满足消费需求结构变化,业态变革的合理化程度关系到了消费结构未来的发展方向(邓向阳,1998)。茶产业传统业态方式的改变,如"互联网+"技术在茶产业上的蓬勃发展,为消费模式带来了颠覆性变革,跨境电商、大数据的应用热潮,影响着顾客消费的选择及其结构,使个性化、多样化、便利化的消费模式逐渐成为主流,激发了茶叶消费者的消费潜能。同时茶产业深加工产业,"茶游学"融合等三产融合新业态的革新,改变了传统的消费模式,产生了新的消费形式,迎合了消费需求的新颖性,满足了不同年龄、阶层等消费者的消费需求。通过营造促进经济结构性改革的经济社会环境,可推动业态变革,适应需求结构、消费结构的变化,以业态结构的优化引领消费结构的升级。

(四)双刃剑:消费需求考验业态变革的适应性

消费需求对产业业态发展发挥着双刃剑的作用,一方面消费需求的增长可能带来茶产业业态的创新,以及产业经济水平的提高,但另一方面消费需求方式的改变,也会导致产业业态结构的重新洗牌,尤其针对大部分中小企业而言,消费需求的改变是对他们整合自身资源能力的考验。扩大消费需求能够促进业态的发展,但同时业态的革新又会对消费需求产生反作用。新业态的出现，在一定程度上分散了消费注意力，对于传统茶企业而言消费需求大大降低。消费需求通过影响消费结构，可影响到经济结构（陶开宇，2011），而经济结构的改变也会促使新模式的产生，进而使业态得到重新调整。

二 导向与对标：基于消费需求的业态变革的路径选择

（一）基于平台的变革：推动传统电商优化升级

基于消费者对购买便利的需求，衍生出了一系列互联网电商新业态，推动了传统茶产业业态的转型，但当前茶产业传统电商仍处于发展初级阶段。茶叶传统电商可分为三类：一是建立企业网站，进行企业的品牌宣传以及产品销售，促进线下经营；二是依靠以京东、淘宝为代表的第三方平台，建立企业网店进行销售；三是以茶语网、国茶商城为代表的茶叶电商垂直平台。互联网电商平台通过整合联结茶产业供应链各环节，解决了茶产业当前存在的信息传递不对称、生产观念落后、营销意识薄弱等产业弱点，推动了产业的转型升级。茶产业与电子商务的结合使茶产业供应链结构重心发生了转移，由原先的茶农加工结合茶企销售转为茶农直接销售，减少了中间成本的消耗。

但同时，茶叶电商也存在一些问题，企业电商与传统门店经营模式存在一定冲突，部分企业对于互联网及传统电商了解较少，发展较为盲目，且缺乏专业电商技术人才与团队支持，网络茶产品质量难以得到保证。因此推动传统电商转型升级，应完善传统茶叶电商的营销方式，注重高新互联网电商技术人才的应用，注重质量体系控制，明确品牌发展方向，完善企业形象设计，开拓市场，实施品牌战略，推进品牌推广，打造专业化、标准的高端茶产品（傅代豪，2016）。

（二）基于体验的变革：实现线下门店功能整合

随着经济水平的提升，消费者的消费、审美、个性等意识的水平逐步提

高，消费差异化显现。线下门店是行业转型的开始，也是茶企营销渠道与终端变革的良好契机。近五年内茶叶电商数目骤减，线上茶企业面临重新洗牌。部分中小型企业由于第三方平台高额的推广和营销费用，支出宣传力度不够，举步维艰，且茶叶本身的特殊性及盈利的不可预测性使茶叶电商平台经营存在一定的困难。因此，线上逐步转变成服务于线下的辅助工具。相对于线上电商，线下门店更接近消费者的日常生活。线下门店强调服务这一核心，通过一系列消费体验，使消费者在情感上对商品产生好感，进而转化为购买行为。线上和线下服务不同的人群需求，二者无法完全相互取代，但可互补。线上购物为消费者带来便利化，但购买茶叶的体验无法与实际茶馆服务体验相媲美，同时购买茶叶的品质也无法得到保证。

目前线下门店主要有两类：一类是企业旗下或由经销商代理的门店；另一类则是由原先的网络虚拟店铺转为线下实体门店的。传统茶企目前仍以用茶叶产品满足消费者传统方法饮用需求为目的，线下门店茶叶产品较为单一，因此茶企下一步应与茶叶深加工产品相结合，丰富门店茶产品类型，以新型茶叶产品迎合消费者的新需求。此外，茶叶线下门店的推广营销也是营造消费氛围的关键，除丰富门店茶产品的类型外，还可设立个性化的产品体验区，采取加盟店方式扩张。实现消费者购买体验的最大化。

（三）基于渠道的变革：大数据化下的跨境电商

跨境电商在原本"一带一路"的基础上，开创了一条新的"空中丝绸之路"，实现了"海陆空"一体化的新丝绸之路发展模式，加快了产业结构的转型，通过跨境电商的新业态模式同沿线国家开展了经贸合作（杨璘璘，2016）。据中国茶叶流通协会统计，我国2017年茶叶出口量达35.5万吨，金额约为16.1亿美元，同比分别上升8.10%和8.70%。[1] 我国2017年茶叶进口量共计2.68万吨，同时上半年中国跨境电商交易规模达3.6万亿元。[2]

---

[1] 数据来源于中国茶叶流通协会发布的《中国茶业经济形势报告》摘要。
[2] 数据来源于中国电子商务研究中心发布的《2017年度中国电子商务行业年度系列报告》，http://www.100ec.cn/zt/2017bg/。

随着消费者消费需求的不断提高，消费方式的不断丰富，加之"空中丝绸之路"战略和传统电商模式的逐步发展，茶叶跨境电商出口商业模式也随之产生，其突出的特点在于为消费者的消费需求提供多样化服务，便于消费者快速获得国际市场的最新消费信息。此外，跨境电商模式的发展，有利于我国茶叶企业品牌在保留传统特色的基础上进行现代化发展，促进产业转型升级，提高茶叶企业的国际竞争力，为茶叶的国际贸易提供了结构优化、升级发展的契机。其最大优势在于能将随机无序的消费者搜索和消费习惯大数据化，通过总结归纳消费者的消费习惯，提高产品属性，调整发展战略。

但目前食品跨境电商的质量安全把控机制不够完善，国际茶叶市场开拓不够全面，国际物流方式烦琐，时间较长，易出现茶叶产品变质、走味、损坏等问题。因此，为推进跨境电商发展，茶企业应选择适合的外销茶叶产品，保证产品的性价比及质量，推动物流的发展，进行专项有针对性的物流运输，做好农产品类物流的规划和部署（陈清微，2016）。

（四）基于产品的变革：聚焦需求制造"明星"产品

所谓"明星"产品即有着较为出色的包装、较高的曝光度和信任度、较好的口碑等特征的产品群，具有较大的市场发展潜力。由于消费者对于茶产品的选择具有盲目性，固有的消费理念驱使他们选择具有一定知名度或代表性的茶产品，茶企业可以通过打造"明星"产品聚焦消费视野，吸引市场关注度，着力打造综合能力最高或竞争力最强的主要赢利产品，作为企业资源的重点投放对象。"明星"产品的设定对提升茶企尤其是中小茶企的品牌知名度能起到关键作用，通过创新产品和体验提高消费品质。中央经济报告显示，我国正在进行第三次消费升级，而产业也应当顺应消费升级打造全新消费品，满足消费者的潜在需求。例如，以契合时代消费特点、顺应消费品质升级为目标的"小罐茶"品牌，成功地创新了包装，塑造了自身品牌，赋予了产品更高的定位以及审美情趣，给消费者带来了多元体验（蔡建军，2017）。

（五）基于个性的变革：定位高端打造私人定制

新时代消费理念的转变，使消费者的消费行为变得更为自主，消费需求更加个性化。消费者在购买过程中，会基于自身喜好去选择不同类型的茶产品，因此，私人定制产品进入大众视野。私人定制产品有助于带动市场消费，帮助茶企业迅速占领市场份额。其将消费人群聚焦在商业领袖以及对茶叶有一定消费要求的对象上，以高端奢侈品的定位切入市场，通过互联网大数据获取顾客消费习惯（霍鑫，2016），在O2O模式下根据客户的特定需求，从茶叶选料、品质等级和包装形象设计着手为客户量身打造个性化茶品。

与一般用茶相比，茶叶私人定制产品更符合消费者的个性化需求，涵盖了更多文化因素和纪念意义，更为市场所青睐（毛欢喜，2012）。产品私人定制是消费个性化变革下的产物，其发展也将开启茶行业新的商业模式，为供应链迎来颠覆性变革。

（六）基于趋势的变革：追寻方向构建智慧茶业

大数据技术作为新技术的代表，与企业实践相结合，使许多业态形式发生了改变。当前传统茶叶企业的开发能力较弱，管理机制落后，企业发展较为被动（张翊，2016），难以满足消费者的需求。而消费者选购茶叶时，对于互联网有较强的依赖性，所关联的消费数据信息随着互联网的发展呈几何级数递增（周向群，2017），该消费现状也催生了大数据技术在茶产业方面的应用。

茶叶大数据的应用以消费大数据作为背景，以消费者作为导向，通过分析、判断消费数据，充分应用现代信息技术成果，集成计算机与网络技术、物联网技术、无线通信技术，进行消费趋势预测，挖掘出新的市场需求（田勇，2016）。结合大数据的分析结果及信息技术的支持，企业可以优化生产、销售、服务流程，筛选出核心目标群体的消费类型，实现智慧茶产业的构建，引领市场需求，创造市场需求，化被动为主动。

三 方向与趋势：业态变革大局之中寻找茶业智慧路径

（一）因需而变：消费需求多元化推动业态跨界融合

随着生活水平的提高和生活方式的转变，人们对茶叶的消费越来越向多样化发展。基于消费需求多元化衍生出的互联网金融、互联网+、茶叶物联网等新业态是促进茶产业转型升级的重要动力，但消费新常态下的茶产业需要更进一步的跨界融合。随着信息技术快速发展，日益渗透到生产、生活的各个方面，成为产业融合发展的催化剂，产业融合进一步拓展到更广的范围，产业间的界限也变得越来越模糊（陈宪，2010）。跨界融合作为当前茶产业领域最主要的特征和发展趋势之一，对于调整优化经济结构、促进产业转型升级和业态创新具有重要作用。通过将茶产业业态与其他相关业态进行整合，或通过线上线下O2O形式的融合发展，可推动业态间的融合，使各业态呈现互补、协调融合的状态，促进茶产业从单一生产业态向产业业态多元化发展，增加产品的丰富度和创新度，满足消费者多样化的需求，提高消费者的消费效率。产业跨界融合的应用，增强了市场的竞争性和新市场结构的可塑造性，满足了人们收入和生活水平提高后对更高层次消费品的需求，以观念创新、机制创新和路径创新为主要支点，为茶产业的业态跨界融合提供了创新保障（李凤亮，2015）。

（二）因势而新：消费需求个性化促进业态平台创新

随着人们收入水平的不断提高，消费逐渐趋向于个性化发展，消费者的个性化需求促进了业态平台的创新。当前消费者对茶产品的消费需求不再停留于品饮层面，转为向高质量的休闲娱乐化发展，相比传统业态，集休闲、文化享受、观光旅游于一身的新业态形式能更好地满足消费者个性化的需求。业态创新带来了人们生活内容和工作方式的改变，迎合了消费者的个性化需求。如"私人定制""茶旅融合""茶金融"等新业态形式的产生，推动了社会经济资源配置的完善，推动着茶业三产融合新业态的发展。需求个性化加快了产业创新的步伐，缩短了产业结构升级的周期，企业也因此获得了更多的商机和市场，带动了整个经济的持续繁荣。为更好地迎合消费者个性化需求转变，茶产业应扩大自主创新，鼓励企业增强在创新方面的投入，推动成果转化，制订并完善专业人才政策，为业态创新提供智力支撑。

（三）因时而进：消费需求品质化提升业态科技含量

随着个性化、品质化、体验化逐渐成为新消费趋势，我国消费结构将持续升级。基于消费服务体验的不断提升，不同于过去更注重消费体验，如今消费者更重视产品的品质，尤其是年轻的消费者，对于品质化的消费需求更高。为保证消费者品质化需求的实现，一些新科技业态相继衍生出来，以保证产品的高质量、高标准化。企业的品质化发展实际是由被动向主动状态的演变，将营销重点放在提升消费者的体验享受以及品质保障上，通过提高业态科技含量，提升消费品质，实施品质升级工程，以供给侧结构性改革为方向，加快推进茶产业向规范化、精深化、内涵化发展，进而赢得市场。提升饮茶体验品质以及茶产品品质，在迎合新消费价值观的同时，也在引导我们人类社会的消费向更高层次迈进。

四 展望与讨论

当前我国已进入了消费需求持续增长、消费结构加快升级、消费拉动经济作用明显增强的重要阶段。居民消费已经从模仿型、排浪式的基本消费逐步转变为个性化、多样化、品质化消费。消费需求的多样性决定了业态变革的多样性，推动了业态的变革，同样，业态变革也会调整、激发新的消费需求。消费需求是业态结构变革的根本动力，但同时消费需求与业态革新之间又会因企业资源配置不当产生反作用。因此，茶产业应探索消费需求变化的规律性，从业态变革中寻找智慧路径，因需而变，因势而新，因时而进，迎合需求变化，提高产业的核心竞争力。

参考文献

[1] 新华社：《消费升级推动茶产业供给侧改革》，2017。
[2] 邓向阳：《论消费结构的变化与产业结构的调整》，《湖南大学学报（社会科学版）》1998 年第 3 期。
[3] 陶开宇：《以扩大消费需求促进经济和谐发展》，《中国流通经济》2011 年第 25（01）期。
[4] 傅代豪：《茶叶电商运营模式及其发展对策》，《台湾农业探索》2016 年第 6 期。
[5] 杨璘璘：《基于大数据、服务"一带一路"的中国茶产品跨境电商出口现状分析及对策》，《统计与管理》2016 年第 10 期。
[6] 陈清微、杨江帆：《基于跨境电子商务视角下的中国茶行业发展研究》，《中国农业信息》2016 年第 19 期。
[7] 蔡建军、岑长凤：《初创企业互联网营销策略分析——以小罐茶品牌为例》，《戏剧之家》2017 年第 17 期。
[8] 毛欢喜：《茶产业私人定制前景广阔》，《中华合作时报》2012 年 7 月 5 日第 B3 版。
[9] 霍鑫：《服装零售店"私人订制"模式提升坪效策略研究》，浙江理工大学硕士学位论文，2016。
[10] 周向群：《大数据时代茶企商业模式创新研究》，《福建茶叶》2017 年第 9 期。
[11] 张翊：《大数据对茶企管理决策影响分析》，《福建茶叶》2016 年第 6 期。
[12] 田勇：《大数据视角下茶叶智能技术应用的几点分析》，《福建茶叶》2016 年第 8 期。
[13] 李凤亮、宗祖盼：《跨界融合：文化产业的创新发展之路》，《天津社会科学》2015 年第 3 期。
[14] 张春飞：《"互联网+"期盼跨界融合新模式》，《人民邮电》2015 年 5 月 12 日第 007 版。
[15] 陈宪：《论产业跨界融合对服务经济的影响》，《科学发展》2010 年第 7 期。

B.12
中国茶产业在南亚8国生产网络中的分工地位分析
——基于产业内贸易视角

林 畅 吴忆源*

引 言

自20世纪80年代以来，随着科技的不断进步以及贸易的运输成本不断下降，各国间的贸易活动越来越频繁，国际生产网络继而形成和扩大，衍生出了产业间和产业内分工、产业链分工等多种分工模式。产业内贸易可以带来巨大的利益，但是发展中国家由于资金不足、技术水平落后等原因使产品失去了竞争力，所以难以提高自身的产业内贸易水平。中国应该利用自身比较优势参与到茶产业的分工体系中，通过提高产业内贸易水平来扩大茶产业的市场规模，通过获得规模经济效益来推动国内企业的发展。为此，本报告基于产业内贸易的视角，通过分析中国与南亚产业内贸易的发展水平以及结构组成和变化趋势来剖析中国茶产业在南亚生产网络间的分工地位，为深化两者间的产业内贸易，提升中国茶产业的分工地位提供理论及现实依据。

---

* 林畅，福建农林大学经济学院讲师；吴忆源，福建农林大学经济学院本科生。

一 文献综述

（一）国外关于产业内贸易理论的研究

Balassa（1966）在研究工业化国家贸易关税问题时，把同一产业内产品在不同国家间进行贸易的现象称为产业内贸易（Intra-Industry Trade，IIT），由此率先提出了产业内贸易的概念。[①] Grubel 和 Lloyd（1975）开创性地提出了衡量产业内贸易的 GL 指数，[②] 并从替代性和投入要素是否相同的角度来区分产业内贸易的种类。Falvey（1981）通过 H-O 模型来解释垂直型的产业内贸易，由于要素禀赋不同，资本劳动比率较高和资本劳动比率较低的国家分别出口高质量和低质量的产品，因此在发达国家和发展中国家之间会发生相同种类不同质量产品的贸易。[③] Lancaster（1980）分析了在垄断竞争条件下两个经济结构相似的国家间也会发生产业内贸易，其原因在于规模经济和产品的水平差异。[④]

（二）国内关于产业内贸易的研究

耿仲钟和肖海峰利用现有的统计数据对中国与南亚农产品的产业内贸易指数进行测算，得出两者之间产品总体贸易量的变化主要是由产业间贸易引起的，人均收入的差异对中国与南亚的农产品产业内贸易水平有显著的正向

[①] 黄碟君、庄丽娟：《中国与东盟农产品产业内贸易研究》，《世界贸易组织动态与研究》2008 年第 8 期。
[②] 陆文聪、梅燕：《中国与欧盟农产品产业内贸易实证分析我》，《国际贸易问题》2005 年第 12 期。
[③] 许建春、鹿鹏：《论中国在亚洲生产网络中的分工地位与对策》，《经济纵横》2008 年第 5 期。
[④] 马述忠、任婉婉：《一国农产品贸易网络特征及其对全球价值链分工的影响》，《中国农村发展论坛》2015 年第 8 期。

作用。① 罗余才选取中国劳动密集型的几类农产品进行测算分析，发现中国的农产品贸易中也存在一定程度上的产业内贸易。② 宋玉华和刘春香通过分析中国农产品的产业内贸易水平，发现中国农产品的产业内贸易总体水平较低且主要以水平型产业内贸易为主，提出中国应该通过加大科技投入、丰富农产品品种、发展规模经济等方式来扩大农产品产业内贸易的比重，以此来满足国内外消费者对农产品种类和质量的多样化需求。③

朱晶等在研究中选取了中印双方互补性和贸易容量较大的农产品，分别从产业间和产业内互补的角度进行分析，得出中印农产品的互补性没有在实际贸易中完全表现出来，双方农产品贸易水平还有待加强。④ 李佳佳从研究中国农产品产业内贸易水平较低的影响因素入手，发现市场规模、市场规模差异以及对外开放度是影响中国农产品产业内贸易水平的重要因素。⑤ 杨珂和张利军在其对云南省与东盟农产品产业内贸易的研究中，通过测算得出双边之间的产业内贸易水平不高的影响因素在于资源禀赋的水平差异以及经济发展水平不高等。⑥

温立香等介绍了海峡两岸茶产业的历史、发展、现状以及存在的问题，并针对海峡两岸茶产业的发展提出了有针对性的建议。⑦ 赵长和选用显示性比较优势、国际市场占有率、贸易竞争力指数等三个指标对中国和印度茶叶出口竞争力进行比较分析，认为当前印度的茶叶出口竞争力强于中国。⑧ 杜

---

① 耿仲钟、肖海峰：《贸易开放背景下中印农产品产业内贸易研究》，《南亚研究》2015年第2期。
② 罗余才：《中国农产品贸易中的产业内贸易》，《农村经济》2002年第9期。
③ 宋玉华、刘春香：《中国农业产业内贸易的实证研究》，《中国农村经济》2004年第12期。
④ 朱晶、陈晓艳：《中印农产品贸易互补性及贸易潜力分析》，《国际贸易问题》2006年第1期。
⑤ 李佳佳：《中国农产品产业内贸易的实证研究》，中国政法大学硕士学位论文，2009，第56~60页。
⑥ 杨珂、张利军：《云南省与东盟农产品产业内贸易研究》，《东南亚纵横》2015年第6期。
⑦ 温立香、陈昀、郭雅玲：《对海峡两岸茶业可持续发展的探讨》，《福建茶叶》2011年第6期。
⑧ 赵长和：《中国和印度茶叶出口竞争力比较》，《重庆理工大学学报》（社会科学版）2016年第11期。

建斌等对斯里兰卡的茶叶生产、市场价格、出口贸易以及管理机构和产业政策等方面的现状进行了分析。[1]

除此之外还有部分学者从各个不同的角度研究了中国与其他国家或地区的产业内贸易状况,但是国内有关研究多数只停留在测算相关的指数上,缺乏对深层影响因素的探究。国内外学者对产业内贸易的研究较多,但是茶产业方面的产业内贸易研究暂时鲜少人涉及,再加上中国和南亚双边贸易发展水平相对较低,所以目前尚无关于中国与南亚茶产品产业内贸易的研究。本报告借鉴了上述前人既有研究的有益成果,通过相关的贸易指数测算,分析了中国与南亚茶产品的产业内贸易水平,从此角度分析探究了中国茶产业在南亚生产网络中的分工地位,并提出了相应的建议。

二 中国茶产业与南亚的贸易现状

(一)中国茶产业与南亚的进出口贸易现状

随着中国与南亚的合作不断推进,中国与南亚各国的茶产业贸易往来加深,贸易额迅速增长,两国间茶文化不断交融,分析探讨中国与南亚间的茶叶产业内贸易有利于促进双边贸易发展。探讨二者之间的茶叶产业内贸易,有利于分析中国茶叶出口的新型市场开拓、中国茶产业与南亚的优势互补以及中国茶产业在南亚生产网络中的分工地位。本报告依据 HS 编码分类,所指的茶产业包含 0902(原茶)、1302(茶叶提取物)、2101(茶包)、3302(茶香精)、9403(茶附加工品)五类茶产品。

2000~2016 年,中国对南亚的茶产业出口总额由 1097.59 万美元增至 9798.96 万美元,增长 7.9 倍,年均增速达到 14.66%(见表1)。同时,中国正在转变经济发展方式并进行产业升级,贸易结构及市场准入

---

[1] 杜建斌等:《斯里兰卡茶产业发展现状及对中国的启示》,《世界农业》2017 年第 4 期。

等因素导致中国对南亚的贸易由2000年的逆差转为近16年来都处于绝对顺差的形式,中国和南亚之间的贸易顺差额呈现逐年递增趋势,贸易总额也保持着快速增长,说明中国在和南亚的茶产业贸易中是占据优势地位。

表1 中国—南亚茶产品进出口贸易总额

单位:万美元

年份	出口总额	进口总额	贸易顺逆差	进出口总额
2000	1097.59	993.31	-104.28	2090.90
2001	439.03	1022.47	583.44	1461.51
2002	539.04	1661.67	1122.63	2200.71
2003	759.89	2353.46	1593.57	3113.35
2004	1049.04	2893.56	1844.51	3942.60
2005	1615.89	3862.81	2246.92	5478.71
2006	1910.89	6038.13	4127.24	7949.02
2007	2988.24	9349.00	6360.76	12337.24
2008	3809.62	14645.16	10835.54	18454.78
2009	4234.89	18028.43	13793.53	22263.32
2010	5810.37	45415.25	39604.88	51225.61
2011	8071.17	39230.37	31159.19	47301.54
2012	13414.98	51288.17	37873.19	64703.15
2013	13739.41	59081.16	45341.75	72820.57
2014	11638.35	60464.94	48826.59	72103.29
2015	10237.35	73160.01	62922.66	83397.35
2016	9798.96	71016.84	61217.88	80815.80

数据来源:联合国数据库。

9403(茶附加工品)类茶产品的出口贸易额最高,达到365548.94万美元,在中国对南亚出口的各类茶产品中出口占有率最高,17年间的总体出口市场占有率达到79.38%;而其他四类产品的出口市场平均占有率约为20.62%(见表2)。

表2 中国—南亚茶产品出口贸易额（按类别）

单位：万美元

年份	0902	9403	1302	3302	2101
2000	876.78	100.84	0.0068	15.68	0.00
2001	720.31	221.51	41.28	34.48	4.90
2002	1034.96	401.26	115.55	109.78	0.12
2003	1178.90	580.92	365.98	226.30	1.37
2004	1511.29	1248.17	25.94	105.49	2.66
2005	1747.58	1908.66	44.33	160.95	1.29
2006	1860.90	3755.41	206.50	206.88	8.44
2007	1846.85	6986.72	346.05	169.39	0.00
2008	2743.49	9638.43	2111.60	151.43	0.20
2009	2352.80	10697.60	4624.18	353.85	0.00
2010	2205.19	37320.21	5141.06	748.62	0.17
2011	1585.62	31421.79	5623.39	599.47	0.09
2012	1893.76	43093.20	5689.43	611.68	0.09
2013	2379.85	48000.88	7884.77	813.15	2.51
2014	3291.80	47438.86	8879.22	853.85	1.20
2015	3530.15	62430.53	5766.73	1347.83	84.76
2016	3088.13	60303.97	5411.60	2211.55	1.60
合计	33848.39	365548.94	52277.63	8720.35	109.42

数据来源：联合国数据库。

2000～2016年，中国对南亚8国的茶产品出口主要集中在印度、斯里兰卡、巴基斯坦、阿富汗、尼泊尔五个国家，与马尔代夫、不丹和孟加拉国三国在调查年份间贸易额极少，可忽略不计（见图1）。

1302（茶叶提取物）类茶产品在中国从南亚进口的各类茶产品中的进口占有率最大，达到38.32%，贸易额为34936万美元；其次为0902（原茶）类，达到36.45%，贸易额为33227.17万美元；3302（茶香精类）进口占有率为20.88%，其余两类2101（茶包）和9403（茶附加工品）总和不足5%（见表3）。

247

茶业蓝皮书

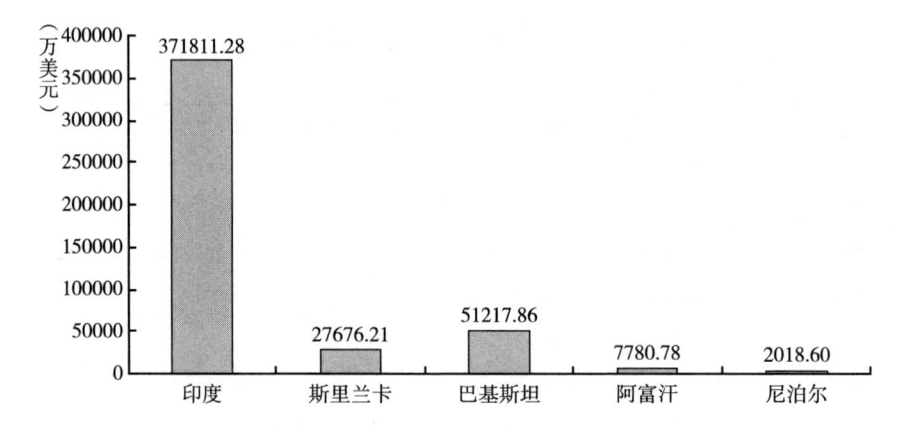

图1 2000年~2016年中国对南亚5国茶产品出口贸易额

数据来源：联合国数据库。

表3 中国-南亚茶产品进口贸易额（按类别）

单位：万美元

年份	0902	9403	1302	3302	2101
2000	137.94	12.49	925.70	0.55	20.89
2001	55.82	12.65	360.72	2.07	7.77
2002	66.17	7.30	450.00	4.67	10.89
2003	146.77	2.57	600.62	5.08	4.84
2004	193.97	6.97	586.89	240.01	21.22
2005	319.34	13.27	680.81	550.26	52.21
2006	295.46	17.69	900.05	597.24	100.45
2007	463.33	28.89	1383.96	1045.21	66.85
2008	661.16	46.77	1924.60	1140.06	37.02
2009	648.22	179.48	1766.90	1501.69	138.60
2010	2046.72	158.39	1984.07	1549.23	71.96
2011	3004.22	307.90	2808.70	1878.62	71.74
2012	4146.61	451.35	5263.46	3490.17	63.38
2013	4208.87	331.70	6106.03	3001.35	91.45
2014	4987.04	380.45	4829.62	1326.57	114.67
2015	5703.09	431.90	2636.811	1291.71	173.85
2016	6142.42	371.30	1727.05	1405.02	153.17
合计	33227.17	2761.06	34936.00	19029.53	1200.96

数据来源：联合国数据库。

上述数据表明，中国与南亚的各类茶产品贸易不均衡，出现了倾斜式的贸易情况，说明中国进出口的各类茶产品在南亚生产网络中的分工地位差距很大。在2000~2016年，各类茶产品的贸易额都呈增长趋势，其中0902（原茶）类的进口贸易额由137.94万美元增长到6142.42万美元，增长了44倍，增长幅度最大。

同时，通过对进口数据和出口数据的对比可以得知，中国对南亚出口的类别主要为茶附加工品，而进口的类别主要为原茶和茶叶提取物，说明中国茶叶类产业的加工处于较深层次，而南亚还主要以茶叶的原始种植为主。

2000~2016年，中国从南亚8国的茶产品进口主要集中在印度、斯里兰卡、巴基斯坦、阿富汗、尼泊尔五个国家，其中中国从印度的进口贸易额最高，达到60276.20万美元，斯里兰卡次之，进口贸易额为21622.16万美元，从阿富汗和尼泊尔的进口贸易额最少，共占总进口贸易额的0.05%（见图2）。

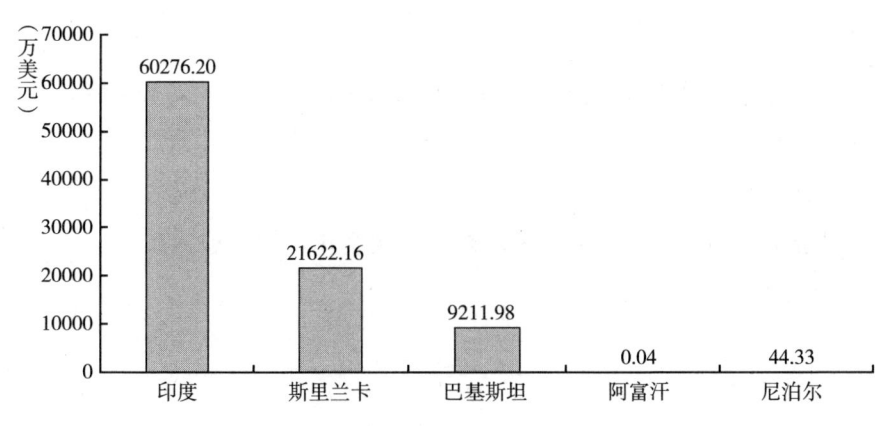

图2　2000~2016年中国从南亚5国茶产品进口的贸易额

数据来源：联合国数据库。

三　中国茶产业与南亚8国茶产业的产业内贸易水平测算

中国与南亚各国的双边贸易发展迅速，（中国）在南亚的各个国家中都

承担着重要贸易国的角色。双边贸易的茶产品具有竞争性和互补性，蕴藏着极大的发展潜力。下文利用 UN COMTRADE 数据库 2000~2016 年的贸易数据测算中国与南亚多个国家不同类别茶产品的产业内贸易指数，通过数据来区分不同国家在茶产业链上的分工地位。

（一）研究方法

1. G-L 产业内贸易指数

G-L 指数是目前测算产业内贸易最常用的统计指标，其计算公式如下：

$$GL_i = 1 - \frac{|X_i - M_i|}{X_i + M_i} \quad \text{（公式 1）}$$

其中 X_i 表示中国对南亚茶叶的出口额，M_i 表示中国对南亚茶叶的进口额。GL_i 数值的取值区间为 [0, 1]，GL_i 数值越大，表示该产品的产业内贸易水平越高；当数值大于 0.5 时，就可认为两国间的茶产业贸易以产业内贸易为主。

本报告还计算了所有茶产品的产业内贸易总体水平 GL_u 和 GL_w，其中 GL_u 是所有茶产品 GL_i 的简单算术平均值，GL_w 为加权平均值。

2. Brulhart 边际产业指数

本报告用 Brulhart 边际产业指数计算两个年份间产业内贸易的变化情况，计算公式如下所示：

$$BL_i = 1 - \frac{|\Delta X_i - \Delta M_i|}{|\Delta X_i| + |\Delta M_i|} \quad \text{（公式 2）}$$

公式中 X_i 和 M_i 分别表示选取的两个年份间茶叶的出口贸易额变化量和进口贸易额变化量。BL_i 的取值范围为 [0, 1]，BL_i 的数值越小，越表示产业间贸易是影响茶叶贸易量变化的主要因素，数值越大，越表示产业内贸易是影响茶叶贸易量变化的主要因素。

3. Thom & McDowell 产业分布指数

Thom & McDowell 产业分布指数可以用来区分水平型和垂直型产业内贸

易。水平型产业内贸易和垂直型产业内贸易的区别在于水平型产业内贸易指的是质量相同但是水平特征不同的产品间贸易活动，垂直型产业内贸易指的是质量不同的同类型产品的贸易往来。① 总产业内贸易指数等于垂直型产业内贸易指数和水平型产业内贸易指数之和。总产业内贸易指数的计算公式为：

$$MII = 1 - \frac{\left|\sum_{i=1}^{n}\Delta X_i - \sum_{i=1}^{n}\Delta M_i\right|}{\sum_{i=1}^{n}|\Delta X_i| + \sum_{i=1}^{n}|\Delta M_i|} \quad （公式3）$$

（二）中国与南亚茶产品产业内贸易水平分析

从总体上看，2000~2016年中国与南亚茶产品的 GLu 和 GLw 数值基本都小于0.5，表明中国与南亚茶产品贸易的产业内贸易水平比较低，仍然以产业间贸易为主（见表4）。从总体变化态势来看，GLu 和 GLw 整体上呈增长趋势，表明中国与南亚茶产业的产业内贸易水平在逐步增长。

表4 中国与南亚茶产品贸易 G－L 指数值（分类别）

年份	0902	3302	1302	2101	9403	GLu	GLw
2000	0.27	0.07	0.00	0.00	0.22	0.11	0.14
2001	0.14	0.11	0.21	0.77	0.11	0.27	0.16
2002	0.12	0.08	0.41	0.02	0.04	0.13	0.18
2003	0.22	0.04	0.76	0.44	0.01	0.29	0.34
2004	0.23	0.61	0.08	0.22	0.01	0.23	0.17
2005	0.31	0.45	0.12	0.05	0.01	0.19	0.20
2006	0.27	0.51	0.37	0.16	0.01	0.27	0.18
2007	0.40	0.28	0.40	0.00	0.01	0.22	0.16
2008	0.39	0.23	0.95	0.01	0.01	0.32	0.30
2009	0.43	0.38	0.55	0.00	0.03	0.28	0.26

---

① 陈旭：《中国与主要贸易伙伴农产品产业内贸易研究》，南京农业大学硕士学位论文，2009，第112~115页。

续表

年份	0902	3302	1302	2101	9403	GL_u	GL_w
2010	0.96	0.65	0.56	0.00	0.01	0.44	0.19
2011	0.69	0.48	0.67	0.00	0.02	0.37	0.22
2012	0.63	0.30	0.96	0.00	0.02	0.38	0.25
2013	0.72	0.43	0.87	0.05	0.01	0.42	0.26
2014	0.80	0.78	0.70	0.02	0.02	0.46	0.26
2015	0.76	0.98	0.63	0.66	0.01	0.61	0.19
2016	0.67	0.78	0.48	0.02	0.01	0.39	0.16

数据来源：根据 UN COMTRADE 数据计算得出。

根据 G-L 指数的变化特征，这五类茶产品大致上可以分为两类，第一类是 GL_i 数值一直低于 0.5 的产品，即 9403 类别，该类产品基本上以产业间贸易为主。第二类是茶产品的 GL_i 值在调查年份间波动较大，部分年份的 GL_i 值小于 0.5，像 0902、3302 和 1302 类产品，GL_i 数值一直呈现增长的态势，2010 年以后，基本上都在 0.5 以上，说明中国与南亚茶产业的产业内贸易程度在不断增强。

分国别来看（见表 5），中国与南亚各国之间的茶产品产业内贸易状况各有不同，存在较大的国别差异。中国与印度和斯里兰卡的 GL_i 值整体上较高，特别是 2007 年后，都保持在 0.5 以上，表明其茶产品的产业内贸易水平较高，以产业内贸易为主。印度和斯里兰卡的主要种植茶叶品种为红茶，多为无公害的机械产茶，和中国茶叶有所不同，可以满足国内外消费者对茶产品种类质量的多样化需求。[1]

中国与阿富汗、尼泊尔的 GL_i 值基本上小于 0.5，表明中国与这两个国家之间的产业内贸易程度非常低。其中阿富汗主要是茶叶消费国，茶叶产量很少，所以中国与阿富汗的 GL_i 值在调查年份几乎都为 0。中国与巴基斯坦的 GL_i 值只在部分年份中超过 0.5，其余都在 0.5 以下，

---

[1] 吴学君、龚梦：《中国农产品产业内贸易影响因素的实证研究》，《经济地理》2011 年第 7 期。

表明中国与巴基斯坦的茶产品产业内贸易水平还不高,以产业间贸易为主。

表5 中国与南亚各国茶叶贸易的 G-L 指数值(分国别)

年份	印度	斯里兰卡	巴基斯坦	阿富汗	尼泊尔
2000	0.07	0.98	0.09	0.00	0.14
2001	0.58	0.52	0.15	0.00	0.33
2002	0.80	0.43	0.10	0.00	0.28
2003	0.81	0.41	0.36	0.00	0.97
2004	0.42	0.48	0.23	0.00	0.00
2005	0.42	0.48	0.31	0.00	0.01
2006	0.64	0.48	0.35	0.00	0.01
2007	0.77	0.58	0.68	0.00	0.01
2008	0.82	0.61	0.37	0.00	0.01
2009	0.88	0.87	0.25	0.00	0.01
2010	0.83	1.00	0.35	0.00	0.00
2011	0.96	0.82	0.52	0.00	0.03
2012	0.98	0.85	0.61	0.00	0.07
2013	0.89	0.95	0.38	0.00	0.06
2014	0.78	0.90	0.29	0.00	0.15
2015	0.73	0.99	0.16	0.00	0.21
2016	0.72	0.99	0.10	0.00	0.06

数据来源:根据 UN COMTRADE 数据计算得出。

注:由于中国与不丹、孟加拉国、马尔代夫的茶叶贸易在研究年份中几乎无数据,研究价值不大,因此在分国别研究时没有显示其数值。

四 对策建议

国际上一般将茶叶分为三个类别,红茶、绿茶和特种茶。在国际茶业市场中,中国主要出口绿茶。中国对南亚的出口优势产品主要有 9403(茶附加工品)以及 0902(原茶),其中原茶类别中的大包装绿茶和小包装绿茶在双边贸易中表现为产业内贸易。

中国与南亚拥有巨大的市场潜力,两者之间的茶产业贸易虽然存在竞争,但是更多的是互相需求互相合作的局面。因此,双方应该充分利用各自的产业贸易优势,加强双边合作。

(一)实施茶产品差异化战略,加强品牌建设

中国在对南亚地区保持传统产业优势的同时也要提升优势产品的质量水平和技术含量。中国与南亚的茶产品贸易以产业间贸易为主,双方依据各自的特色资源优势进行贸易。众所周知产品的差异化是产业内贸易的基础,所以一方面中国要加大茶产业的科技投入,研发茶叶新品种,进一步深化专业化分工,实现产品规格和品种上的差异化和多样化来满足消费者的不同需求。另一方面,中国的劳动力成本在不断上升,依靠劳动力优势的劳动密集型产品的比较优势容易被南亚地区所超越。因此,中国要加快茶产业的品牌建设之路,结合中国浓厚的茶文化底蕴,提升中国茶产品在包装、款式等各方面的出口档次,扩大茶产品在南亚市场的品牌知名度,鼓励企业在扩大南亚市场的同时加强品牌建设,提高产品在国际市场上的认可度,有效提升中国茶的市场竞争力。[1]

(二)从水平型向垂直型产业内贸易发展

总体上来看,在中国和南亚的茶叶双边贸易中,产业间贸易水平高于产业内贸易,说明贸易茶产品的互补性大于竞争性。中国从南亚进口的产品主要集中在小包装红茶等初级产品上,进口的产品结构比较单一,而出口的结构较为丰富,从绿茶类初级产品到茶几类工业制成品,种类齐全。从数据来看,只有中国与南亚总体的双边0902(原茶)类贸易为产业内贸易,中国与南亚五个国家在茶产业工业制成品上的贸易全部为产业间贸易,这个现象说明南亚的初级产品和中国的茶叶加工品存在一定程度的互补性。

---

[1] 孙致德、李先德:《农产品产业内贸易水平与结构:中国与澳大利亚的实证研究》,《华南农业大学学报》(社会科学版)2014年第1期。

从上文数据来看，产业内贸易对双方茶产业贸易增量所起的作用很小，说明要素禀赋是中国与南亚双边贸易的决定性因素。中国通过产业结构转型将茶产业向基于规模经济的产业内贸易转变，通过分工生产具有比较优势的相对单一的茶产品，再通过国际贸易实现市场上的茶产品多样性，可以有效地提高资源的利用效率，获得最大的经济收益。①

参考文献

[1] 黄碟君、庄丽娟：《中国与东盟农产品产业内贸易研究》，《世界贸易组织动态与研究》2008年第8期。

[2] 陆文聪、梅燕：《中国与欧盟农产品产业内贸易实证分析我》，《国际贸易问题》2005年第12期。

[3] 许建春、鹿鹏：《论中国在亚洲生产网络中的分工地位与对策》，《经济纵横》2008年第5期。

[4] 马述忠、任婉婉：《一国农产品贸易网络特征及其对全球价值链分工的影响》，《中国农村发展论坛》2015年第8期。

[5] 耿仲钟、肖海峰：《贸易开放背景下中印农产品产业内贸易研究》，《南亚研究》2015年第2期。

[6] 罗余才：《中国农产品贸易中的产业内贸易》，《农村经济》2002年第9期。

[7] 宋玉华、刘春香：《中国农业产业内贸易的实证研究》，《中国农村经济》2004年第12期。

[8] 朱晶、陈晓艳：《中印农产品贸易互补性及贸易潜力分析》，《国际贸易问题》2006年第1期。

[9] 李佳佳：《中国农产品产业内贸易的实证研究》，中国政法大学硕士学位论文，2009，第56~60页。

[10] 杨珂、张利军：《云南省与东盟农产品产业内贸易研究》，《东南亚纵横》2015年第6期。

[11] 温立香、陈昀、郭雅玲：《对海峡两岸茶业可持续发展的探讨》，《福建茶叶》2011年第6期。

---

① 方媛：《中国与中亚五国农产品产业内贸易研究》，新疆农业大学硕士学位论文，2012，第71~73页。

［12］赵长和：《中国和印度茶叶出口竞争力比较》，《重庆理工大圩学报（社会科学）》2016 年第 11 期。
［13］杜建斌等：《斯里兰卡茶产业发展现状及对中国的启示》，《世界农业》2017 年第 4 期。
［14］陈旭：《中国与主要贸易伙伴农产品产业内贸易研究》，南京农业大学硕士学位论文，2009，第 112~115 页。
［15］吴学君、龚梦：《中国农产品产业内贸易影响因素的实证研究》，《经济地理》2011 年第 7 期。
［16］黄春全、司伟：《中国与印度农产品贸易的动态与前景分析》，《国际经贸探索》2012 年第 7 期。
［17］李菲、吴凤娇：《海峡两岸农产品产业内贸易及其影响因素的实证研究》，《国际经贸探索》2010 年第 1 期。
［18］孙致德、李先德：《农产品产业内贸易水平与结构：中国与澳大利亚的实证研究》，《华南农业大学学报》（社会科学版）2014 年第 1 期。
［19］方媛：《中国与中亚五国农产品产业内贸易研究》，新疆农业大学硕士学位论文，2012，第 71~73 页。

B.13 第三方茶叶平台大数据分析系统建设探讨

江明 周萍[*]

摘　要： 作为茶产业重要支撑工具的第三方茶叶平台，存在各方传递的大量数据，但由于各种原因经常产生诸如信息孤岛等问题，数据没有得到有效应用。大数据分析系统常被用于解决此类问题，但目前针对第三方茶叶平台的大数据分析系统的研究还没有。本报告旨在结合第三方茶叶平台和大数据分析技术的特点，就如何合理建设大数据分析系统进行讨论，为后期设计建设针对第三方茶叶平台的大数据分析系统提供参考思路。

关键词： 茶叶　大数据　分析系统

引　言

第三方茶叶平台作为支撑各方业务的桥梁，被各方广泛采用，并且随着信息技术的发展，其功能越来越强大，同时伴随而来的是大量各种格式数据的产生。要从大量格式数据中快速分析出有价值的信息，需要大数据分析系统之类的分析工具将大量零散的数据转为各方需要的有价值且易于理解的信息。

---

[*] 江明，厦门大学管理学院博士；周萍，福建茶叶点评网CEO，博士。

一　第三方茶叶平台与大数据分析技术

（一）第三方茶叶平台

第三方茶叶平台一般指的是为了实现茶产业供需双方无法直接实现的需求而需要采用信息技术来实现的服务平台，如第三方茶叶检测平台、第三方茶叶评价平台、第三方电子商务平台[①]等。由于茶叶本身种类多，从业者众多，影响因素复杂，从种植到使用涉及很多环节，[②] 所以第三方茶叶平台所存放的数据往往数量巨大，但是信息碎片化严重，数据格式类型多样。以第三方茶叶点评平台为例，其使用者包括品茶达人、消费者、茶叶专家、媒体人、茶农及茶商等；数据类型有数值型、文本型、图像型等；数据量通常达到数十TB。如何有效分析这样数据，使之成为各方可用的有价值的信息，这就涉及大数据技术的使用。

（二）大数据分析技术

大数据技术一般有数据容量大（volume）、数据类型繁多（variety）、商业价值高（value）、处理速度快（velocity）的特点。[③] 大数据分析处理过程一般包括数据采集、数据预处理、数据统计分析、数据挖掘等步骤。[④] 数据

[①] 彭海静：《第三方电子商务大数据分析平台的构建与应用研究》，《电子商务》2017年第2期。
[②] 李晋中、徐仲溪：《我国茶叶产业化发展综述》，《茶叶通讯》2009年第36（4）期。
[③] 郭帅：《浅析大数据特点及发展趋势》，《信息与电脑（理论版）》2016年第2期。
[④] 曹军威、杨明博、张德华等：《能源互联网——信息与能源的基础设施一体化》，《南方电网技术》2014年第8（4）期。

分析算法一般包括临近算法①、贝叶斯分类②、神经网络③等。通过数据分析对数据进行挖掘，最后通过人员的参与，对最后结果的表现形式进行整理，可达到数据被充分有效使用的目的。

二　设计实现

（一）大数据分析系统需要考虑的目标

在基于云平台、大数据平台技术构建的大数据资源平台的基础上，结合第三方茶叶平台的管理制度体系，参考第三方茶叶平台的数据管理业务需求，构建一个云上的大数据分析系统，对云上的各类数据资源进行动态的管理，可实现数据标准规范化、数据关系可视化、数据质量度量化、数据资源资产化、数据流程管控化，让不同数据岗位人员实施数据管理制度，并确保大数据资源平台的数据长期动态正确加工，外部可访问利用，能有效支撑茶叶产业的整体管理。具体可分解为以下几个目标。

1. 构建数据资产全景视图

即在采集各类关键元数据的基础上，利用可视化手段构建数据资产全景视图，让使用者能快速知晓各类数据资产的分布、结构、内容，发现数据的价值。

2. 提升业务应用分析能力

即基于云计算、大数据技术，更大范围地整合内外各类数据资源，使数据统一规范化，打通各类关系，合理规划应用范围，从而有效地支撑各类应用创新，支撑未来各类创新应用的接入。

---

① 刘应东、牛惠民：《基于 k - 最近邻图的小样本 KNN 分类算法》，《计算机工程》2011 年第 37（9）期。
② 卢锦玲、朱永利、赵洪山等：《提升型贝叶斯分类器在电力系统暂态稳定评估中的应用》，《电工技术学报》2009 年第 24（5）期。
③ 张雨浓、陈俊维、刘锦荣等：《基于权值与结构确定法的单极 Sigmoid 神经网络分类器》，《计算机应用》2013 年第 33（3）期。

3. 实现数据标准规范化

即在数据标准管理制度的指导下，将各类数据标准初始化到平台中，形成常态化的数据标准闭环管理机制，为实现数据流畅通和资源共享奠定基础，为各类应用提供标准一致的数据，为创建各类创新应用提供数据标准遵从依据。

4. 数据关系可视化

即广泛采集各类元数据，使数据之间的关系能够打通，并能进行可视化展示。让用户能够知晓每一个数据资源的详情、结构、关系，从而缩短业务与技术之间的距离。

5. 实现数据质量度量化

即支持数据质量监控和数据质量问题流程化管理，及时发现数据问题，快速定位问题影响，解决数据质量问题，进行问题跟踪闭环管理，有效促进数据质量持续改进，保障数据质量水平。

6. 将数据资源资产化

即将数据资源进行资产化的管理与展现，包括从数据链的角度进行可视化展示，提供数据资源目录让用户分门别类检索数据，让用户最快时间获取其期望关注的数据资源。

7. 支撑数据流程管控化

即通过工作流平台将数据标准管理流程、元数据管理流程、数据质量管理流程、数据开发版本发布流程、元数据上云差异分析流程等进行流程化管理，让"事找人"驱动相关的岗位人员完成对应的数据管理工作。

（二）大数据分析系统需遵循的基本原则

1. 扩展性和开放性原则

由于第三方平台数据来源多样化，在进行大数据分析系统建设时需要考虑其能兼容各种不同来源的数据，包含结构化、非结构化以及互联网数据等，因此数据模型的设计、数据的存储、数据的集成等各种技术都具有良好的扩展性，以满足未来的需求。另外，系统建设需要为未来新的应用建设以及与源端业务系统的智能互动打好基础，因此也要求项目设计具有良好的扩展性。在技术方面，可以通过架构分层、MVC 模式应用、功能封装、面向接口编程、面向服务开发、前后端分离等手段实现系统技术上的扩展性保证。另外，要在流程、规则、展示等方面进行规划与设计，使可以通过相关参数配置完成对系统的灵活使用。

2. 安全性原则

安全保障工作是大数据分析系统建设必须要做的一项基础性工作，需要在系统应用、数据存储、管理及保密等方面进行强化，通过采取各种技术和管理措施，实现硬件、系统、数据、操作等方方面面的安全管理，并提供一套完整、可用、有效的安全保障体系方案。因此，在服务器管理、大数据采集与存储、应用系统建设以及项目建设过程中，各项管理工作都需要以安全为基本原则，确保满足项目的各项安全要求。

3. 易用性原则

易用性主要是指在进行系统设计过程中必须站在使用者角度进行，可以围绕系统功能展示、功能操作以及数据展示等内容从易理解、易使用、易学习三方面考虑，从而确保系统功能实现完整、准确、易用。

4. 成熟性原则

数据的不断集成，数据应用的不断深入，以及与核心业务系统的实时交互，将产生越来越大的价值。与此同时对大数据的安全性、稳定性的要求也越来越高，因此，项目的底层技术平台、各项技术组件及其他技术工具等都要成熟稳定，避免技术社区不活跃、应用案例少、发展不成熟等问题给开发带来系统风险。

（三）大数据分析系统开发运行环境举例

1. 开发环境

为了满足大数据分析系统的开发需求，基本环境如表 1 基本开发环境表所示。

表1　基本开发环境表

操作系统	Windows 7	数据库	MySQL5.6
后台服务器	Tomcat9.0	编程语言	Java
负载均衡	SLB	缓存	Redis
开发平台	IDEA		

满足大数据分析系统运行的基本环境如表2基本运行环境表所示。

表2　基本运行环境表

操作系统	Centos6.8	数据库	odps、ads、rds、drds
后台服务器	Tomcat9.0	编程语言	Java
负载均衡	SLB	缓存	Redis
开发平台	IDEA		

（四）大数据分析系统总体结构

要通过大数据管理平台的建设，实现大数据管理体系的落地实施，并通过与数据湖、大数据创新应用进行紧密衔接，成为数据源、数据湖、大数据应用之间的桥梁，更好地实现数据采集、存储、应用的全面、综合管理与服务。总体结构如图1大数据分析系统总体结构图所示。

（五）大数据分析系统各模块设计

1. 个人数据门户

数据门户是为大数据管理平台提供的，面向用户进行综合集成的工作首页，通过该门户可以对用户在大数据管理平台中想看的、想做的、想知道的各类资源（这些资源包括待办任务、消息服务、收藏、定制、图表监控、供应链等）进行统一集中与展示。

2. 标准管理

标准是数据治理的重要基石，数据标准化的实施可以作为数据管理平台

第三方茶叶平台大数据分析系统建设探讨

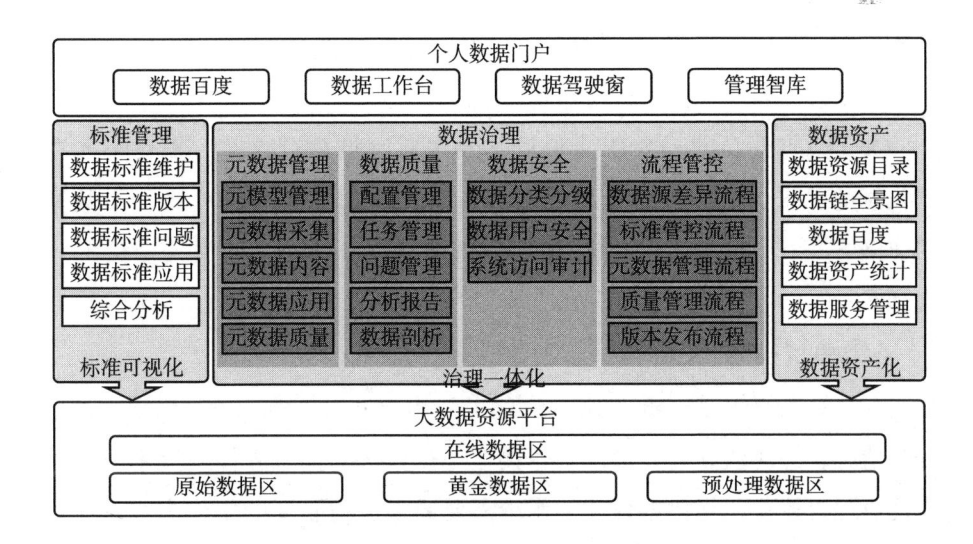

```
┌─────────────────────────────────────────────────────────────┐
│                      个人数据门户                            │
│  ┌────────┐  ┌────────┐  ┌────────┐  ┌────────┐            │
│  │数据百度│  │数据工作台│  │数据驾驶窗│  │管理智库│          │
│  └────────┘  └────────┘  └────────┘  └────────┘            │
├──────────┬──────────────────────────────────┬──────────────┤
│ 标准管理  │           数据治理                │  数据资产    │
│┌────────┐│┌────────┐┌────────┐┌────────┐┌────────┐│┌────────┐│
││数据标准维护││元数据管理││数据质量││数据安全││流程管控│││数据资源目录││
│├────────┤│├────────┤├────────┤├────────┤├────────┤│├────────┤│
││数据标准版本││元模型管理││配置管理││数据分类分级││数据源差异流程│││数据链全景图││
│├────────┤│├────────┤├────────┤├────────┤├────────┤│├────────┤│
││数据标准问题││元数据采集││任务管理││数据用户安全││标准管控流程│││数据百度││
│├────────┤│├────────┤├────────┤├────────┤├────────┤│├────────┤│
││数据标准应用││元数据内容││问题管理││系统访问审计││元数据管理流程│││数据资产统计││
│├────────┤│├────────┤├────────┤└────────┘├────────┤│├────────┤│
││综合分析││元数据应用││分析报告││          ││质量管理流程│││数据服务管理││
│└────────┘│├────────┤├────────┤          ├────────┤│└────────┘│
│          ││元数据质量││数据剖析│          ││版本发布流程││          │
│ 标准可视化│└────────┘└────────┘          └────────┘│ 数据资产化│
│    ↓     │           治理一体化              │     ↓      │
├──────────┴──────────────────────────────────┴──────────────┤
│                      大数据资源平台                          │
│                       在线数据区                             │
│  ┌──────────┐      ┌──────────┐      ┌──────────┐          │
│  │ 原始数据区│      │ 黄金数据区│      │预处理数据区│         │
│  └──────────┘      └──────────┘      └──────────┘          │
└─────────────────────────────────────────────────────────────┘
```

图 1　大数据分析系统总体结构图

整体工作的起点。设定数据标准是对分散在各系统中的数据提供一套统一的数据命名、数据定义、数据类型、赋值规则等的定义基准。通过数据标准化可以防止用语的混乱使用，维持企业数据模型的一贯性，确保数据的正确性及质量，促进信息资源共享，减少数据转换，促进系统集成，并可以提高开发生产和数据管理的一贯性。

3. 元数据管理

平台元数据管理，需要将各系统全生命周期生成的所有元数据对象纳入元数据管理范畴。元数据管理主要包括元模型维护、元数据采集、元数据内容、元数据应用、元数据质量检查五个功能模块。

4. 数据质量管理

数据质量管理是指对数据从计划、获取、存储、共享、维护、应用、消亡生命周期的每个阶段里可能引发的各类数据质量问题，进行识别、度量、监控、预警等一系列管理活动，并通过改善和提高组织的管理水平使数据质量获得进一步提高。数据质量管理工作以数据质量问题为抓手，通过专项评估、日常监控、发现问题、分析问题、解决问题来提高数据质量，具体包括数据质量基础配置、数据质量任务管理、数据质量问题管理、数据质量全景

分析、数据质量报告管理五个方面的工作。

5. 数据安全

关于数据安全的一个普遍观点是通过对数据进行分类，根据不同数据类别的要求、权限进行管控，以便有效保障用户的数据安全，对数据的访问方式和访问对象需要制定相应的规则，以实现对数据安全的有效管理。

6. 数据资产

要将数据资源进行资产化，让更多的用户知晓数据资源的全局情况、分布情况，并对数据资源提供服务接口，让更多的第三方接入进来。还要实现流程管控化，将数据管理工作中需要通过流程驱动的工作内容，通过工作流引擎来产生各类数据工作任务，并逐个节点推送，形成一个数据管控机制。其中：数据标准管理的流程在数据标准管理模块中由人工驱动工作流，元数据管理的流程在元数据管理模块中由人工驱动工作流，数据质量管理的流程在数据质量管理模块中由人工驱动工作流。在本模块中，要结合大数据资源平台的特性，针对数据上云不一致性进行流程管控，针对数据开发版本发布进行流程管控，确保以上两个重要数据工作是流程化的、管控化的。

三 大数据分析系统测试探讨

在基于云平台、大数据平台技术构建的第三方茶叶平台的基础上，依照相关管理制度体系，参考数据管理平台业务需求，构建一个云上的大数据分析系统，对云上的各类数据资源进行动态的管理，可实现数据标准规范化、数据关系可视化、数据质量度量化、数据资源资产化、数据流程管控化，让不同数据岗位人员实施数据管理制度，并确保大数据资源平台的数据长期动态正确加工，外部可访问利用。结合以上设计实现表述，以下对系统测试框架进行讨论。

（一）测试类型

为了能有效地对大数据分析系统进行测试，测试类型应基本包括表3 大数据分析系统测试类型表所示内容。

表3　大数据分析系统测试类型表

类型	说明
功能测试	系统管理、数据采集、程序加载、状态同步等功能测试
接口测试	硬件接口、软件接口均在集成测试中进行
人机交互界面测试	用户界面测试
可靠性测试	进行可靠性测试
环境适应性测试	在多种操作系统环境下进行环境适应性测试
随机测试	在以上测试中穿插进行

（二）测试充分性要求

1. 单元测试

（1）对软件设计文档规定的软件单元的功能、性能、接口等应逐项进行测试。

（2）测试用例的输入应至少包含有效等价类值、无效等价类值和边界数据值。

2. 集成测试

（1）测试用例的输入应至少包括有效等价类值、无效等价类值和边界数据值。

（2）应逐项测试软件需求规格说明规定的软件的功能、性能等特性。

（3）应测试软件的所有外部输入、输出接口（包括和硬件之间的接口）。

（4）应测试人机交互界面提供的操作和显示界面，包括用非常规操作、误操作、快速操作测试界面的可靠性。

（5）对不同的实际问题应外加相应的专门测试。

3. 系统测试

（1）测试用例的输入应至少包括有效等价类值、无效等价类值和边界数据值。

（2）应逐项测试系统/子系统设计说明规定的系统的功能、性能等特性。

（3）应测试运行条件在边界状态和异常状态下，或在人为设定的状态下，系统的功能和性能。

（4）对不同的实际问题应外加相应的专门测试。

（5）对于具体的大数据分析系统，可根据具体的测试任务书或系统的重要性、安全性、关键等级等要求对上述内容进行增加或裁剪；若进行白盒级单元测试，则需要说明语句覆盖率和分支覆盖率要求。

四 总结

本报告从第三方茶叶平台和大数据分析技术的特点出发就实际中如何设计实现适合第三方茶叶平台的大数据分析系统进行了探讨，提出了架构和基本模块，并对大数据分析系统最终测试提出了使用的框架。

目前，适用第三方茶叶平台的大数据分析系统建设尚处于雏形阶段，在可视化和智能分析上还要做很多努力，为满足应用的目标和定位，在关系库的建设上，要考虑集成更多的外部数据，丰富关系类型；在可视化上，要优化前端的交互能力，将数据的展示做到科学化、优雅化；在智能分析上，要囊括更多的社会网络分析算法，用更丰富的算法体系和算法成果，更智能地为使用者高效、快速、准确地解决问题，会是未来的研究方向。

引用：

[1]彭海静:《第三方电子商务大数据分析平台的构建与应用研究》,《电子商务》

2017年第2期。
[2] 李晋中、徐仲溪：《我国茶叶产业化发展综述》，《茶叶通讯》2009年第36（4）期。
[3] 郭帅：《浅析大数据特点及发展趋势》，《信息与电脑》（理论版）2016年第2期。
[4] 曹军威、杨明博、张德华等：《能源互联网——信息与能源的基础设施一体化》，《南方电网技术》2014年第8（4）期。
[5] 刘应东、牛惠民：《基于k-最近邻图的小样本KNN分类算法》，《计算机工程》2011年第37（9）期。
[6] 卢锦玲、朱永利、赵洪山等：《提升型贝叶斯分类器在电力系统暂态稳定评估中的应用》，《电工技术学报》2009年第24（5）期。
[7] 张雨浓、陈俊维、刘锦荣等：《基于权值与结构确定法的单极Sigmoid神经网络分类器》，《计算机应用》2013年第33（3）期。

B.14
茶叶企业的纵向协作影响因素分析——以福建为例

管曦 杨江帆 DOAN BA TOAI*

摘 要： 本报告针对福建全省409家茶叶企业的实地调查获取的数据，利用结构方程模型（SEM）实证分析了茶叶企业纵向协作绩效的影响因素和影响路径。研究发现，纵向协作的方向和维度、协作强度、协作资源和协作能力对于纵向协作绩效都有明显的促进作用，协作方向和维度对协作绩效的影响最大，协作能力对协作绩效的间接影响最大，协作资源和协作能力都要通过协作强度和协作方向及维度对协作绩效产生间接影响。

关键词： 农业企业 纵向协作 绩效 结构方程模型

一 引言

随着近年来我国农业产业化的快速推进，农业企业正在逐渐成为农业产业化的关键。全国各类农业龙头企业已有11万家，销售收入突破5.7万亿元，从业人员近3000万人，以龙头企业为主体的各类农业产业化组织多种

---

* 管曦，福建农林大学经济学院副教授；杨江帆，福建农林大学教授，博士生导师；DOAN BA TOAI，福建农林大学经济学院硕士研究生。
基金项目：本文受"2011协同创新中心"中国乌龙茶产业协同创新中心专项（J2015-75）资助。

形式带动农户约1.1亿户，其经营涉及生产、加工、流通等多个环节，不断完善了对产业链的上下游整合。2012年3月国务院出台的《关于支持农业产业化龙头企业发展的意见》进一步明确："农业产业化龙头企业是构建现代农业产业体系的重要主体，要强化龙头企业原料生产基地基础设施建设，鼓励龙头企业大力发展连锁店、直营店、配送中心和电子商务，鼓励龙头企业合理发展农产品精深加工，延长产业链条，提高产品附加值。"2013年中央一号文件提出，要"培育壮大龙头企业，支持龙头企业通过兼并、重组、收购、控股等方式组建大型企业集团，推进龙头企业集群发展。推动龙头企业与农户建立紧密型利益联结机制，支持龙头企业建设原料基地"。

随着农业企业加快在农业产业链上下游的延伸，无论是产业链上游的原料获取还是下游的产品销售，生产经营的约束条件都发生了显著变化，突出的表现是基于合同订单和"返租倒包"的原料基地方式获取的农产品原料越来越多，在农产品销售中利用专卖店、直营店销售的比例越来越大，而这会直接影响农业企业的资源配置情况。胡定寰（1998）通过对国际养鸡产业一体化经营进行横向比较，认为厂商采取纵向协作的根本目的在于减少交易费用和市场风险；王桂霞（2005）认为中国的大型牛屠宰加工企业是牛肉现代产业链的核心，屠宰加工企业选择纵向协作农户的原因在于企业可以获得最大的利益分配；韩杨（2011）等人的研究显示蔬菜企业食品可追溯体系的构建，可以确保食品原料的质量安全，对产业链上游的纵向一体化是现有约束条件下最理想的纵向协作模式；万伦来（2010）的研究表明，不同组织模式对龙头企业技术效率的影响程度不同，相比"公司+农户"组织模式，"公司+基地+农户"和"公司+专业合作组织+基地+农户"的组织模式对龙头企业技术效率具有显著的正效应；刘幸（2012）对四川省40家农业产业化龙头企业投入产出的效率进行分析，结论表明不同类型的农业产业化龙头企业生产效率不同，实现适度规模经营和合理配置投入要素是提升我国农业产业化龙头企业的重要途径；管曦（2012）对我国804个精制茶加工企业投入产出的分析结果表明，不同所有制形式和不同地区的茶叶企业效率都存在明显差异。

以上这些成果都为本报告的研究提供了重要的参考，但是这些研究也都体现出一些不足：①对农业企业的产业化生产经营效果大多是从投入产出的角度利用生产前沿面的构建来展开分析的，较少考虑不同因素对农业企业产业化经营的影响路途和机理；②在研究方法的选择上，以定性分析和案例分析为主，较少采用结构方程模型来分析农业企业的纵向协作绩效。鉴于此，本报告利用福建省 409 家茶叶企业的调查数据，分析影响企业纵向协作绩效的因素。报告首先基于文献分析来确定可能影响农业企业纵向协作的因素，并提出相对应的研究假说，然后利用结构方程模型（SEM）来对研究假说进行检验，从实证的角度分析影响企业纵向协作绩效的相关因素，最后基于研究结论提出了有针对性的政策建议。

二 理论基础和研究假说

（一）相关概念界定

1. 绩效

在经济管理活动方面，绩效是指社会经济管理活动的结果和成效，用来衡量一个组织或个人在一定时期内的投入产出情况。企业绩效评价，就是指运用数理统计和运筹学原理，通过构建特定指标体系，按照一定的程序，通过定量定性对比分析，对企业一定经营期间的经营效益和经营者业绩做出客观、公正和准确的综合评判。目前对企业经营活动的绩效评价大多采用会计类的相关指标，如净资产收益率、总资产报酬率、销售利润率、现金流回报率等，这些指标主要是从财务的角度来对企业的绩效进行评价，往往只能反映企业资金使用的效率，而较难反映出企业实际生产经营活动中除财务外其他情况的变动。在本报告中，要考虑的绩效是指农业企业纵向协作后的经营效益和业绩，农业企业的纵向协作，是为了获取竞争优势，相应的产出指标应该包括产品品质、产品成本、产品市场竞争力、产品知名度、产品利润率等方面的变化，应是一个多维度的变量。

2. 纵向协作

纵向协作最先由 Mighell and Jones（1963）的开拓性研究提出，该研究指出，所谓纵向协作是指协调产品的生产和销售各相连阶段的所有的联系方式。根据对不同阶段控制程度的强弱，纵向协作的方式可以分为市场交易（open market）、合同交易（contracts）、长期战略伙伴关系（long term strategic partnership）和垂直一体化（vertical coordination）。芮明杰（2006）认为只要产业链上的企业能够直接或间接控制链上其他企业的决策，使之产生期望的协作行为就可以视为发生了某种程度的"整合"。由于我国农业产业链纵向协作中，农户与企业建立长期战略伙伴关系的情况较少，因此产业链上游的纵向协作主要包括农户与企业之间的市场交易、合同交易（不完全纵向协作）和垂直一体化（完全纵向协作）三种不同程度的纵向协作方式，而在产业链下游的纵向协作中，通过集贸市场、批发市场和超市销售农产品相对于自建连锁店、直营店和配送中心，农业企业对销售终端的控制力更弱，因此，将前者定义为不完全纵向协作，而将通过自建连锁店、直营店和配送中心销售农产品的农业企业定义为完全纵向协作。

（二）研究假说

通过对现有相关文献的搜集分析，结合我国农业发展的现状，本报告认为影响农业企业纵向协作绩效的相关因素主要包括以下几个方面。

1. 企业资源与绩效

沃纳菲尔特在《企业的资源基础论》中指出，每个企业都具有不同的有形和无形的资源，企业是一个资源的集合体，企业的资源特点可以用来解释不同企业之间可持续的优势和相互间的差异，资源和知识的积累是企业保持竞争优势、获得超额收益的关键，企业具有的价值性、稀缺性、不可复制性以及以低于价值的价格获取的资源是企业获得持续竞争优势以及成功的关键因素，企业的竞争力就来源于那些特殊的资源。贺小刚（2004）的研究表明，资源的异质性能够较好地说明不同企业之间绩效的差异性。刘慧波（2009）的分析显示，企业的资源整合对企业与纵向协作伙伴的持续成长

具有一定的正向影响，因而能够显著影响企业的纵向一体化整合绩效。朱红根（2012）对农民工返乡创业的企业绩效进行的实证研究表明，资金的充裕和政策扶持的多少等经营资源对企业的绩效有间接的影响。因此，本报告提出第一个假说H1：企业的协作资源对其纵向协作绩效具有正向影响。

2. 企业能力与绩效

Prahalad and Hamel（1990）提出，核心能力是指蕴含于一个企业生产、经营环节之中的具有明显优势的个别技术和生产技能的结合体，它能够使组织的一项或多项业务达到竞争领域的一流水平。斯多克等人则认为企业组织成员的集体技能和知识以及员工相互交往方式的组织程序会显著影响组织的竞争力。Masaaki Kotabe（2003）认为，企业向上游主体转移知识和技术的能力对于上游供应商和自身的绩效都有一定的正向影响。韩顺平（2006）指出营销能力作为企业的重要能力之一，不仅能够直接驱动企业绩效，还能够通过其他因素间接对企业绩效产生影响。谢洪明（2007）对华南202家企业的实证研究证明学习能力和创新能力并不是企业绩效提升的直接因素，而是通过提高核心能力，间接地提升最终的绩效。马海刚（2008）认为企业家能力和社会资本是影响山西省乡镇企业绩效的关键因素，从统计结果来看，企业创新是有利于乡镇企业绩效的。黄祖辉（2010）利用352家中国涉外农业企业调查数据的研究证明，农业企业使用金融衍生工具能力越强，其出口绩效提高得越明显。蔡丽（2009）则认为企业的学习能力对企业绩效有直接的积极影响。因此，本报告提出第二个假说H2：企业的协作能力对其纵向协作绩效具有正向影响。

3. 协作强度与绩效

Ziggers（l999）指出当产业链中的组织结构趋于稳定和紧密时，组织的运行将更为高效，更有能力应对市场的多变和可能的风险；Duffy and Fearne（2004）认为企业与其他主体间更为紧密的协作，使企业更能够满足农业链对产品质量的高要求，更容易解决食品安全问题。Mohammad Nasir Uddin（2009）对澳大利亚牛肉产业链的纵向协作研究表明，企业的纵向协作强度会显著影响企业与其他主体间的关系，而二者的关系又是企业绩效和竞争力的主要影响因素。吕美晔（2008）基于我国321家蔬菜核心企业的实证研究证明，蔬菜企业组织与其他主体链接强度越强将越会提高组织效率。韩纪琴（2008）指出，生猪屠宰和肉类加工企业同上游供货商的垂直协作程度与企业质量管理有密切关系，而企业的质量管理与营运绩效呈正相关关系，因此企业同上游供货商的垂直协作程度与企业营运绩效之间存在间接的相关关系。陈灿（2011）的研究表明在农业企业与农户的合作中，二者的关系越紧密，双方的信任、互惠和互动强度就越大，对合作绩效的正向影响就越显著。因此，本报告提出第三个假说H3：企业的协作强度对其纵向协作绩效具有正向影响。

4. 协作方向和维度与绩效

G John和BA Weitz（1988）的研究发现企业通过前向协作进入销售领域，主要原因在于资产的专用性和对降低风险的预期。RA D'aveni（1994）对企业的前向和在后向协作进行的研究表明，前向协作有助于企业降低交易成本，而在后向协作的情况下企业缺少来自市场的压力和降低成本的激励，因此并没有显著降低成本。汪普庆（2009）比较分析了各种纵向协作组织模式的影响因素，认为供应链的一体化程度越高，其提供产品的质量安全水平越高。雷雨（2008）基于调研数据的实证研究表明，蔬菜企业向产业链的前向协作主要是为了发出与其他企业不同的信号，而向产业链的后向协作主要是为了保证原料的品质。陈宗懋（2010）认为出现茶叶企业自建销售网点（前向协作）的趋势，主要原因可以归结为这一行为不仅可以使企业获取茶叶零售环节的丰厚利润，也有助于茶叶企业控制销售终端，加快建立企业的自有品牌。从我国农业发展的现状及趋势来看，一些规模实力较强的农业企业已经提出了"全产业链布局"的思路。因此，本报告提出第四个假说H4：企业的协作方向和维度对其纵向协作绩效具有正向影响。

5. 中间变量与绩效

正如上面的一些已有研究所指出的那样，企业的资源和能力不仅能够直接影响农业企业的纵向协作绩效，而且会通过其他因素间接影响企业的纵向协作绩效。结合我国农业发展的现状，企业的资源和能力往往会影响其纵向协作的强度和方向及维度。因此，本报告提出其余五个假说。

H5：企业的协作资源对其纵向协作强度具有正向影响。

H6：企业的协作资源对其纵向协作方向和维度具有正向影响。

H7：企业的协作能力对其纵向协作强度具有正向影响。

H8：企业的协作能力对其纵向协作方向和维度具有正向影响。

H9：企业的纵向协作方向和维度对协作强度具有正向影响。

基于以上的分析，为了检验相关假说，本报告构建了影响农业企业纵向协作绩效因素的结构方程模型，该结构方程模型的构建，既基于前人的研究，又立足于我国农业发展的现状，当然这只是一个初步的模型构想，还需要相关数据来进行验证，具体如图1所示。图1显示的是潜变量之间的相互作用关系，即企业的纵向协作能力、协作资源、协作方向和维度、协作强度和纵向协作绩效之间的相互作用关系。由于农业企业的纵向协作能力、协作资源、协作方向和维度、协作强度和纵向协作绩效都是潜变量，因此在图1中以椭圆形进行表示，说明这些变量不能通过直接观测得到，而只能通过其他的相关指标加以评价。相互之间的箭头表明一个因素对另外一个因素可能存在的影响，这种影响既有可能为正向影响，也有可能为负向影响，其具体的影响程度（数据的大小）和性质（数据的正负）有待结构方程（SEM）的检验。

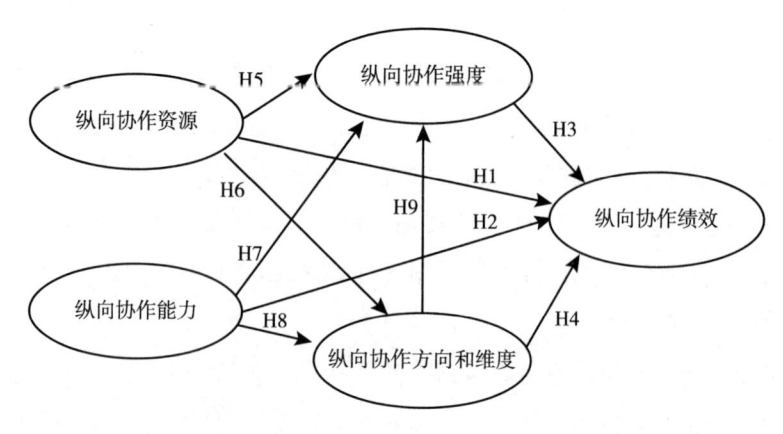

图1 农业企业纵向协作绩效因素的结构方程模型

三 数据来源与样本基本特征

（一）数据来源

本报告主要选择福建茶叶企业作为调查对象，根据福建省统计局对全省茶叶企业的统计分析，截至2008年底全省共有1804家注册茶叶企业。本报告根据实际需要，结合企业目录，通过抽样对全省409家茶叶企业进行了实地调研，占全省茶叶企业总量的23%。在样本的选择上，本报告采取分层抽样方法，即根据茶叶企业的规模大小将全省茶叶企业分成大、中和小规模茶叶企业，在每一地区选取数量大致相等的不同规模企业样本，每一地区企业样本量主要根据该地区茶叶产量占全省茶叶总量的比例确定。

本研究采用的是李克特（Likert-type）5级量表方法来对结构方程中的纵向协作能力、协作资源、协作方向和维度、协作强度和纵向协作绩效进行测度。之所以采取该方法，是由于本研究涉及的一些茶叶企业数据资料，如与被协作主体的紧密度、茶叶企业的专用性资产投入等，只有茶叶企业的负责人或相关主管才能够给予较为合理的回答，无法通过其他渠道获取。这些问卷大多涉及主观性的判断，不能单纯用是或者否来给予回答，需要从更多层次来反映回答者对这些问题的同意程度。在本研究中量表中不同分值的具体含义为：5分表示非常同意或非常符合（取决于问题内容），4分表示同意或者符合，3分表示不确定，2分表示不同意或不符合，1分表示完全不同意或完全不符合。

（二）样本基本特征

1. 茶叶企业对产业链上游和下游的纵向协作情况

由表1可以看出，409家茶叶企业中有202家茶叶企业倾向于对上游采取完全纵向协作，通过自建茶园来保证鲜叶品质和数量，而只有79家茶园企业通过市场交易来获取鲜叶。在产业链的下游，采取完全纵向协作的茶叶企业数量达到 200 家，而有 209 家茶叶企业通过不完全纵向协作的方式来销售茶叶产品。在产业链上游以市场交易获取鲜叶的 79 家茶叶企业中，仅有 7 家在产业链下游倾向于通过专卖店等完全纵向协作的方式销售茶叶产品，90% 的茶叶企业则通过不完全纵向协作的方式来销售茶叶产品。但随着对上游纵向协作程度的不断增强，可以看出在对上游不完全纵向协作的 128 家茶叶企业和完全纵向协作的 202 家茶叶企业中，在产业链下游建立专卖店和直营店的茶叶企业数量分别达到 74 家和 118 家，均占总量的 58%。相反，通过不完全纵向协作来销售茶叶的企业比例均为 42%，说明随着对上游鲜叶控制力度的加强，茶叶企业更加倾向于建立专卖店来销售茶叶。综合来看，本次调查的茶叶企业中 338 家对产业链上下游实施了一定程度的纵向协作，福建茶叶企业更加倾向于对产业链上下游的纵向协作（见表1）。

表1　茶叶企业产业链上下游纵向协作情况

上游	茶叶企业数量	所占比例(%)	下游	茶叶企业数量	所占比例(%)
市场交易	79	19.3	完全纵向协作	8	10
			不完全纵向协作	71	90
不完全纵向协作	128	31.3	完全纵向协作	74	58
			不完全纵向协作	54	42
完全纵向协作	202	49.4	完全纵向协作	118	58
			不完全纵向协作	84	42

数据来源：调查获取。

注：当企业在产业链上游有多种获取鲜叶的途径时，将其获取鲜叶数量最多的途径作为主要途径来考虑。在产业链下游，当茶叶企业通过茶叶专卖店销售的茶叶数量超过 50% 的时候，则认为其倾向于纵向协作。

2. 茶叶企业与上游鲜叶交易方式的转变

在调查问卷中，本报告设置了茶叶企业 2005 年以来上游鲜叶交易方式是否转变的题项。如表2所示，409 家茶叶企业中的 286 家近年来改变了上游鲜叶交易的方式，123 家则没有改变。在 286 家改变鲜叶交易方式的茶叶企业中，133 家茶叶企业转向更为紧密的完全纵向协作来获取鲜叶，其中有

47家由不完全纵向协作转变而来，多达86家茶叶企业由市场交易转变而来。110家茶叶企业转向以不完全纵向协作的方式来获取鲜叶，其中20家企业由完全的纵向协作向不完全纵向协作转变，而多达90家茶叶企业由市场交易转变而来。43家茶叶企业则转向通过市场交易来获取鲜叶，其中分别有4和39家茶叶企业由完全纵向协作和不完全纵向协作转变而来。从整体来看，自2005年以来，有223家茶叶企业选择向更为紧密的纵向协作方式转变，占到了改变鲜叶交易方式茶叶企业数量的78%，说明越来越多的茶叶企业都意识到对上游鲜叶原料控制的重要性，纷纷加快了对上游的纵向协作。

表2 茶叶企业与上游鲜叶交易方式的转变趋势

	企业数量	完全纵向协作	不完全纵向协作	市场交易
改变鲜叶交易方式	286	133	110	43
原有方式为完全纵向协作		—	20	4
原有方式为不完全纵向协作		47	—	39
原有方式为市场交易		86	90	—
没有改变鲜叶交易方式	123	69	18	36

数据来源：调查获取。

注：本报告只调查2005年茶叶企业的上游鲜叶交易方式和现在的鲜叶交易方式，对于其中茶叶企业由市场交易转变为不完全纵向协作，再转变为完全纵向协作的情况，并没有进行调查。

3. 茶叶企业下游销售茶叶方式的转变

本次调查同时包括茶叶企业近年来下游茶叶销售方式是否转变的题项，从样本数据来看（见表3），在409家茶叶企业中，有225家茶叶企业近年来没有改变下游茶叶销售的方式，184家则改变了茶叶销售的方式，其中168家通过建立茶叶专卖店向纵向协作转变，占总量的41%，说明越来越多的茶叶企业开始考虑建立茶叶专卖店，以此加大对销售端的控制，18家茶叶企业向不完全纵向协作的销售方式转变，这可能是茶叶企业自身产品的变化或销售策略的改变造成的。

表3　茶叶企业下游销售茶叶方式的转变趋势

	企业数量	向完全纵向协作转变	向不完全纵向协作转变
改变茶叶销售方式	184	168	16
没有改变茶叶销售方式	225	32	193

数据来源：调查获取。

4. 茶叶企业加工茶类与纵向协作

从本次调查的结果来看，福建作为全国茶叶产量和茶类最多的省份，不同茶类的茶叶企业对产业链上下游的纵向协作并没有因为茶类的区别而显示出较大的差异。从表4可以看出，全部调查的409家茶叶企业中，以乌龙茶加工为主的茶叶企业达到253家，绿茶加工企业117家，红茶及其他茶类的加工企业为39家。三种不同茶类的茶叶企业对上游纵向协作的比例分别占到82%、80%和72%，说明不同茶类对于茶树鲜叶都有较为严格的要求，因而都倾向于对上游采取纵向协作，茶类对茶叶企业上游的纵向协作影响不大。在对产业链下游的纵向协作中，红茶加工企业采取直营店的完全纵向协作模式的比例与绿茶和乌龙茶相比明显较低，仅为26%，可能的原因是我国的茶类以绿茶和乌龙茶生产为主，红茶的产量和市场需求都不大，相应地以红茶为主的茶叶企业规模都不是很大，较少以直营店销售。

表4　茶叶企业加工茶类与纵向协作

茶类	企业数量	上游 市场交易	上游 纵向协作	下游 不完全纵向协作	下游 完全纵向协作
乌龙茶	253	45(18%)	208(82%)	125(49%)	128(51%)
绿茶	117	23(20%)	94(80%)	55(47%)	62(53%)
红茶及其他茶类	39	11(28%)	28(72%)	29(74%)	10(26%)

数据来源：调查获取。
注：其中上游的纵向协作包括完全纵向协作和不完全纵向协作。

5. 茶叶企业规模分布

从被调查企业的资产规模来看，规模大于5000万元的茶叶企业仅有3

家，大多数茶叶企业的规模较小，129家茶叶企业的资产规模小于50万元，116家的资产规模介于100万~499万元之间。

表5 茶叶企业规模分布

单位：万元

资产规模	>5000	2000~5000	1000~1999	500~999	100~499	50~99	<50
企业数量	3	11	26	57	116	67	129

数据来源：调查获取。

四 实证分析

(一)信度与效度检验

1. 信度检验

本报告使用CITC法和Cronbach α系数法对最终量表测量指标的有效性和量表的内部一致性进行信度检验。所谓信度（Reliability），是指样本指标测试结果的一致性、稳定性及可靠性，一般以一组样本指标的内部一致性来表示该测验信度的高低，信度系数愈高表示该组样本指标的结果愈一致、稳定与可靠。在实际统计分析中，一般采用Cronbach α系数衡量一组样本指标的信度，该系数越大表明信度越高，学者DeVellis（1991）认为，Cronbach α在0.60~0.65最好不要，0.65~0.70为最小可接受值，0.70~0.80相当好，0.80~0.90则非常好。一般统计学上将界定为该组样本数据信度可以接受。此外，在信度检验中还会使用各个指标的"校正得项总计相关性"（Corrected Item-Total Correlation）系数说明该指标与样本总体的相关性，如果某一指标的CITC系数偏低，可以考虑将这一指标从该组中删除，一般来说判定是否要删除某组中的一个指标，取决于CITC系数是否大于0.5，大于0.5则不用删除，否则可以考虑删除。

从表6可以看出，纵向协作绩效初始12个指标的信度检验中，指标

A12 的 CITC 值较低，仅为 0.596，特别是如果将 A12 指标删除后，整个量表的 Cronbach's Alpha 值会上升，信度会增加，符合删除指标的标准。当将 A12 删除后，整个量表的 Cronbachα 系数增加到 0.959，表明整个量表符合信度要求。纵向协作资源初始量表的整体 Cronbachα 系数为 0.923，远大于 0.7，但是指标 B8 的初始 CITC 值较低。且如果删除掉 B8 指标后，整个量表组的 Cronbachα 系数会上升到 0.943，符合删除指标的标准。将 B8 删除后，所有指标的 CITC 值均大于 0.5，且任何条款的删除均不会导致 Cronbachα 系数的增加，而整个量表组的 Cronbachα 系数为 0.943 也远远大于 0.7，表明量表满足信度要求。而在纵向协作能力、协作方向和维度、协作强度上，所有指标的 CITC 值均大于 0.5，且任何条款的删除均不会导致 Cronbachα 系数的增加，都不需要额外删除相应的指标，且量表的整体 Cronbachα 系数均大于 0.7，表明量表满足信度要求。

2. 效度检验

效度检验主要通过对显性指标的聚合效度和区分效度进行检验，利用平均变异数抽取量（Average Variance Extracted）测量聚合效度，来判断一组显性指标是否具有同质性及各个指标间是否有显著区别（Fornell and Larcker，1981），当 AVE 值大于 0.5 表示该组显性指标有良好的收敛效度，说明显性指标能够解释潜变量 50% 以上的方差，而当 AVE 大于所有显性指标之间的相关系数时，因子分析的判别效度较好（Fornell and Cha，1994）。在信度检验中删除相应的指标 A12 和 B8 后，剩余的指标都能够较好地拟合，说明模型的适配度较好。

（二）中间变量分析

从本报告茶叶企业纵向协作结构方程路径图（参考图 1）中可以看出，某些变量可能不仅直接影响协作绩效，还同时间接通过其他变量影响协作绩效。按照 Baron 和 Kenny（1986）的解释，一个变量要成为中间变量，需要同时满足以下 4 个条件：①自变量同因变量必须显著相关；②自变量同中间变量必须显著相关；③中间变量必须同因变量显著相关；④因变量同时对自

茶叶企业的纵向协作影响因素分析——以福建为例

表6 变量信度检验

	编号	项目	初始CITC	最终CITC	初始项已删除的Cronbach's Alpha	最终项已删除的Cronbach's Alpha	
纵向协作绩效	A1	企业纵向协作后销售额平均增长率较快	0.785	0.791	0.953	0.956	整体Cronbach α系数 初始值=0.957 最终值=0.959
	A2	企业纵向协作后的市场竞争力提升明显	0.787	0.800	0.953	0.955	
	A3	企业纵向协作后产品市场份额增加	0.761	0.762	0.954	0.957	
	A4	企业纵向协作后产品质量提到提升	0.866	0.871	0.951	0.953	
	A5	企业纵向协作后生产成本不断降低	0.819	0.827	0.952	0.954	
	A6	企业纵向协作后平均利润率上升	0.862	0.862	0.951	0.953	
	A7	企业纵向协作后资金周转速度加快	0.799	0.795	0.953	0.956	
	A8	企业纵向协作后闲置资金减少	0.775	0.773	0.953	0.957	
	A9	企业纵向协作后能够更快地利用新技术	0.774	0.775	0.953	0.956	
	A10	企业纵向协作后的技术开发能力增强	0.843	0.841	0.951	0.954	
	A11	企业纵向协作后企业品牌知名度扩大	0.795	0.781	0.953	0.956	
	A12	企业纵向协作后能够更有效地开发新客户	0.596	删除	0.959	删除	
纵向协作资源	B1	企业在行业中具有较好的声誉	0.780	0.796	0.910	0.935	整体Cronbach α系数 初始值=0.923 最终值=0.943
	B2	企业在行业中具有较强的号召力	0.812	0.838	0.908	0.932	
	B3	企业的信息资源丰富及时	0.807	0.828	0.908	0.933	
	B4	企业员工能力很强	0.821	0.836	0.907	0.932	
	B5	企业的管理者素质很高	0.778	0.780	0.911	0.937	
	B6	企业在本地可以获得需要的资本	0.801	0.798	0.908	0.935	
	B7	企业的技术水平较高	0.799	0.797	0.909	0.935	
	B8	企业当地有相关优惠政策	0.454	删除	0.943	删除	

281

续表

	编号	项目	初始 CITC	最终 CITC	初始项已删除的 Cronbach's Alpha	最终项已删除的 Cronbach's Alpha
纵向协作能力	C1	企业管理者的综合能力强	0.797		0.948	
	C2	企业员工的学习能力强	0.840		0.943	
	C3	企业的技术创新能力强	0.874		0.939	
	C4	企业适应市场的能力强	0.857		0.941	
	C5	企业的组织能力强	0.859		0.941	
	C6	企业的营销能力强	0.868		0.940	
纵向协作方向和维度	D1	前向协作对企业纵向协作绩效有直接影响	0.731		0.888	
	D2	后向协作对企业纵向协作绩效有直接影响	0.820		0.812	
	D3	同时前向和后向协作对企业绩效有直接影响	0.807		0.824	
纵向协作强度	E1	企业会投入更多的专用性资产维护纵向整合	0.827		0.962	
	E2	企业与被整合对象会共享更多的技术	0.861		0.960	
	E3	企业会更多地考虑被整合对象的需求	0.842		0.961	
	E4	企业会加强与被整合对象的协作与信息交流	0.871		0.959	
	E5	企业会频繁地与被整合对象进行交易	0.860		0.960	
	E6	企业主要依赖被整合对象来获取鲜叶资源	0.895		0.958	
	E7	企业主要依赖被整合对象来销售茶叶产品	0.859		0.960	
	E8	企业与被整合对象的相互依赖性高	0.878		0.959	

变量和中间变量回归，中间变量达到显著水平，而自变量的回归系数减少。当自变量的回归系数减少到不显著水平时，中间变量发挥了完全的中介作用，自变量完全通过中间变量来对因变量产生影响。当自变量的回归系数减少但仍保持显著时，中间变量发挥了部分中介作用，即自变量一方面直接影响因变量，另一方面通过中间变量间接影响因变量。

1. 协作资源和协作能力对企业协作绩效的影响

由图2可以看出，企业的纵向协作资源和能力对纵向协作绩效具有显著影响，相应的回归系数达到0.323和0.417，且各自的p值都小于0.001。从相应的模型拟合指标来看，$x^2/df = 1.756$，说明模型适配良好，假设的模型与样本数据具有较好的契合度。GFI = 0.903，AGFI = 0.88，大于0.85的标准，NFI = 0.947，IFI = 0.976，CFI = 0.976，均大于0.9，RMESA = 0.047，小于严格标准的下限0.05，表明拟合效果较好。

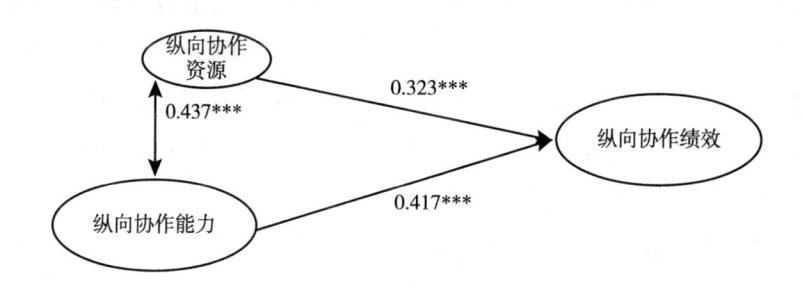

图2 协作资源与协作能力对协作绩效的影响路径

注：*** 代表在1%水平上显著，以下各图同。

2. 协作资源和协作能力对纵向协作方向和维度及协作强度的影响

由图3可以看出，企业的纵向协作资源和能力对茶叶企业的纵向协作方向和维度及协作强度都具有显著影响，其中对茶叶企业纵向协作方向和维度的回归系数分别为0.276（p<0.001）和0.499（p<0.001），对企业协作强度的回归系数分别为0.297（p<0.001）和0.371（p<0.001）。

从相应的模型拟合指标来看，$x^2/df = 1.991$，说明模型适配良好，假设的模型与样本数据具有较好的契合度。GFI = 0.892，AGFI = 0.865，均大于0.85

的标准，NFI = 0.946，IFI = 0.972，CFI = 0.972，均大于 0.9，RMESA = 0.054，接近标准的下限 0.05，说明拟合效果较好。

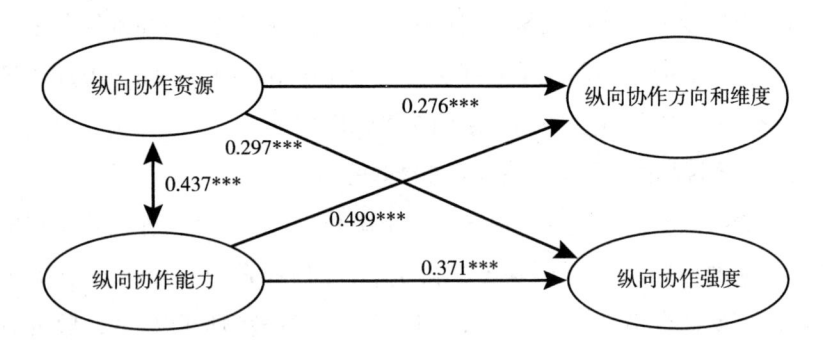

图 3　协作资源与协作能力对协作方向和维度及协作强度的影响路径

3. 茶叶企业纵向协作方向和维度及协作强度对纵向协作绩效的影响

图 4 反映的是茶叶企业纵向协作方向和维度及协作强度与协作绩效的关系。相应的回归系数分别为 0.485 和 0.337，且 p 值均小于 0.001。从相应的模型拟合指标来看，$x^2/df = 2.042$，说明模型适配良好，假设的模型与样本数据契合度满足适配要求。GFI = 0.899，AGFI = 0.873，大于 0.85 的标准，NFI = 0.95，IFI = 0.974，CFI = 0.973，均大于 0.9，RMESA = 0.056，小于标准的下限 0.1，表明拟合效果较好。

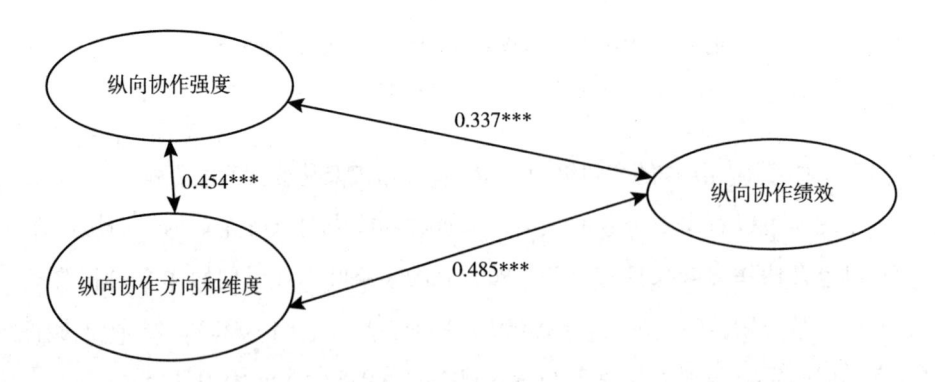

图 4　协作方向和维度与协作强度对协作绩效的影响路径

(三) 结构方程模型分析

由于以上分别考虑的自变量与因变量、自变量与中间变量、中间变量与因变量之间都存在显著的关系，因此协作方向和维度及协作强度符合作为中间变量的要求。在同时考虑自变量和中间变量对因变量的影响后，得到如下路径图（见图5）。

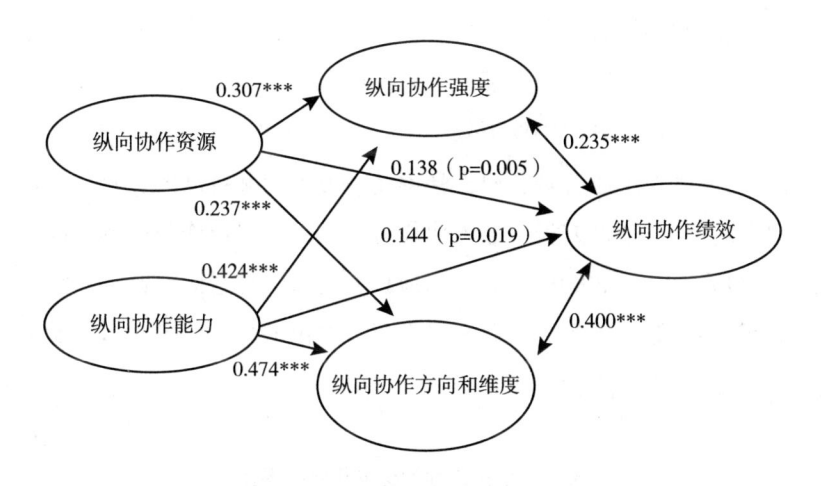

图5　考虑中介变量的路径图

从相应的模型拟合指标来看，$x^2/df = 1.768$，模型适配度较高，说明模型适配良好，假设的模型与样本数据契合度满足适配要求。GFI = 0.857，AGFI = 0.834，大于0.8的标准，NFI = 0.926，IFI = 0.966，CFI = 0.966，均大于0.9，RMESA = 0.048，小于严格标准的下限0.05，表明拟合效果较好。

从图5中还可以看出，茶叶企业协作资源、协作能力会显著影响中间变量协作方向和维度及协作强度，其中茶叶企业协作资源对协作方向和维度及协作强度的影响分别为0.237（$p<0.001$）和0.307（$p<0.001$），企业协作能力对中间变量的影响分别为0.474（$p<0.001$）和0.424（$p<0.001$），中间变量对茶叶企业纵向协作绩效的影响也显著，相应的标准化回归系数为0.400（$p<0.001$）和0.235（$p<0.001$）。与前面单独针对茶叶企业协作资源和协作能力（自变量）对纵向协作绩效（因变量）的影响

结果相比，可以看出在图 5 中二者对纵向协作绩效的标准化回归系数分别为 0.138 和 0.144，低于之前分析中的 0.323 和 0.417，相应的 p 值也由 p < 0.001 增加到 0.005 和 0.019，说明二者的显著性下降。

根据前面对中间变量的界定，由于此时自变量对因变量的回归系数减小，而相应的显著性也有所下降，但仍然达到 0.05 的显著性水平，因此可以认为选择协作方向和维度及协作强度作为中间变量是合适的，二者在自变量和因变量之间发挥着中介的作用。茶叶企业的纵向协作资源和能力不仅能直接影响最终企业的纵向协作绩效，也能够通过协作方向和维度及协作强度间接影响茶叶企业的纵向协作绩效。

考虑到原假说中还有企业协作强度受协作方向和维度的影响，因此对模型进一步拟合，在结构方程中加入协作方向和维度对协作强度的影响，带入数据后，得到表 7。如表中所示，相应的模型拟合指标都显示模型适配良好，拟合效果较好。表 7 的数据也对本报告提出的九个假说进行了验证，九个假说都通过显著性检验而成立。

表 7　结构方程的标准化路径系数

	标准化因子负载	标准误(S.E.)	临界比(C.R.)	显著性概率
协作方向和维度←协作资源	0.235	046	5.129	***
协作强度←协作资源	0.264	060	4.381	***
协作方向和维度←协作能力	0.473	053	9.002	***
协作强度←协作能力	0.337	0.075	4.492	***
协作强度←协作方向和维度	0.178	0.084	2.119	0.034
纵向协作绩效←协作资源	0.140	0.048	2.889	0.004
纵向协作绩效←协作能力	0.147	0.060	2.449	0.014
纵向协作绩效←协作方向和维度	0.399	068	5.886	***
纵向协作绩效←协作强度	0.229	047	4.893	***

注：①拟合优度指标值：$x2/df = 1.763$，GFI = 0.858，AGFI = 0.834，NFI = 0.926，IFI = 0.967，CFI = 0.967，RMESA = 0.048。
②*** 表明 p 值 <0.001。
③标准化因子负载表示自变量改变一个标准差时，因变量或中间变量的改变量。

由于本研究涉及中间变量的存在，综合考虑不同变量的直接影响和间接影响后，得到表8。从表8的数据中可以看出，对茶叶企业纵向协作绩效直接影响和总影响最大的是茶叶企业的协作方向和维度，茶叶企业的协作能力对茶叶企业纵向协作绩效的间接影响最大，茶叶企业的协作资源对协作绩效的直接影响小于间接影响。

表8 不同变量对企业纵向协作绩效总影响、直接影响和间接影响统计表

	纵向协作绩效←协作资源	纵向协作绩效←协作能力	纵向协作绩效←协作方向和维度	纵向协作绩效←协作强度
总影响	0.304	0.432	0.439	0.229
直接影响	0.140	0.147	0.399	0.229
间接影响	0.164	0.285	0.040	—

注：总的影响为直接影响与间接影响之和，间接影响为各路径系数的乘积。这里选择的是标准化的系数。

（四）研究结果分析

1. 纵向协作方向和维度是影响企业纵向协作绩效的重要因素

茶叶企业在不同方向或多维度上展开的纵向协作都会直接影响到茶叶企业的协作绩效，主要原因在于茶叶企业的纵向协作既要能保证原料的品质，又要能在下游打造产品品牌和控制销售终端，从而保证整个茶叶企业战略目标的一致性，而这只能通过茶叶企业同时对产业链上下游的纵向协作来实现。随着茶叶企业纵向协作的加强，茶叶企业与上下游主体的协作强度也会增加，进而间接影响最终的协作绩效。这也从一定程度上揭示了在茶产业中出现的一种趋势，即越来越多的茶叶企业已经实现了茶产业链某个方向上的纵向协作，仍然在推动整个茶产业链的全协作，而不是追求分工。本次调研获取的茶叶企业数据也显示409家茶叶企业中的118家倾向于同时对产业链上下游实行纵向协作。

2. 协作能力对茶叶企业纵向协作绩效的间接影响最大

茶叶企业的协作能力越强，其纵向协作就越能获得好的绩效。但是协作

能力对协作绩效的影响主要是通过纵向协作方向和维度以及协作强度等中间变量发挥作用，这也就意味着单纯培育茶叶企业的能力，并不能保证其纵向协作的高绩效。从现实情况来看，一些具有较强实力的茶叶企业采取的是强度较弱的纵向协作方式，如在上游通过订单获取鲜叶，在下游主要通过交易市场或中介销售产品，其纵向协作绩效较之纵向协作程度更强的茶叶企业存在一定的差距。

3. 协作资源对企业纵向协作绩效具有程度相似的直接影响和间接影响

从本报告调查问卷中设计的指标可以看出，茶叶企业的协作资源体现在人力资源、企业家才能和资本上，这些资源越多，就意味着茶叶企业的纵向协作可以获得的绩效越高。如果结合企业自身资源选择适合于自身资源优势的协作方向，加强企业的协作强度，则协作绩效会有进一步的提升。

（五）结论及政策建议

本报告利用福建省409家茶叶企业的调查数据，利用结构方程模型对茶叶企业纵向协作绩效的影响因素及其影响路径进行了分析。结果表明：纵向协作的方向和维度、协作强度、协作资源和协作能力对于纵向协作绩效都有明显的促进作用。协作方向和维度对协作绩效的影响最大，协作能力对协作绩效的间接影响最大，协作资源和协作能力都要通过协作强度和协作方向及维度对协作绩效产生间接影响。

基于以上的研究结论，本报告认为在推动我国农业产业化过程中，针对农业企业与产业链上下游其他主体的纵向协作，应该从以下几个方面加以考虑：第一，提升农业企业纵向协作的能力和资源，特别是在我国农业企业规模普遍较小的情况下，应该通过国家和地方的政策倾斜以及市场的优胜劣汰，优先培育和扶持建立一批农业企业，不断提升农业企业的组织能力、营销能力、技术创新能力，以实现农业企业纵向协作的高绩效。第二，引导农业企业根据自身资源和能力选择合适的纵向协作强度和方向，充分发挥自身的资源禀赋优势，减少对农业企业纵向协作模式、方向和维度选择上的行政干预。第三，鼓励具有较强规模实力的农业企业对农业产业链进行全整合，同时控制产业链的上下游,通过控制原料和满足消费者需求,保证企业高绩效的实现。

参考文献

[1] D'Aveni, R. A., & Ravenscraft, D. J.: Economies of Integration versus Bureaucracy Costs: Does Vertical Integration Improve Performance? *Academy of Management Journal*, 37 (5), 1167 – 1206. 1994.

[2] Duff, R., & Fearne, A.: Buyer-supplier Relationships: An Investigation of Moderating Factors on the Development of Partnership Characteristics and Performance. *International Food and Agribusiness Management Review*, 7 (2), 1 – 25. 2004.

[3] Fornell and Larcker, Evaluating Structural Equation Models with Unobservable Variables and Measurement Error, *Journal of Marketing Research*, 1981.

[4] John, G., & Weitz, B. A.: Forward Integration into Distribution: An Empirical Test of Transaction Cost Analysis. *Journal of Law, Economics and Organization*, 4 (2), 337 – 355. 1988.

[5] Kotabe, Masaaki, Xavier Martin, and Hiroshi Domoto: Gaining from Vertical Relationships: Knowledge Transfer, Relationship Duration, and Supplier Performance Improvement in the U. S. and Japanese Automobile Industries," *Strategic Management Journal*, 24 (4), 293 – 316. 2003

[6] Mighell, R. L. and L. A. Jones . Vertical Coordination in Agriculture. U. S, *Agricultural Economics Report*. 19. Washington DC, 1963.

[7] Uddin, M. N., Islam, N. & Quaddus, M. : Determinants of Supply Chain Competitiveness of the Western Australian Agri-food Industry. Unpublished research report. Department of Agriculture and Food, WA. 2009.

[8] Zigger G. W., *Vertical Coordination in Agribusiness and Food Industry: The Challenge of Developing Successful Partnerships in Vertical Relationships And Coordination in the Food System*, ed., G. GaliziandL Venturini, NewYork: Physiea-Verlag, 453 – 466. 1999.

[9] 蔡莉、尹苗苗:《新创企业学习能力、资源整合方式对企业绩效的影响研究》,《管理世界》2009 年第 10 期。

[10] 陈灿、罗必良:《农业龙头企业对合作农户的关系治理》,《中国农村观察》2011 年第 6 期。

[11] 陈宗懋、林智、尹晓民:《全球茶叶市场现状和展望——参加联合国粮农组织政府间茶叶工作组第 19 届会议的报告》,《中国茶叶》2010 年第 4 期。

[12] 戴迎春:《猪肉供应链垂直协作关系研究——以江苏省为例》,南京农业大学博士论文,2003 年。

[13] 韩杨、陈建先、李成贵:《中国食品追溯体系纵向协作形式及影响因素分析——以蔬菜加工企业为例》,《中国农村经济》2011 年第 11 期。

[14] 韩顺平、王永贵:《市场营销能力及其绩效影响研究》,《管理世界》2006 年第 6 期。

[15] 韩纪琴、王凯:《猪肉加工企业质量管理、垂直协作与企业营运绩效的实证分析》,《中国农村经济》2008 年第 5 期。

[16] 贺小刚、李新春:《资源异质性、同质性与企业绩效关系研究——以我国医药类上市公司为例》,《南开经济评论》2004 年第 2 期。

[17] 胡定寰:《国际养鸡产业一体化经营的比较研究》,《中国农村经济》1998 年第 2 期。

[18] 黄祖辉、陈立辉:《金融衍生工具的使用及其对企业出口绩效的影响——来自 352 家中国农产品出口企业的经验证据》,《农业经济问题》2010 年 12 期。

[19] 雷雨:《我国生鲜蔬菜产业纵向协作研究》,华中农业大学硕士论文,2008 年。

[20] 刘慧波:《产业链纵向整合研究》,浙江大学博士论文,2009 年。

[21] 吕美晔:《我国蔬菜产业链组织模式与组织效率研究》,南京农业大学博士论文,2008 年。

[22] 马海刚、耿晔强:《中部地区乡镇企业绩效的影响因素分析——基于结构方程模型的实证研究》,《中国农村经济》2008 年第 5 期。

[23] 芮明杰、刘明宇:《产业链整合理论述评》,《产业经济研究》2006 年第 5 期。

[24] 孙艳华、应瑞瑶、刘湘辉:《农户垂直协作的意愿选择及其影响因素分析——基于江苏省肉鸡行业的调查数据》,《农业技术经济》2010 年第 4 期。

[25] 唐步龙、周应恒:《江苏省杨树栽植户纵向协作形式选择的影响因素分析》,《南京农业大学学报》(社会科学版)2007 年第 3 期。

[26] 王桂霞:《中国牛肉产业链研究》,中国农业大学博士论文,2005 年。

[27] 汪普庆、周德翼、吕志轩:《农产品供应链的组织模式与食品安全》,《农业经济问题》2009 年第 3 期。

[28] 席利卿:《农产品营销渠道纵向协作关系研究》,华中农业大学博士论文,2010 年。

[29] 徐家鹏、李崇光:《蔬菜种植户产销环节紧密纵向协作参与意愿的影响因素分析》,《中国农村观察》2012 年第 4 期。

[30] 谢洪明、王成、吴业春:《内部社会资本对知识能量与组织创新的影响——华

南地区企业的实证研究》,《管理学报》2007年第1期。

[31] 姚文、祁春节:《交易成本对中国农户鲜茶叶交易中垂直协作模式选择意愿的影响——基于9省（区、市）29县1394户农户调查数据的分析》,《中国农村观察》2011年第2期。

[32] 朱红根、解春艳:《农民工返乡创业企业绩效的影响因素分析》,《中国农村经济》2012年第4期。

B.15
从"气候佳"到"气候+"——福建省茶叶气候品质认证体系的构想与实现[*]

陈潜 杨洁洁 陈宇凡 杨江帆[**]

摘 要: 福建省茶叶种质资源丰富,茶类特色品种众多,在全国茶产业发展格局中具有独特的地理、气候和区位优势。本报告结合特色茶叶微域气候数据、茶叶关键气象要素历史资料和互联网信息溯源技术,构建福建省茶叶气候品质等级认证评价模型,形成了较为科学的福建省茶叶气候品质认证体系,以期实现从"气候佳"到"气候+"的转型升级,加快完善福建省独具特色优势的茶叶区域品牌形象和产品信用支撑体系。

关键词: 福建省 茶叶 气候品质认证体系 "气候+"

一 引言

2014年,中央一号文件提出,"要大力构建新型农业经营主体,健全农业社会化服务体系,开展面向新型农业经营主体的直通式气象服务"。2018年,中共福建省委福建省人民政府印发《关于实施乡村振兴战略的实施意见》,明确要求"培育特色农产品品牌,保护地理标志农产品;不断扩大福

---

[*] 基金项目:本报告受"2011协同创新中心"中国乌龙茶产业协同创新中心专项(J2015-75)及福建省自然科学基金"中国乌龙茶生产要素配置、效率评价与制度安排研究"(2017J01792)共同资助。

[**] 作者简介:陈潜,男,博士,副教授,1981年生,研究方向:农林经济管理与茶叶资源利用。

建农业的知名度和影响力";开展"清新福建·绿色农业"主题宣传和"闽茶海丝行"活动。

福建省自然气候条件优异,茶叶种质资源丰富,拥有"武夷山大红袍"、"安溪铁观音"和"福州茉莉花茶"等独具特色优势的茶叶区域公共品牌。因此,科学引导茶产业新型经营主体合理利用气候资源优势,强化区域公共品牌的产品信用支撑体系建设,实现从"气候佳"到"气候+"的创新发展,对于福建省茶产业提质增效和转型升级具有重要的理论意义和现实价值。

二 茶叶气候品质认证的"痛点":从气候适宜性到品种相关性

我国茶叶气候品质认证工作发端于 2012 年浙江省安吉县的白茶气候品质等级认证。当年,浙江省农业气象中心在安吉县主要白茶种植区域建立了茶园小气候自动观测站,昼夜监测土壤水分、气温、地温、湿度、风速、雨量、光照等气象要素,通过数据采集、实地调研、历史比对和技术实验,形成了相关技术指标参数,建立了安吉白茶气候品质评价模型。2013 年,安吉县就有 10 个茶叶种植大户主动申请开展茶叶气候品质认证,其中大山坞茶场生产的安吉白茶通过气候品质认证,当年茶农收益新增 20 余万元。截至目前,全国各主要产茶省区有杭州西湖龙井、云南澜沧普洱、陕西汉中仙毫、湖南古丈毛尖等区域茶叶品类开展了茶叶气候品质认证。

茶叶气候品质认证主要通过以下几个步骤完成:一是科学设置认证气候条件指标;二是根据认证的茶叶品种建立相应的认证模型;三是综合评价确定气候因子对用于生产的鲜叶品质的影响,并最终评定茶叶的气候品质等级。就茶叶而言,其品质优劣与茶芽生长期的平均气温、湿度、光照等气象条件密切相关,因此,在进行气候品质认定时,还要在认证的茶区建设布局科学、数量适宜和功能特定的小气候自动观测站,昼夜监测土壤水分、气温、地温、湿度、风速、雨量、光照等关键气候因子,并参考相关历史数据资料,确定茶叶气候品质的相对优劣等级。

从目前来看，全国茶叶气候品质认证工作中普遍存在只针对关键气候因子对茶叶生长发育期的生理生化指标进行建模和评价的现象，即只停留在气候适宜性的评价认证上，而对用于生产的鲜叶与成品茶两者之间的品质关系的相关性研究还处于探索阶段。可以说，茶叶气候品质认证体系中，从气候适宜性到品质相关性的科学认定直接影响了品质评价等级的权威性和认可度，应该认识到，这既是茶叶作为二次加工的农产品与其他广泛开展气候认证的农产品的特殊差异性，也是茶叶气候品质认证体系建设中尤为重要和关键的环节，是茶叶气候品质认证体系建设中的"痛点"。

三 福建省茶叶气候品质认证体系的建设内容和技术路线

技术路线图见图1。

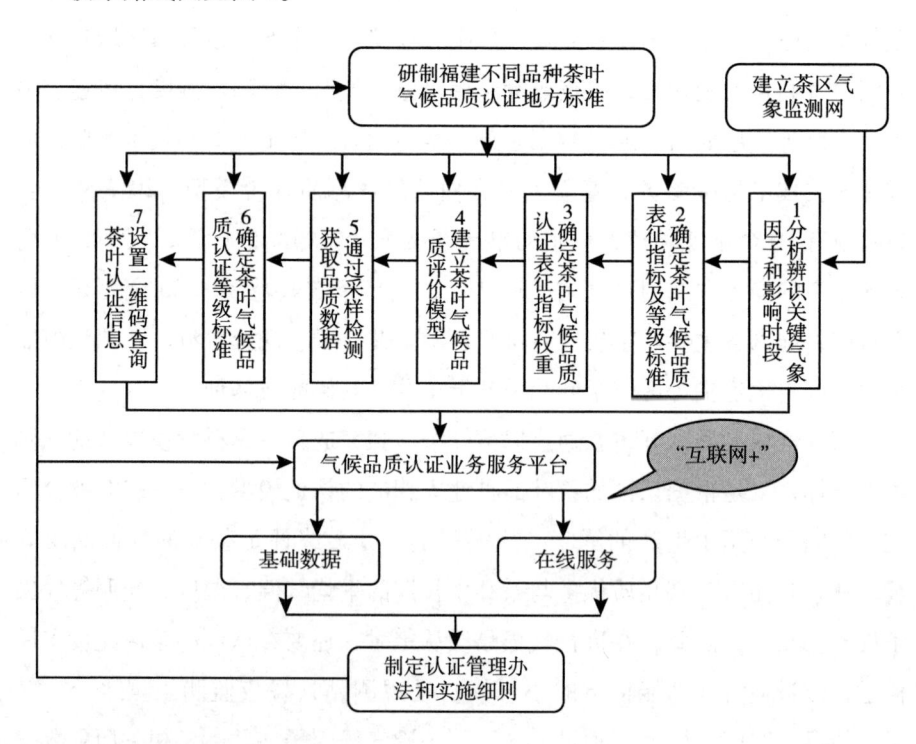

图1 福建省茶叶气候品质认证体系技术路线示意

（一）制定福建主要茶叶品种气候品质认证的地方标准

即建立包括武夷岩茶、安溪铁观音、福鼎白茶、福州茉莉花茶等福建优势特色茶叶品种气候品质认证的地方标准。通过分析不同茶叶品种品质形成的主要生长时段及关键气象因子，构建相应的茶叶气候品质认证的表征指标；通过资料收集、数据观测和实地调查，对茶叶认证区域的温度、降水和日照等气候资源数据，以及影响茶叶品质的关键时段的寒冻害、连阴雨、干旱、高温热害等主要气象灾害进行综合分析评估；利用隶属函数和专家打分结果，定量计算或确定各表征指标的数值及权重，应用加权系数法，构建不同茶叶品种的福建茶叶气候品质认证模型；对该地理区域范围内生产的茶叶气候品质等级进行认证，综合评定其气候品质等级。

（二）构建科学完备的福建主要茶叶品种茶区气象监测网

根据福建省主要茶叶品种的区域分布，遴选南平武夷山市、宁德福鼎市、福州晋安区、泉州安溪县等地，发挥现有气象部门数据网络体系优势，依托当地大型茶叶龙头企业，建立布局科学的茶区微域气象监测网，实时监测记录特定茶园的温度、湿度、气压、光照、二氧化碳、土壤湿度、土壤温度等指标；同时按照不同茶叶品种的关键期，做到及时采样，进行相应茶叶品质生化指标如茶多酚、氨基酸、咖啡因等的检测，为茶叶气候品质认证提供基础气象和茶叶生化数据。在此基础上，通过专家赋值和应用加权系数法，构建完善福建各茶叶品种气候品质认证的数学模型。

（三）打造多主体参与的福建茶叶气候品质认证服务平台

以收集建立的主要茶叶品种的基础气象资料、茶叶生长发育期生理生化数据、茶园微域突发气象灾害和茶叶产品品质溯源信息等数据为基础，开发一个基于"互联网+"茶叶气候品质认证的 Web 系统。面向茶叶企业、第三方认证员、行业专家学者和茶叶消费者等用户群体，打造一个多主体共同参与的集茶叶气候品质第三方认证服务、互联网信息溯源技术和直通式气象风险预警信息于一体的综合平台。

四 结语与讨论

（一）充分考虑气候因子对茶叶品质贡献率的动态变化

应该看到，茶叶品质的形成除了受气候因子等环境因素的影响外，也受到茶园管理水平、土壤水肥条件和品种适宜差异的综合影响。当前，福建省各茶叶品种的主产区在改善茶园土壤有机质含量、提高茶园科学管理水平和稳定品种特质性能方面都取得了较好的应用效果。因此，应充分考虑气候因子对茶叶品质贡献率的动态变化，注重发挥茶叶品质形成中各影响因素的协同效应，对茶叶气候品质认证的作用和推广进行更为合理的定位和宣传，增强茶叶气候品质认证的影响力和美誉度。

（二）注重发挥茶叶气候品质认证的市场品牌效应

由于我国实施气候品质认证的时间不长，各省实施气候品质认证的对象也相对有限，尤其对于茶叶而言，其认证体系差异较大，相对于无公害农产品、绿色食品、有机农产品和农产品地理标志的"三品一标"而言，还没有形成广泛的品牌效应，影响了茶叶产业各主体参与的积极性和认可度。因此，应考虑依托"智慧农业"和"互联网＋"的综合平台，不断提升茶叶气候品质认证的技术水平，提高气候品质认证对茶产业的贡献度。

（三）逐步完善茶叶气候品质认证工作的综合评价体系

茶叶气候品质评价是第三方认证体系的一个创新，当前的研究主要集中于气候与茶叶产量的关系和适宜性等方面，而对于气候与茶叶品质的相关性研究还处于发展完善阶段，因此我们当前所建立的福建省茶叶气候品质评价模型，还需要在分析历史气候数据和茶叶品质演变的基础上，进行较为长期的实验验证，不断完善模型参数，探索更为精细和严密的综合评价体系，逐步提高茶叶气候品质认证的科学性和影响力。

参考文献

［1］屈振江、郑小华、刘璐：《陕西不同生态区苹果品质差异及与气象因子的关系》，《气象》2017年第7期。

［2］付芳婧、谷晓平、于飞：《农产品气候品质认证及其应用》，《安徽农业科学》2017年第15期。

［3］李仁忠、王治海、金志凤等：《浙江省农产品气候品质认证服务浅析》，《浙江气象》2015年第4期。

［4］李秀香、冯馨：《加强气候品质认证，提升农产品出口质量》，《国际贸易》2016年第7期。

［5］杨江帆等：《中国茶产业发展报告（2017）》，社会科学文献出版社，2017。

B.16
中国茶叶价格现状及合理性分析

陈秋心[*]

摘　要： 随着近年中国经济实力的增强，社会物质水平的不断提高以及生活品质的不断提升，人们对茶叶的消费需求日益扩大。然而，由于国内茶叶市场存在价格不透明、信息不对称的现象，茶叶市场价格混乱繁多、差别显著，造成了消费者对茶叶价格的困惑，导致了虚假叫价、供求失衡等问题。近日，央视财经《经济半小时》栏目对武夷山茶区的"高价茶"问题进行了调查与报道，使茶叶价格问题再次成为热点。茶叶价格的合理性对整个茶叶市场的秩序，对推动国内茶叶销售增长、刺激消费需求促使茶叶经济增长，都有着重要的作用。本报告从对国内茶叶价格现状的分析入手，基于茶叶价格形成理论的分析，对中国茶叶价格合理性问题与中国茶产业的可持续发展，提出相应的对策与建议。

关键词： 茶产业　茶叶价格　合理性

一　中国茶叶价格概述

（一）中国茶叶价格现状

总体来说，国内茶叶市场价格繁多、定价无序，茶叶品种多、产地多、

---

[*] 陈秋心，福建农林大学经济学院博士研究生。

销售渠道多，价格差异大、浮动范围大，存在虚假叫价的情况，且大部分消费者缺乏对茶叶品质的鉴定能力，对繁多的茶叶价格感到困惑。市面上存在多种定价方式，例如：以茶叶种类定价，以茶叶品牌定价，以茶叶产地定价，以茶叶品质定价等，但缺乏统一、规范的茶叶定价标准体系。[①]

（二）商品经济背景下的茶叶价格形成理论

1. 基于"劳动价值论"的茶叶价格由生产茶叶的劳动价值决定

劳动价值论认为："价值的唯一源泉来自人的劳动活动，因而价值量的大小取决于生产过程中所消耗的社会必要劳动量。"[②] 将经济学的劳动价值论应用于茶叶价格，则生产茶叶的社会必要劳动时间决定了茶叶的劳动价值，由于社会必要劳动时间的不同，商品的价值不同，其价格也随之改变。基于此，构成茶叶价值的因素可由三个部分组成：其一，茶叶生产所需成本，包括生产设施、原料、建筑物及其他辅助工具；其二，劳动力创造价值的成本，包括员工薪水、福利、奖励金等；其三，茶企所获得的利润与应缴税金。综上，茶叶价格可以表现为：价格=生产成本+管理及流动成本+利税成本。

2. 基于"效用价值论"，产品价值决定产品价格

效用价值论是"以物品满足人的欲望的能力或人对物品效用的主观心理评价解释价值及其形成过程的经济理论，即根据消费者的消费取向定价"。[③] 茶叶价格可以被"先天优势"（产地、气候等）、"后天优势"（文化附加值）等影响而改变，单靠"劳动价值论"的人工生产成本来衡量茶叶价格是不足的。不同茶叶可以满足消费者对健康、社会地位、社交等的不同需求，这也是高价茶存在的原因。基于"效用价值论"，茶叶的价格可以总结为茶叶附加值+开发及流通费用成本+利税成本。

---

① 许咏梅：《中国茶叶价格现状及形成机理分析》，《中国农村小康科》2007年第12期。
② 吴永辉、姜含春、夏涛：《茶叶价值构成与价格现象——基于劳动价值论的分析》，《安徽农业大学学报》（社会科学版）2014年第1期。
③ 梁劲锋、梁正：《浅析茶叶价格形成机制》，《福建农林大学学报》2008年第11（6）期。

3. 基于"供求理论",茶叶价格是由商品的供给和需求双方的均衡点决定的

无论茶叶价值多少,都必须在市场上进行交换,其价值和使用价值才可能实现。而茶叶在市场上进行流通与交换的过程中,不可避免地会受到供求关系的影响。茶叶价格会随供求关系上下波动,当茶叶的需求量与供给量相等时,茶叶供求实现平衡。① 当市场上供大于求时,茶叶价格会下跌以实现茶叶市场的供求均衡。反之,当供小于求时,也必会出现茶叶价格上涨的情况,市场的具体竞争状况决定了下跌与上涨的幅度。

(三)中国茶叶价格合理性的界定与内涵

目前,茶产业内人士及学术界对我国茶叶价格的合理性及如何界定茶叶价格产生了较多争论,由于立论角度与代表利益的不同,还未形成统一的结论。但普遍的共识是,茶叶价格过高导致的偏离合理价位、价格欺诈、随意定价等问题,势必会破坏我国的茶叶市场经济秩序,不利于我国茶叶经济的可持续发展。②

根据马克思劳动价值理论,市场应该遵循的基本规律是价值规律,茶叶的价格由价值决定,受供求关系影响。③ 在市场经济中,茶叶商品的价格不是一成不变的,价格围绕价值上下波动正是价值规律作用的表现形式,但引起波动的主要原因是供求关系。当市场上某种商品供大于求的时候,价格下跌;供小于求时,价格上涨。

由于茶叶的特殊性质,茶叶价格高具有一定的合理性。以"牛栏坑肉桂茶"为例,被老茶客称为"牛肉"的茶,是武夷岩茶三大代表中的一种。武夷岩茶的品质差异主要是由不同产区独一无二的地质条件和生态环境形成的,不同的气候条件和土壤条件,可形成不同岩区岩茶的品质,且每种茶产量有限,因而价高。"牛栏坑肉桂茶"产自武夷岩茶核心产区"三坑两涧"中的牛栏坑,年产量极为有限,为稀缺资源,市场需求大于供给,因而价格

---

① 陈东灵:《茶叶交易市场供求叫价模型研究》,《东莞理工学院学报》2010年第1期。
② 熊淑萍:《茶叶价格形成的生产要素成本与市场机制研究》,《价格月刊》2016年10期。
③ 黄襄:《住宅商品房价格合理性评价研究》,广西大学硕士学位论文,2015。

较高。另外，茶是加工品，对手工制作工艺要求高，而"国家非物质文化遗产传承人"与"茶传承人"精湛的传统制茶技术和制茶经验在一定程度上保障了茶叶的高水准与高品质。此外，现今为数不多的百年甚至千年的古树蕴含了深厚的茶文化，在国内乃至全世界都是独一无二的，使它具极高的品饮和收藏价值。因此，高品质茶往往对应高价格，而高价茶不一定都是高品质的。

二 中国茶叶价格构成的主要因素

（一）地理因素

最适宜茶树生长的日平均气温为 18~30℃，气温过低、过高，恶劣天气都会降低茶叶产量，茶叶产量下降会导致价格上升。此外，茶树生长对水分、光照要求较高，对降雨量和雨水的季节分配都有一定的要求，茶树适宜的年降雨量是 1500 毫米左右，喜弱光照射和漫射光。因此，降雨量、光照也会对茶叶的品质产生影响。

（二）生产成本

从目前来看，茶叶的种植、栽培、采摘、加工仍然对劳动力依赖度较高。劳动力稀缺、费用成本上升会导致茶叶收购成本上涨，使茶叶的价格上涨。茶叶在制作过程中需要多道工序，制作难，工期复杂，对手工制茶要求很高。由"大师"全程手工制作的茶叶是"茶中珍品"，往往定价很高。由于中国茶产业发展迅速，新加入的茶叶种植人员往往缺乏统一管理与培训，茶园管理技术不足，存在生产效率低、成本高等问题。

（三）需求量增加

随着中国人民生活质量不断改善，国内消费者对茶叶的需求不断增加。茶叶作为高档礼品也屡屡出现在现代社交场合中，更是一种身份的体现，导致高档茶叶需求量大。随着消费者喜好的不同，茶叶消费也日益多样化，也会带来需求的扩大，以及价格的波动。在需求的驱使下，茶叶价格也会不断攀升。

（四）附加价值

茶叶品牌不同，价格也有所不同。如中国十大品牌茶叶，在质量与级别相同的情况下，价格一般高于其他品牌。这主要取决于消费者不同的需求及喜好。此外，近年来，严重背离茶叶实际价值的商业炒作越来越盛。部分茶叶有"越陈越香"的特质，而对老茶缺乏具体的评判标准，一些新茶甚至被不法商家运用"速成"的方法，当作陈茶销售，这种炒作风带动了茶叶价格全线上涨，针对"稀缺高档茶"的商业拍卖及炒作的茶叶成交价格高得离谱。

三 茶叶价格市场存在的问题

（一）茶叶市场信息不对称

在茶叶市场中，茶叶销售方往往掌握着茶叶品质、市场需求等信息，占有优势。而消费者由于对茶叶知识的匮乏以及个人喜好的不同，对市面上茶叶的品质、质量、品级的评定相差甚远。

（二）缺乏统一的价格衡量标准

茶叶从收购到加工、管理、运输、批发、零售，每一环节的价格衡量标准都存在争议，这导致最终在市场上茶叶价格千差万别。

（三）价格繁多，缺乏权威的茶叶价格体系

目前，我国缺少专门针对茶叶市场的监督执行部门。由于茶叶自身的特殊因素以及人们对经济利益的追求，市场价格繁多且混乱。

（四）茶叶的季节性与区域性

茶叶为季节性产品，其生长、采摘、制作都有季节性特征。气温、降雨、土壤、光照等自然因素都可以影响茶叶的品质。

四 中国茶叶价格问题的解决对策及茶叶的可持续发展

综上分析，目前中国市场上的茶叶价格复杂无序，不仅与自身的价值与使用价值相关，还与整体市场消费水平有关。因此，中国的茶叶价格不仅包括茶叶质量还包括其附加值，不仅受市场供求关系的影响，还受消费心理的影响。在供求关系、劳动价值、市场机制等多重因素的作用下，中国茶叶价格的核心问题是缺乏"系统化标准"。

（一）调控中国茶叶联合定价标准

政府、行业协会、龙头企业三者的联合定价有利于制定出更为合理的茶叶价格。政府作为市场的宏观调控者，需要出台相关的宏观政策，以制度约束的形式对茶叶进行统一宏观调控。在宏观调控的执行过程中，需要一个专门针对茶叶特殊商品属性的部门归口管理，并执行宏观调控的相关政策条例，以实现对茶叶市场交易价格的有效管控。政府与官方茶叶协会、龙头企业形成联动效应，通过定期举办的博览会等公认的市场交易平台联合定价，形成官方的评价标准与定价机制，有利于加强对茶叶价格的审核，改变茶叶市场中的绝对垄断、炒作、哄抬物价等行为，促进茶叶市场稳定发展。

（二）完善中国茶叶价格衡量标准

首先，茶叶龙头企业拥有茶叶生产基地，采用现代化企业体制，有利于茶叶生产工业化标准的制定，可促进茶叶价格衡量标准的形成。可根据市场成熟度，优先建立起这种类型茶叶的价格衡量标准。其次，建立茶叶年限保存标准，再根据季节、新陈茶等建立相应的价格浮动机制，给予新陈茶交替消费的价格空间。最后，茶叶龙头企业作为市场主体，要担负起茶叶价格衡量标准践行者的社会责任，协助行业协会与政府完成茶叶加工形成过程中各个环节的数据采集与衡量工作。

（三）建立茶叶质量评价体系标准

茶叶质量评价体系对于茶叶定价而言非常重要，只有对茶叶质量有了明确的评价标准，茶叶价格体系的制定才有依附之本。因茶叶本身具有商品的多重属性，不仅是农产品，更是高端商务服务产品。茶叶质量评价体系应包括三个层次：第一层次是茶叶作为农产品的质量标准体系；第二层次是茶叶制作工艺的质量标准体系；第三层次是茶叶文化的质量标准体系。在标准建立的过程中，第一层次应以茶农为主，茶叶制作传承人对茶叶质量的评定有较权威的发言权，应在第二层次发挥重要作用，第三层次应更多让消费者来决评定，使各个层次的供给与需求者都参与质量评价体系的建立。因此，加强对茶叶质量标准的制定不仅有助于使消费者具有的一定辨别与鉴定茶叶的能力，也能够使市场根据茶叶类型制定合理的价格体系，规范茶叶流通渠道，逐步实现对中国茶叶的规范管理。

五　结语

中国作为全球最大的产茶国与茶叶消费国，在世界茶叶市场与贸易中发挥着极其重要的作用。茶叶价格作为中国茶产业资源配置的指示灯，其差异是由生产价格或价值决定的，更是反映了茶叶产品的结构和资源配置的状况。茶叶市场价格的波动是多种因素共同引起的，通过制定与实施中国茶叶联合定价标准，完善中国茶叶价格衡量标准，建立茶叶质量评价体系标准等制度与政策，可有效降低茶叶市场的供求失衡，实现中国茶产业快速、健康发展。

参考文献

［1］许咏梅：《中国茶叶价格现状及形成机理分析》，《中国农村小康科技》2007 年第 12 期。
［2］吴永辉、姜含春、夏涛：《茶叶价值构成与价格现象——基于劳动价值论的分析》，《安徽农业大学学报》（社会科学版）2014 年第 1 期。
［3］梁劲锋、梁正：《浅析茶叶价格形成机制》，《福建农林大学学报》2008 年第 11（6）期。
［4］陈东灵：《茶叶交易市场供求叫价模型研究》，《东莞理工学院学报》2010 年第 1 期。
［5］熊淑萍：《茶叶价格形成的生产要素成本与市场机制研究》，《价格月刊》2016 年 10 期。
［6］黄襄：《住宅商品房价格合理性评价研究》，广西大学硕士学位论文，2015。

B.17
新时代茶叶消费的特征与营销对策建议

陈富桥*

一 我国茶产业发展步入了新时代

党的十九大报告提出了我国经济社会发展新的历史方位，即我国进入了中国特色社会主义新时代。这是党和国家对我国发展所处历史方位做出的新的重大论断，为指引今后我国经济社会发展具有重大现实意义和深远历史意义。但从经济发展来看，进入新时代意味着经济已由高速增长转向高质量发展，处在转变发展方式、优化经济结构、转换增长动力的攻关期。

经济发展进入新时代对我国茶产业发展也具有重大意义。经过多年发展，我国茶产业规模稳居全球第一，面积、产量、消费都处于新中国建立以来的最高水平。2017年我国茶园面积293万公顷，干毛茶总产量255万吨，总产值1920亿元。中国茶叶采摘面积和产量接近世界总量的50%，对世界茶叶消费量增长的贡献率在25%以上，是世界绿茶第一大出口国，总出口量世界第二。中国茶产业正面临重大的发展战略机遇。

然而，我国茶产业发展也正处于转型升级的关键时期，不平衡、不充分发展的问题非常突出。当前和今后一段时期，产能结构性过剩、绿色发展不充分、发展内生动力弱是产业面临的三大痛点。其中最根本的问题主要表现为产业规模增长与消费增长不同步不协调，产品供给与消费需求的结构及品质不同步不协调，传统营销思维与新时代营销环境不同步不协调。因此，引

---

* 陈富桥，经济学博士，中国农业科学院茶叶研究所副研究员，国家茶叶产业技术体系产业经济研究室骨干研究人员。

导与扩大茶叶消费,是破解上述产业痛点、助推茶产业持续高质量发展的最有效手段。因而,必须精准把握新时代茶叶消费的新特点,必须深刻洞察新时代茶叶消费的新趋势,必须大力赋予新时代茶叶消费的新动能。本报告结合近年来笔者茶叶消费研究的一些认知,对新时代的茶叶消费特征及动力提出粗浅认识,进而对新时代的茶叶营销提出一些对策与建议,仅供业内参考。

二 新时代茶叶消费的动力与特征

(一)新消费人群

当前,我国具有重度茶叶消费习惯的人群基本稳定。随着我国社会人口城乡与收入结构的变化,新市民、新时代群、中高收入群逐渐成为社会消费的主力人群,也是助推今后我国茶产业消费升级与产业转型的关键性消费群体,值得茶产业高度关注。茶产业经营主体要重点把握这三大消费群体的茶叶消费特征,进而有针对性地制定营销策略。

1. 新市民

我国正处在快速城市化阶段,城市化水平的提高无疑深刻推动着我国消费方式与结构的变化。改革开放以来,我国常住人口城镇化率由1978年末的17.92%上升到2017年末的58.52%(参见图1),农业转移人口市民化进程加快。2017年末,我国户籍人口城镇化率达42.35%,与常住人口城镇化率的差距缩小到16.17个百分点。2017年末,城镇就业人员占全国就业总量的比重达54.7%,比1978年末提高31个百分点。[1] 可见,随着农民工市民化、社会保障水平不断提高等政策的推进,城镇居民消费率有望进一步提升,从而释放经济增长的内生动力和潜力。

就茶叶消费而言,城市居民一直是茶叶最重要的消费人群。无论消费层

---

[1] 国家统计局:经济结构实现历史性变革 发展协调性显著增强——改革开放40年经济社会发展成就系列报告之二。

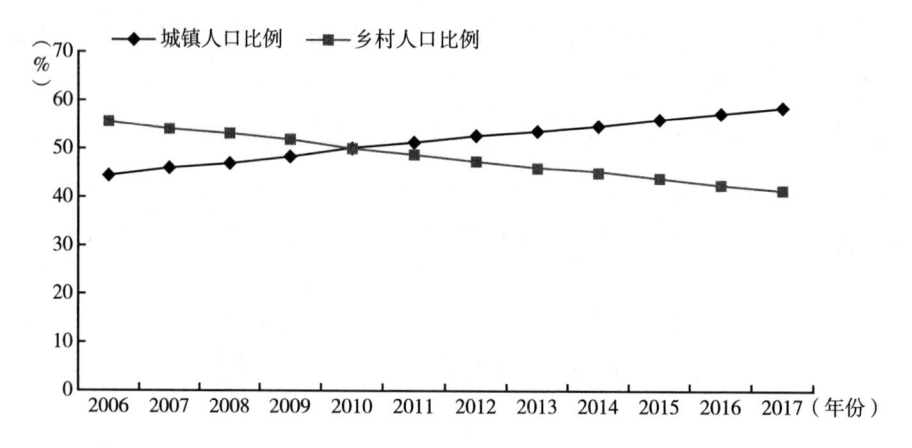

图1 我国城乡居民比例变化

数据来源：国家统计局。

级、消费量还是消费方式，我国城乡居民都有着明显的差异。相关结果表明，中国城乡居民中分别有2.61亿和1.67亿的饮茶者，日均饮茶量分别为3.19杯和2.81杯，城乡的茶叶消费普及率分别达到46.5%和33.0%，城镇居民和农村居民的茶叶消费收入弹性分别为11.19%和7.9%。[1] 在消费方式上，城市居民茶叶消费开始向品牌化、时尚化、个性化、情景化方向发展，对茶叶的附加价值，例如修身修心、社交休闲等方面有了更高的需求。可以预计，随着城市化水平的提高，会有更多人消费茶叶，给茶叶消费释放出城市化的发展红利。

2. 新世代

新世代群体指生于1980年代、1990年代、2000年代的人群，目前成熟的新世代消费者（18~35岁）在中国城镇15~70岁人口中的比例为40%，这一比例在2021年将超过46%。新世代群体目前正是社会中坚力量，正在释放巨大的消费潜力。新世代人群更注重体验式消费，愿意为个性化的服务、更好的生活品质、精神享受等花费更多的钱（参见图2）。

调查数据显示，20~30岁是茶叶重度消费人群消费习惯形成的关键时

---

[1] 管曦、杨江帆：《中国城乡居民茶叶消费对比研究》，《茶叶科学》2015年第35（04）期。

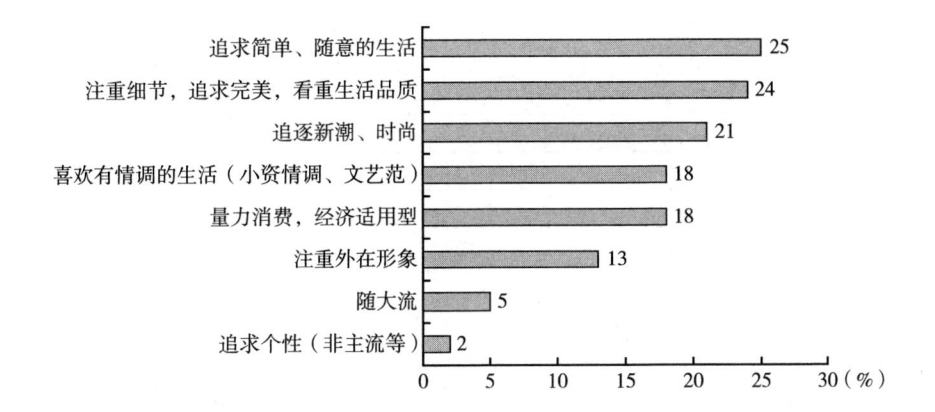

新时代茶叶消费的特征与营销对策建议

图2 年轻群体生活方式认知

生活方式	百分比(%)
追求简单、随意的生活	25
注重细节，追求完美，看重生活品质	24
追逐新潮、时尚	21
喜欢有情调的生活（小资情调、文艺范）	18
量力消费，经济适用型	18
注重外在形象	13
随大流	5
追求个性（非主流等）	2

数据来源：国家茶叶产业技术体系产业经济研究室调研数据库。

期（参见图3）。并且新世代人群的茶叶消费意愿较为强烈。只是以前我们没有精准把握制约新世代人群茶叶消费的痛点。我们的研究显示，制约年轻群体茶叶消费的关键性因素是消费便利性问题（参见图4），并且年轻群体具有很强的茶叶消费意愿（见图5），如果扫除相关障碍，新世代人群也会成为助推茶叶消费乃至推动消费方式发生变化的重要力量。

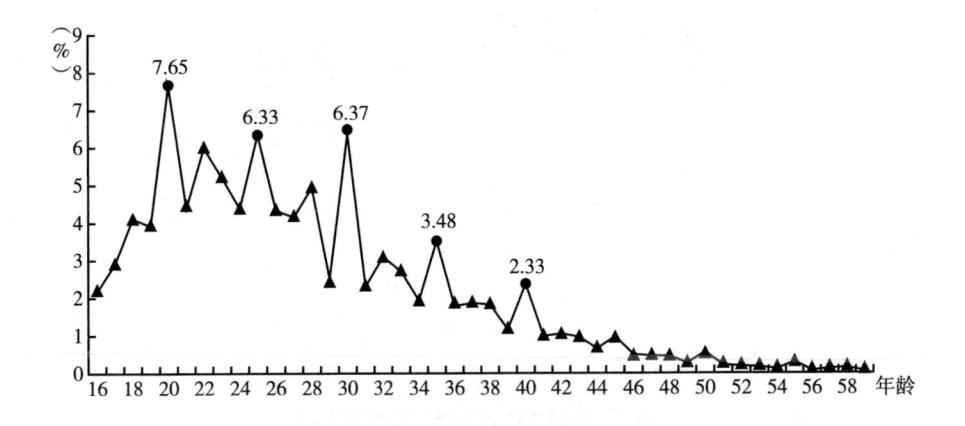

图3 茶叶消费习惯形成的起始年龄分布

主要数据点：20岁 7.65%，25岁 6.33%，30岁 6.37%，35岁 3.48%，40岁 2.33%

数据来源：国家茶叶产业技术体系产业经济研究室调研数据库。

309

茶业蓝皮书

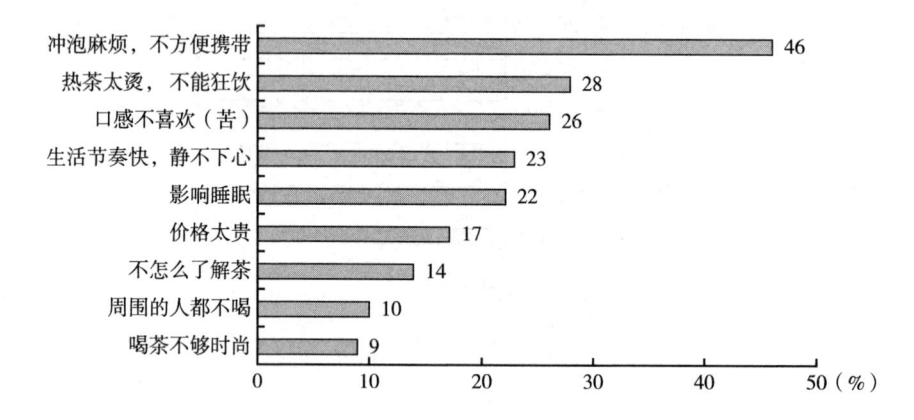

不饮茶原因	比例(%)
冲泡麻烦，不方便携带	46
热茶太烫，不能狂饮	28
口感不喜欢（苦）	26
生活节奏快，静不下心	23
影响睡眠	22
价格太贵	17
不怎么了解茶	14
周围的人都不喝	10
喝茶不够时尚	9

图 4 年轻群体不饮茶的原因分布

数据来源：国家茶叶产业技术体系产业经济研究室调研数据库。

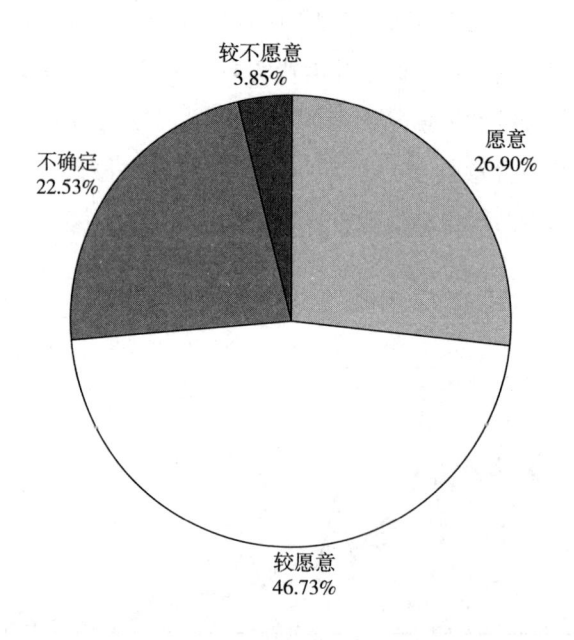

未来消费意愿	比例
愿意	26.90%
较愿意	46.73%
不确定	22.53%
较不愿意	3.85%

图 5 年轻群体未来茶叶消费意愿

数据来源：国家茶叶产业技术体系产业经济研究室调研数据库。

3. 中产群

我国已形成世界上人口最多的中高收入群体，推动我国成为全球最大、成长性最强的市场。中高收入人群的消费结构正在转向高端化、个性化、服务化，是推动经济高质量发展的强大动力。相关研究显示，我国年收入6万元以上的中高收入人群占总人口的13.1%，约1.8亿人。[①] 中高收入人群的消费以品质为上，品牌认同度高，追求"品质生活"，愿意以高一点的价格购买高品质商品，他们关注产品品牌传达的信息，认同品牌对个人定位的展现，并会对喜欢的品牌有较高的忠诚度。[②] 调研数据显示，中高收入人群的茶叶消费比例也较高，约有60%的人有饮茶习惯（见图6）。从消费品类来看，该类人群以高档名优绿茶消费为主（见图7），对品牌茶非常钟爱。

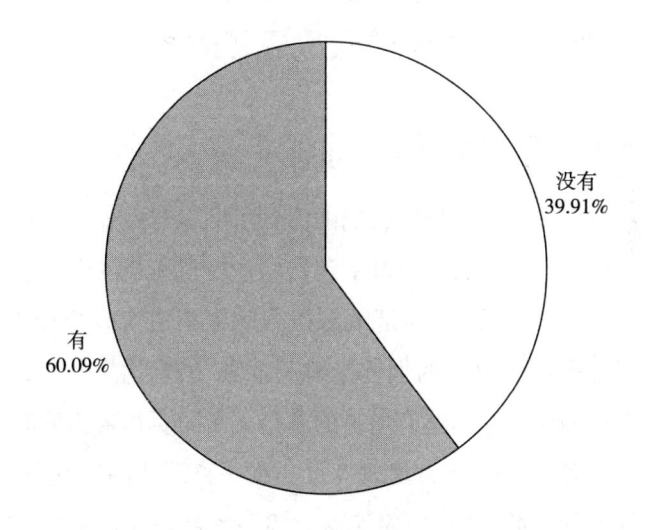

图6 中高收入群体茶叶消费比例

数据来源：国家茶叶产业技术体系产业经济研究室调研数据库。

[①] 李春玲：《中等收入群体成长的个体因素分析》，《社会科学辑刊》2018年第6期。
[②] CTR：《2018新消费崛起趋势白皮书》。

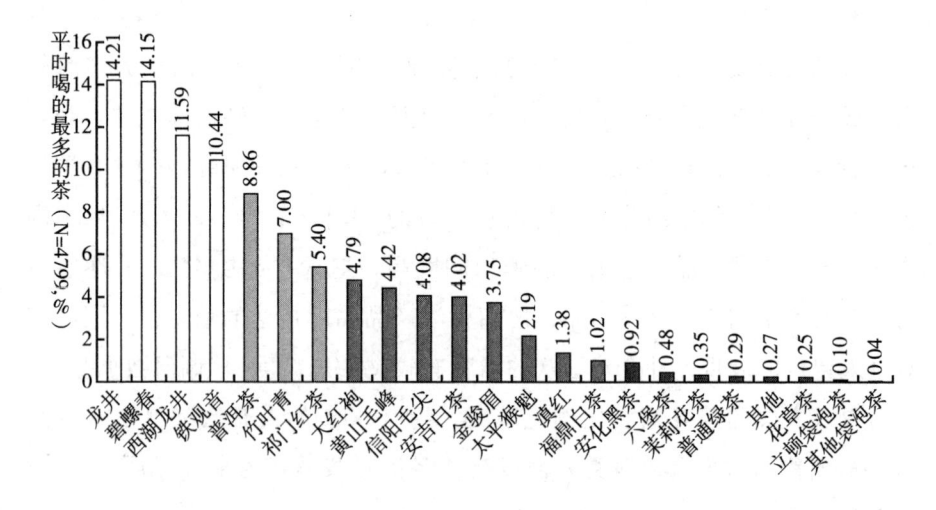

图7 中高收入群体茶叶消费品类分布

数据来源：国家茶叶产业技术体系产业经济研究室调研数据库。

（二）消费结构不断升级

随着我国整体经济的发展，人们的消费水平不断提升，消费结构升级是未来的重要趋势。近年来我国茶叶的消费结构也在不断发生调整。从消费茶类来看（见表1），绿茶，特别是中高档名优绿茶消费呈现稳定增长趋势，这主要得益于传统消费习惯的惯性影响与绿茶健康功能的普及。黑茶、红茶、乌龙茶保持相对稳定与略有增长的态势，而同期花茶和袋泡茶表现出消费比例下降的趋势。就具体品类而言，一些一直深耕品牌化的品类异军突起，显示出强大的市场竞争力。近年来，开发茶叶衍生产品是茶产业推动茶叶消费市场的重要探索方向（见图8），部分产品也开始启动发力。以茶食品、调饮茶为代表的相关产品逐步得到了市场的认可，取得了快速的发展。

（三）消费方式不断创新，消费诉求更高

消费者对包括茶叶在内的食品消费提出了健康、绿色、品质、个性、品牌等方面更高的诉求（参见图9）。茶叶本身的健康保健功能已经得到了科

表 1　消费品类的变化

单位：%

茶类	2012	2018	茶类	2012	2018
绿茶	55	61	黑茶	8	9
红茶	6	6	花茶	9	4
乌龙茶	20	19	袋泡茶	2	1

数据来源：国家茶叶产业技术体系产业经济研究室调研数据库。

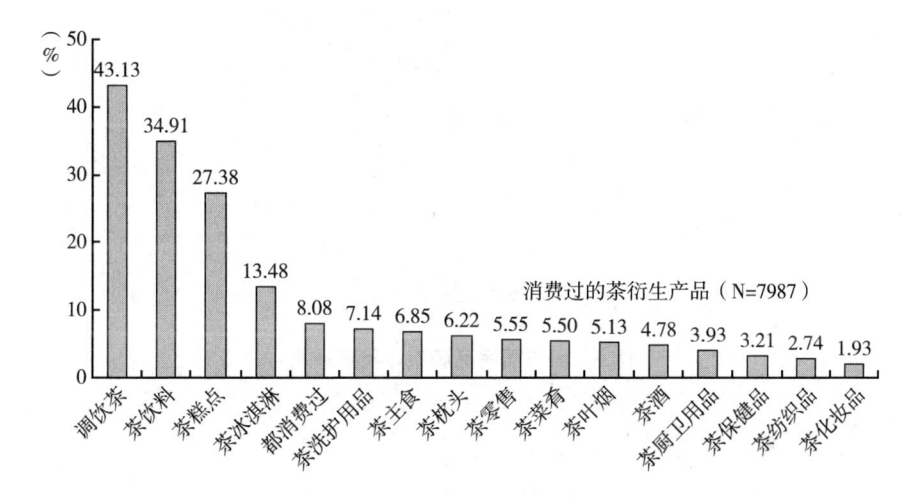

图 8　城市居民茶叶衍生产品消费情况分布

调饮茶 43.13；茶饮料 34.91；茶糕点 27.38；茶冰淇淋 13.48；都消费过 8.08；茶洗护用品 7.14；茶主食 6.85；茶枕头 6.22；茶零售 5.55；茶菜肴 5.50；茶叶烟 5.13；茶酒 4.78；茶厨卫用品 3.93；茶保健品 3.21；茶纺织品 2.74；茶化妆品 1.93

消费过的茶衍生产品（N=7987）

数据来源：国家茶叶产业技术体系产业经济研究室调研数据库。

学与实践的证明，调研也显示，健康是促进茶叶消费的第一驱动力。在当下，随着生活节奏的加快，很多人处于亚健康状态，健康管理日益得到人们的高度重视，人们对健康投资的意愿也越来越高。茶叶不仅有利于人们的身体健康，也非常有利于品饮者的心理健康。随着环境的变化，人们对绿色价值理念的认同不断提高，环保绿色的产品更能得到消费者的青睐，特别是针对日常饮用的茶叶，人们的绿色品质要求也更高。品质、个性、品牌也是当前消费者生活方式转变的具体体现，也是引领未来消费升级的方向。

目前就茶的消费方式而言，以私人定制、会员制为代表的个性化需求方式越来越普遍，这方面的需求意愿也不断提高（见图 10），此外，以茶为主体的休闲消费模式也开始吸引更多的消费者（见图11），催生了新的消费形态，为新时代茶叶消费升级打开了更广阔的发展空间。

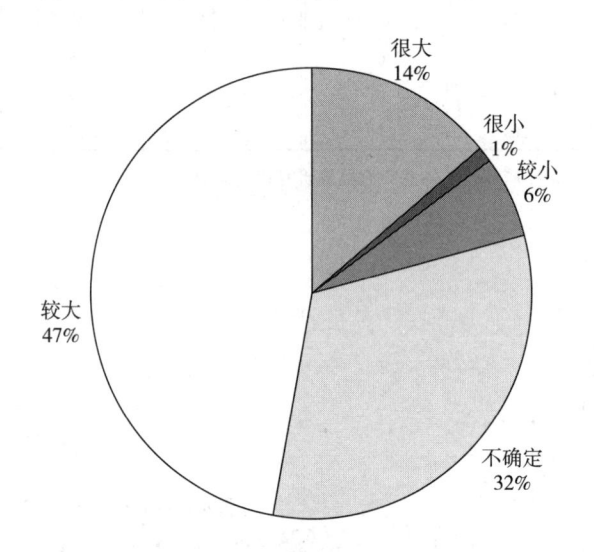

图9　城市居民品牌茶叶消费意愿

数据来源：国家茶叶产业技术体系产业经济研究室调研数据库。

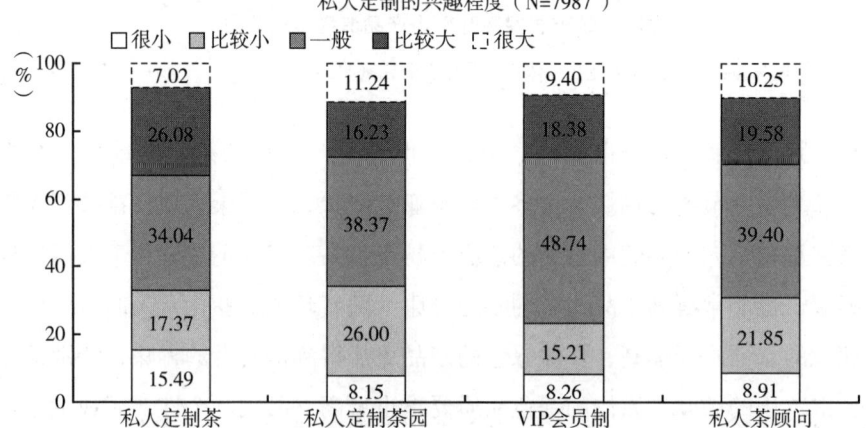

图10　消费者对私人定制茶消费兴趣分布

数据来源：国家茶叶产业技术体系产业经济研究室调研数据库。

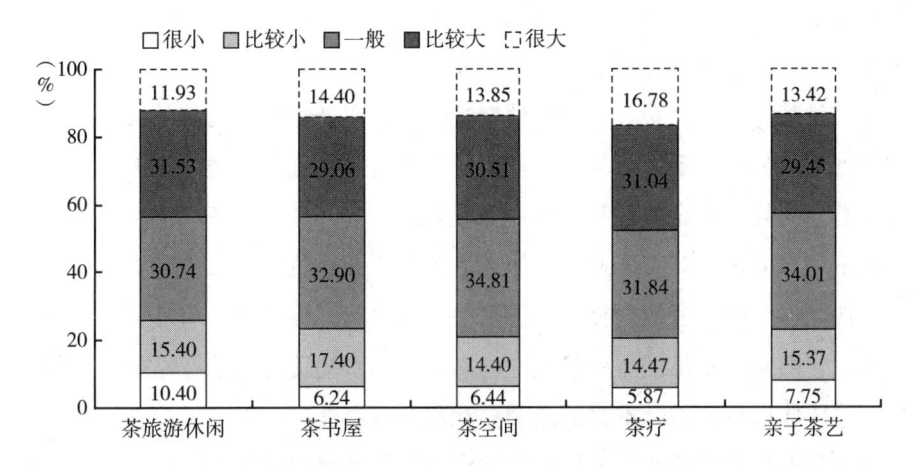

图11 消费者对茶旅休闲产品消费兴趣分布

数据来源：国家茶叶产业技术体系产业经济研究室调研数据库。

三 新时代促进茶叶消费的对策与建议

新时代意味着茶叶营销的环境发生了深刻变化，促进茶叶消费的营销策略也必须随之调整。从整体来看，当前最需调整的是营销思维与思路，采用新的方法论，树立新的营销思维。鉴于此，本报告认为要以消费者为核心进行三个重构：一是要重构新时代人与茶的关系，二是要重构茶叶流通体系，三是要重构品牌价值体系。

（一）以消费者为核心重构人与茶的关系

茶叶营销的本质就是要处理好人与茶的关系。在新的时代背景下，特别是移动互联时代，消费者正在变为真正的上帝，消费者主权时代已经来临。因此，茶产业经营主体，特别是品牌茶叶龙头企业，要重新思考与定位人与茶的关系。这其中要深刻理解三层关系（参见图12）。

一是人与人的关系。即生产者与消费者的关系，二者不仅是买卖关系，不是对立关系，还应该被定位为价值认同关系、服务关系。二者通过对某一类茶或茶品牌文化价值的高度认同，可形成长期的联系，或者叫消费者忠诚关系。

二是茶与茶的关系。在引导消费过程中，要处理好茶与茶的关系。往往我们把茶与茶的关系理解为相互竞争的市场关系，比如茶类之间的竞争、同一茶类之间的区域竞争，甚至同一区域内的山头或品牌竞争，这种对立竞争关系不利于消费者对茶产业的整体产生正向认知，只能导致他们对行业整体的鄙视，提高消费者的选择成本。对茶与茶之间，要将其定位成互补共荣的关系，它们共同满足消费者的多样化需求，丰富消费者的消费结构，只有这样，才能体现我国茶叶本身的品类多元化与包容性。

三是人与茶的关系。要深刻理解消费者与茶之间的关系，首先我们要洞察茶能满足消费者的哪些需求，或者，要理解消费者为什么要喝茶。已有的研究已经揭示出，从生理或基本需求来看，茶的健康保健功能是驱动消费者喝茶的最根本原因。基于此，我们要科学传播茶的健康保健功能，尤其要避免茶叶功能的神话化与万能化，那样将适得其反。从精神或附加需求来看，茶能满足人们社交、修身等方面的需求，这是建立在基本生理需求基础上的更高层次的需求，茶本身与消费者不再是简单的商品消费关系，而是茶融入了消费者的生活，是消费者生活方式的体现。

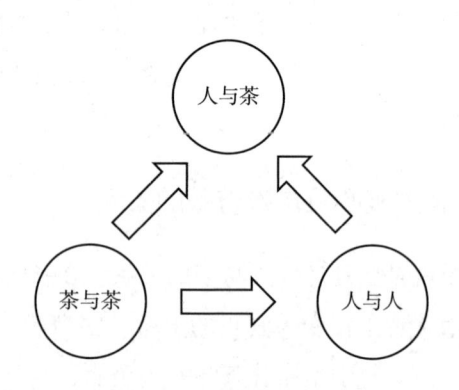

图 12　人与茶的关系结构

数据来源：本报告作者绘制。

（二）以强体验为核心重构茶叶流通渠道体系

渠道是联结茶叶生产者与消费者的纽带，也是双方进行价值沟通的重要场所。随着经济社会发展，渠道，特别是零售渠道发生了革命性变化，除了是商品流通的通道外，更多的开始承担起信息、文化、价值交流的功能。茶产业要以渠道变革为抓手探寻新的商业模式，以带动茶叶消费。就目前的研究来看，体验与分享是新时代商业模式的内核，市场竞争正在由产品和服务竞争转变为体验竞争，强化体验营销也是重要的发展趋势。因此茶产业要围绕体验与分享，打造强体验型场景营销模式，优化零售渠道的功能与定位。

体验营销是通过开发体验产品和营造体验情景，吸引消费者参与互动，从而形成体验价值并加以实现，体验营销的特征就是参与性、互动性、人性化及个性化、情感性、无形性、延续性。国家茶叶产业技术体系产业经济研究室连续多年的消费者调查显示（见图13），口感是最重要最直接的茶叶消费体验，其次是香气。体验还体现在消费者对茶叶全产业链的了解与互动，消费者对种茶、制茶、品茶都有非常高的参与意愿（见图14）。

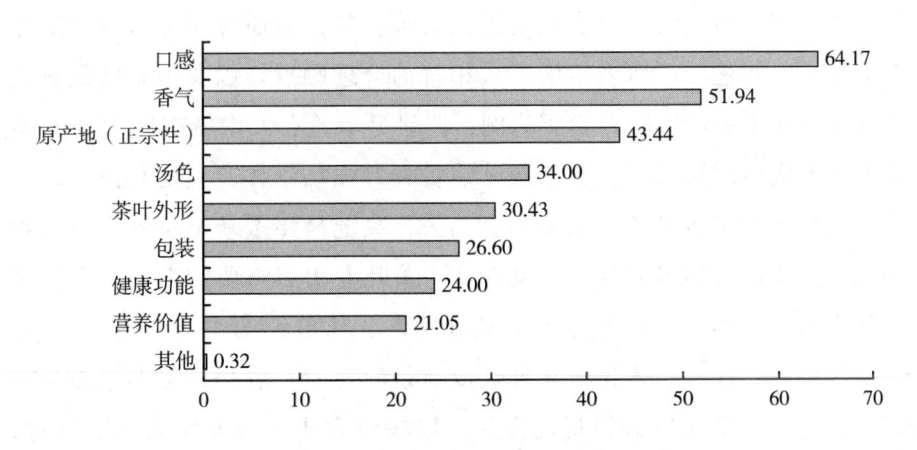

因素	数值
口感	64.17
香气	51.94
原产地（正宗性）	43.44
汤色	34.00
茶叶外形	30.43
包装	26.60
健康功能	24.00
营养价值	21.05
其他	0.32

图13 消费者茶叶消费关注因素

数据来源：国家茶叶产业技术体系产业经济研究室调研数据库。

茶业蓝皮书

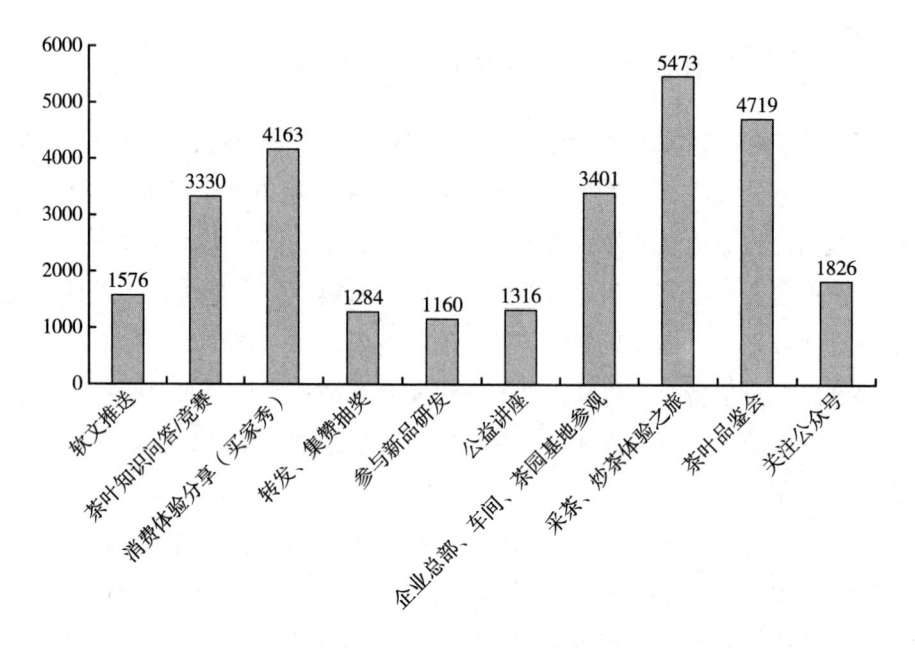

[图表数据：
软文推送 1576
茶叶知识问答/竞赛 3330
消费体验分享（买家秀）4163
转发、集赞抽奖 1284
参与新品研发 1160
公益讲座 1316
企业总部、车间、茶园基地参观 3401
采茶、炒茶体验之旅 5473
茶叶品鉴会 4719
关注公众号 1826]

图 14 消费者愿意参与的体验方式

数据来源：国家茶叶产业技术体系产业经济研究室调研数据库。

从零售终端渠道来看，必须要优化渠道的功能与定位。随着互联网技术的发展，线上线下整合型渠道是大势所趋，应通过洞悉消费者的体验和需求，构建与消费者生活方式相符的合理触点。以我国茶叶最重要的流通渠道之一的茶叶专卖店为例，调研显示，在大中城市近35%的消费者从专卖店购买茶叶。鉴于茶叶消费具有强场景体验性的特点，以专卖店为代表的实体渠道在未来不会消失，关键是要重新定位专卖店这种业态。基于现有的研究认知，笔者认为茶叶专卖店需要转型成综合性多功能实体服务店。一是基本业务功能拓展，从单纯的卖茶拓展为展销、体验、服务、推广一体化，并且直接卖茶的功能要弱化，更多地强调推广与体验。二是压缩数量提高质量。以往专卖店比较看重店面的数量，未来更要关注的是店内的服务质量，做到少而精。三是强化用户联结黏性。更多的专卖店要成为企业大客户差旅的城市会客厅，及线上粉丝群的线下聚集地。

（三）重构茶叶品牌价值体系

品牌的核心价值是品牌的灵魂，是企业向消费者传递的重要生活态度。作为一个全球最大的茶叶生产与消费国，缺少在全国乃至全球有影响力的茶叶强势品牌，不得不说是我国茶产业发展的一大缺憾。尽管我国多数茶叶主产区通过政府扶持，培育了众多茶业区域性公共品牌，在带动产业发展方面发挥了重要作用。但是，必须看到，真正通过公共品牌走向全国的茶叶品牌仍是凤毛麟角，关于茶叶公共品牌管理的"公地悲剧"仍在一幕幕上演。不少茶叶企业都希望能够从公共品牌的混乱中脱颖而出，打造自己的品牌形象。但是，在品牌化发展的道路上，绝大多数企业无法完全摆脱茶叶品牌化发展的思维定式，仍然有很强的路径依赖心理。多数茶叶企业品牌核心价值诉求或文化诉求高度雷同，市场识别度低，不能精准匹配消费者对茶叶品牌价值的需求。品牌，从本质上是茶叶企业与消费者的一种契约，反映的是契约关系。因此，品牌的打造必须以消费者为中心，深刻洞察消费者对茶叶品牌的价值需求，结合企业的资源禀赋，最大限度地与消费者的需求进行匹配。根据国家茶叶产业技术体系产业经济研究室的研究结果，我们建议茶叶企业或品牌主管部门从以下五个方面提炼茶叶品牌的核心价值。

一是绿色、生态、环保的自然情怀价值。调研显示，78.6%的消费者在对茶叶品牌价值的期望中提到了这一价值（见图15）。随着生态环境的恶化，绿色的生态、生活环境成了最稀缺的资源，消费者逐渐注意到消费行为对生态环境也有重要的反向影响。对茶叶消费者来说，他希望自己购买与消费的茶叶，是用绿色环保的方式生产的，是对自然环境破坏最小的，甚至是对环境没有负面影响的。可见，绿色、生态、环保是茶叶品牌核心价值可以提炼的一个永恒主题。

二是健康的人文关怀价值。随着生活节奏的加快和工作压力的加大，很多人的身体处于亚健康状态。对健康的渴求和关注，也反映到了消费者消费行为的方方面面。61.4%的消费者提到茶叶品牌价值要体现健康元素。茶叶，作为一种健康饮品，其健康保健功能逐渐被现代科学揭示，也被近千年的饮

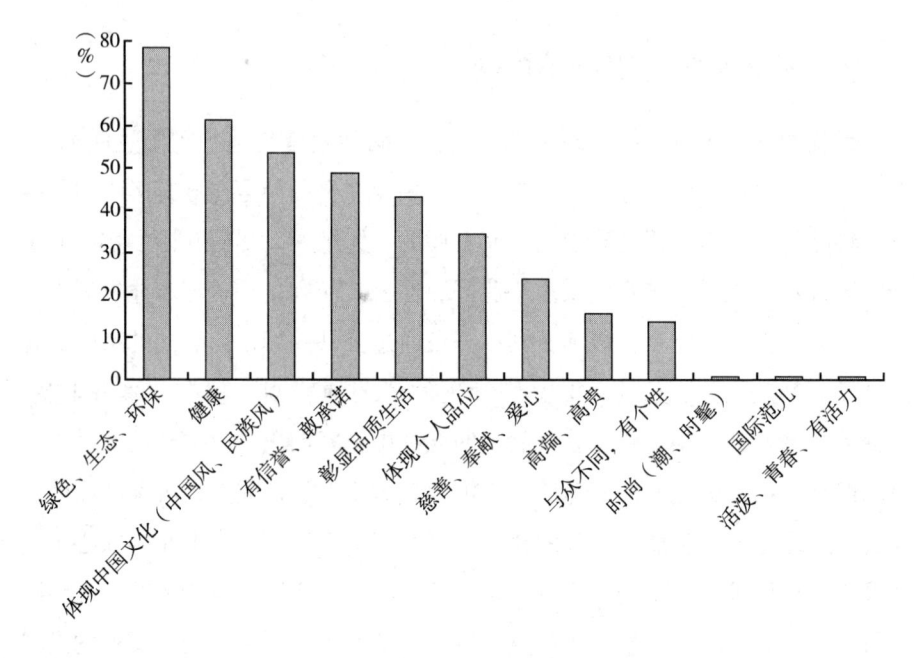

图15　消费者茶叶品牌价值诉求图

数据来源：国家茶叶产业技术体系产业经济研究室调研数据库。

用实践证实。近年来我们进行的消费者跟踪调查数据，都给我们揭示了一个重要的结论，即健康是促进茶叶消费的第一驱动力。在茶叶品牌核心价值塑造的过程中，也可以甚至必须引入健康这一重要价值理念，突出茶叶的健康及保健功能。

三是中国传统文化价值。我们正处在中华民族伟大复兴的新时代，这一过程，需要一个符号载体，能够承载悠久灿烂、博大精深的中国优秀传统文化。茶文化无疑是中国优秀传统文化的集中体现。53.46%的消费者表示，茶品牌要体现中国传统文化，突出中国风与民族风。我们常说，民族的即世界的，传统的也是现代的。茶叶品牌，要深入挖掘中国传统文化的精华，传承创新，让优秀传统文化与当代时尚有机结合，为茶叶品牌注入中国传统文化的基因。

四是讲信誉、敢承诺的诚信价值。诚信，不仅仅是为人处世的基本法则，更是重要的商业法则。信，也是重要的茶文化内涵之一。49.06%的消费者觉得讲信誉应该是茶叶品牌价值的应有之义。茶叶品牌，本身就是对消费者的一种承诺。消费者的这一品牌价值诉求意味着，茶叶企业在开展茶叶营销的过程中，要实事求是地进行茶叶产品宣传，不夸张，不欺瞒，追求合理的利润空间，让消费者以最高的性价比喝到自己心仪的茶。

五是彰显品质的美好生活价值。党的十九大报告提出，我国社会主要矛盾已经转化为人民日益增长的美好生活需要和不平衡不充分的发展之间的矛盾。与其他产业一样，茶产业也正经历着史无前例的消费升级进程。特别是随着我国整体经济社会的快速发展，中产阶层越来越多。对收入相对较高的人群来说，茶叶已经超越了作为普通饮品的范畴，饮茶，成为一种重要的生活方式。调研也显示，43.36%的消费者希望茶叶品牌能够体现这一价值，还有34.71%的消费者提出茶叶品牌要体现个人品位。品牌茶叶，要顺应这一趋势，提供与消费者品质生活标准相匹配的茶产品。

B.18
中国茶新媒体传播方式的研究与应用

吴芹瑶 杨江帆*

摘　要： 步入互联网时代，云计算、大数据、虚拟现实等新兴技术不断涌现，由此衍生而出的传播方式也随之发生着日新月异的变化。本报告以笔者参与建设的几个茶文化传播新媒体产品为实例，从传播的视角充分探讨如何在互联网时代运用新兴的传播资源实现茶文化的广泛推广和高效传播。

关键词： 互联网+　中国茶　传播新方式

在互联网时代背景下，大数据、云计算等技术被广泛运用于各领域，涌现出一批高效便捷的新媒体传播方式。新兴的"互联网+"媒介资源为中国茶文化的传播提供了更为多样、广泛的表现形式和高速便捷的渠道。

联合国教科文组织对新媒体的定义为：新媒体就是网络媒体。匡文波认为新媒体是借助计算机（或具有计算机本质特征的数字设备）传播信息的载体，其外延会随着技术的发展而不断扩展。① 还有人把新媒体定义为"以数字技术为基础，以网络为载体进行信息传播的媒介"。

2017年发布的第39次《中国互联网络发展状况统计报告》指出：在新

---

* 作者简介：吴芹瑶（1990~），女，博士研究生。研究方向：茶叶经济与管理。
　通讯作者：杨江帆，男，教授，博士生导师，研究方向：茶叶经济与文化及茶叶资源利用。
　基金项目：福建省"2011协同创新中心"中国乌龙茶产业协同创新中心专项（闽教科〔2015〕75号）。

① 匡文波：《关于新媒体核心概念的厘清》，《新闻爱好者》（上半月）2012年第10期。

媒体中，传播媒介由广播、报纸等传统媒介变成了基于互联网技术的各类新媒介，传播者则由报社、新闻社等权威媒介机构变成了传播体系中的所有人。新媒体是在新型媒体技术出现和发展以及支撑下形成的新媒体产品和形态，其中包括数字媒体、触摸媒体和移动媒体等。

一　新媒体传播的"三性"特征

随着信息传播媒介手段的巨大变化，用户接收信息的形式、内容和习惯等都深深烙上了"互联网"印记。趣味性、互动性、融合性等"三性"特征已成为新兴互联网传播资源的新趋势和潮流，即新媒体传播的主要特征。

（一）趣味性

传播内容的趣味性是指新媒介在科普茶叶知识的过程中在表现方式上体现出来的能够吸引用户的情趣和兴味，这是茶文化传播内容具有价值的基本属性。随着互联网传播技术的发展，在信息的获取习惯上，用户更倾向于信息的略读、碎片化、快速阅读。而博大精深的中国茶文化传统的传播内容更倾向于专业性强的茶叶审评术语，以及过分夸大茶叶保健功效和主打茶叶深厚的历史文化底蕴，不仅不易于用户理解和消化，也使中国茶的"高姿态"始终走入不了寻常百姓家。

新媒体在茶文化一类的传统文化传播上，具有明显的优势和独特作用，以多媒体技术为基础的图片、视频以及音频资源，将不易于被理解、相对抽象的知识内容转化成具体的易读的信息，能使文化在被传播时更具象，更易读，更富有趣味性，从而扩大传播范围，提高传播速度和有效性。

（二）互动性

从传播特征看，"新媒体"具有高度的互动性，互动性又可被理解为参与性、交互性。这一特征是指网络媒体传播是一种传播者与受者双向的互动

式传播，受众可以实时地把自己的意见反馈给传播者。在传统媒体传播中，传播者与受众之间处于一种不平衡的状态，传播者占据主导性地位，受众相对被动；而新媒体传播在一定程度上消解了这种不平衡关系。所以说新媒体传播中，没有受众只有用户。新媒体使传播者和用户之间的界限变得模糊，用户不再是被动的信息消费者，而具有了与传播者交互信息的功能，甚至转变成传播者。

中国茶品牌推广所面对的消费主体随着时代的发展也在不断地更替和改变，越来越多成长起来的年轻人成为消费的生力军，尤其是那些成长在互联网时代的80后、90后，"互联网+"已经成为他们的一种生活方式，其生活圈、兴趣圈高度依赖网络，信息获得的途径更加广泛，他们对于品牌的选择和认知变得多样化和个性化。中国茶传统品牌传播模式更多的是单向信息输入，而"互联网+"的新媒体时代最大的特点是交互式，更加注重参与感、体验式、趣味性。新媒体的大众参与性，使它可以以开放的态度对公众的参与性进行充分的激发，使人们在进一步强化对茶文化的理解的同时产生不同的解读。在增强互动性的同时，激发了人们的情感共鸣，促进了传播效果的裂变。

（三）融合性

作为互联网时代的象征，新媒体的核心技术是互联网技术，新媒体技术是以互联网为核心且融合了广播电视网技术和电信网技术的"三网融合"技术，三大网络通过技术改造，能够提供包括语音、数据、图像等综合元素的多媒体内容产品和服务。新媒体产品是指利用新媒体技术，依据市场生产的能满足新媒体用户需求的新媒体终端产品和服务。[1]

相较于电视、广播、报纸、通信等传统媒体，新媒体的佼佼者微信可以说是极具媒介融合性的产物。微信作为一种网络即时通信产品，以近乎免费的方式支持语音、文字、图片和视频的发送，同时支持群聊功能。除私人聊

---

[1] 易钟林、姚君喜：《新媒体产品创新的特征与过程》，《现代传播》2016年第3期。

天外，微信公众平台在进行消息推送时也采用多种方式。新媒体可以说正在消解传统媒体之间的边界。①

二 当前茶文化的新媒体传播方式

（一）广播电视

互联网时代的广播电视，不再局限于传统的电台、电视台，而是由新媒介衍生出一些新的形式和载体，如互联网电台节目、互联网视频平台、手机直播等，这些新的广播电视形式日益发展壮大，在年轻群体中间得到了快速发展。2018年1月31日，中国互联网络信息中心（CNNIC）正式发布第41次《中国互联网络发展状况统计报告》。截至2017年12月，我国网民使用台式电脑、笔记本电脑上网的比例分别为53.0%、35.8%，较2016年底均有所下降，其中使用台式电脑的比例变化尤为明显，下降7.1个百分点；网民使用电视上网的比例达28.2%，较2016年底提升了3.2个百分点（见图1）。2017年，智能电视的发展再次出现小高潮，智能电视的不断普及、互联网内容的日益丰富及内容生产方对优质、专业的互联网电视内容的更加重视，共同推动了智能电视上网使用率的增长。

根据新媒体的融合性，传统媒体广播电视与微博、微信等新媒介传播相比，前者具有的根本性优势在于其提供内容的高真实度与可信度，也就是依赖媒体机构的公信力，给受众带来信息传播的信任感。传统媒体通过信息深度解读、新闻评论等形式可以进行新闻内容深度报道与剖析，同时传播意见性信息，具有针对性和指导性。② 广播电视能够让观众更加立体化、直观化地感受到文化的丰富内涵和特征，能够把那些专业而深奥的知识变得更加通

---

① 卢雪强、黄虔菲、王岳飞：《新媒体在茶文化推广中的作用与"微茶楼"实例分析》，《茶叶》2018年第44（2）期。
② 黄楚新、王丹、蒋凯警：《微传播时代的品牌推广模式——以〈中国新媒体发展报告〉(2015) 推广为例》，《理论前沿》2015年第9期。

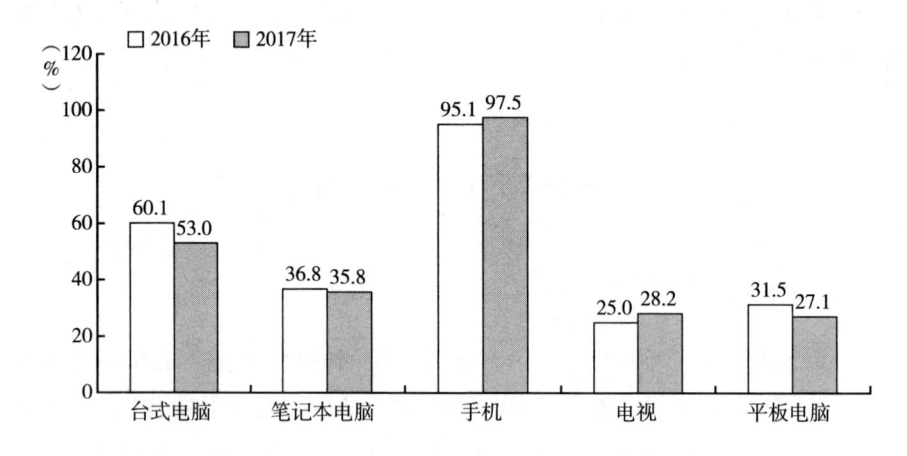

图1　2017年互联网接入设备使用情况

数据来源：《中国互联网络发展状况统计报告》，2018年2月。

俗，更加平面化和具体化，更富吸引力和感染力。[①]

以广播电视为媒介的中国茶传播不乏一些优秀的电视栏目作品或者形象宣传片。例如，由海峡两岸茶业交流协会、福建省农业厅、福建省广播影视集团主办的《说茶》栏目，2011年在福建电视综合频道隆重开播，是全国首个茶主题电视专栏节目。五年来，《说茶》通过精美的画面、深度的专业观察，立足福建，辐射全国，放眼世界。从茶文化、茶产业、茶生活等多个角度关注中国茶业的发展。在传播渠道上，《说茶》栏目大力创新拓展，实现了在福建电视台、湖南电视台茶频道、云南普洱市电视台等重要茶叶产销区的平台布局。同时，栏目还在新媒体平台上实现了跨媒体传播，包括在优酷视频、腾讯视频等最重要的视频网站开设《说茶》栏目，可供播出节目的碎片化传播和长期留存。同时节目通过主题化、板块化切分，结合微博、微信等新媒体手段实现了移动技术端的传播。目前，《说茶》栏目已经做到视频传播的三屏互动、跨屏传播，未来将以现代更广阔、更生动的传播方式解读中国茶文化，为中国茶文化、茶产业普及和传播做贡献。

---

① 杨玉婷、伊天威：《广播电视在茶文化传播中的作用探讨》，《福建茶叶》2018年第3期。

而另一个优秀的中国茶电视节目是由湖南广播电视台为满足万千茶友量身打造的专业茶频道，是全国唯一一个覆盖全国茶产业的电视传播平台。其依托芒果传媒强大的平台通道和影响力，以及丰富的节目、创意人才、技术等资源，充分挖掘爱茶人喜欢观看和参与互动的电视节目和活动，同时整合茶产业线下资源，与茶企、茶商、茶文化旅游基地、茶叶协会、茶叶研究机构、国学等优质资源，以及行业外相关资源，以内容为核心，以需求为导向，力争实现弘扬中华茶文化的使命与责任。茶频道目前已实现电视平台、网络通路、手机终端多屏传播等全方位多层次覆盖，并打造了茶行业第一档全国媒体互动直播节目，融合"茶+历史文化+互动+多屏直播"，塑造了"一山一茶一匠人"的概念。《茶界大直播》、真人秀类茶文化IP项目《中国茶艺》、全国首档茶界达人PK赛《茗声大震》、全国首档团队茶艺表演竞技类季播节目《爱上茶艺师》等节目内容颇丰，创意十足。

此外，《中国茶·世界香》《茶，一片树叶的故事》等精美绝伦的中国茶专题形象片相继在中央电视台等跨媒体投放，向海内外广泛推广中国茶，实现了高效传播。

（二）微信公众平台

2017年发布的第39次《中国互联网络发展状况统计报告》显示，手机应用程序App中微信使用率排在第一位，在社交媒体中微信朋友圈的使用率也是第一。微信公众账号是一种自媒体平台，具有独特的功能，只要通过审核，任何成年人都可以建立公众账号。微信用户只要关注某个公众账号，便可以接收到该账号所推送的信息。微信的公众账号开启了一种新的网络大众传播模式，公众账号可以推送信息，人们可以通过关注公众账号来接收信息，这种一对多的大众传播方式，实际上给予了用户极大的选择权利，用户可以根据自身需求进行"私人定制"。[1]而升级后的微信服务号则成了一个获得私人服务的平台。如关注某茶企的微信服务号，可以获得茶叶信息，进

---

[1] 靖鸣、周燕、马丹晨：《微信传播方式、特征及其反思》，《理论前沿》2014年第7期。

入购买商城，并获得客服在线等各种服务。微信的平台优势将传播者与受者放在了一个平等的传播基础之上，用户可以享受商家多种多样的私人化服务。可以说，微信公共平台作为一种传播媒介与媒体，将大众传播与人际传播交叉融合，独具优势。

通过在新榜（www.newrank.cn）网站对公众号进行搜索可知，微信名称或功能介绍中含有"茶文化"三字的公众号约有70万个。然而，新榜统计公布的《2017年中国微信500强年榜》上并没有看到以茶文化为宣传主体内容的公众号，可见茶叶行业微信公众号虽多，但传播影响力较低，这与茶文化传播的养生泛化、过度营销有关。

胡江伟、周云倩等人以茶为关键词借助微信分析工具——清博大数据，对微信全网进行检索，获取相关的文章内容、发布者信息、指数排行等。通过检索发现，以"茶"为关键词的公众号高达9.2万个，微信文章超过50万篇，阅读超过10.2亿次。但从微信热文的发布者来看，排名前400的文章，主要来自各商业自媒体，如"读悦文摘""每日精彩""简易心理学"等，排名前100的热门文章仅见"茶业复兴"这家公众号的一篇文章。[①]"茶业复兴"微信公众号是云南锥子周文化传播有限公司旗下有领先传播力的自媒体，其创作出了屡次缔造畅销奇迹的"复兴书系"，开办了深入人心的课程以及影响力巨大的"复兴沙龙"，借助线上良好的宣传效果，使线下活动的宣传和覆盖面有了极大的扩展。线下活动的余热也扩展至线上，二者相辅相成，共同铺开了传播面。

微信公众号传播指数WCI是用文章发布数、阅读量、点赞数等6个指标对微信账号传播情况进行计算的具体指数，它能够衡量各公众号的传播影响力，微信传播指数WCI超过1000是成为优质公众号的重要标志。从茶类榜的公众号数据来看，各类指标如总阅读数、最高阅读数、平均阅读数等都较低，WCI月均超过1000的仅有3家，超过800的仅有8家，整个茶叶行业传播乏力（参考表1）。

---

① 胡江伟、周云倩：《微信热文中的茶文化传播解构》，《新媒体研究》2017年第16期。

表1 茶行业微信公众号 WCI 排名表（前10名）

排名	茶叶微信公众号	WCI
1	茶业复兴	760.25
2	大益茶	713.4
3	弘益茶道美学	678.16
4	大益论坛	620.3
5	茶道传媒	521.61
6	茗边	478.33
7	说茶网	454.84
8	茶语网	447.51
9	大益茶饮	405.72
10	日春茶业	403.87

数据来源：清博大数据 www.gsdata.cn。
注：表中仅摘录了某单一月份的数据，仅供参考。

（三）微博

微博，是一个为用户提供信息分享和传播机会的新型社交平台，用户可以通过网络以及各种客户端，上传更新100多字的文字信息，并可以实现信息分享。[1] 截至2017年9月，微博月活跃人数共有3.76亿人，占互联网用户总数的比例超过50%。这些用户中，30岁以下的用户超过八成，他们是微博的主力人群，其中男性用户规模稍大于女性。

在新浪微博（weibo.com）搜索茶文化相关用户，显示找到超过一万条结果。与茶相关的用户主要由茶企官方微博、茶企企业主、茶文化茶艺教育机构及教师、茶文化爱好者、茶友以及茶文化宣传微博组成。在传播类型上，较之于微信朋友圈，微博的空间场域相对公共化，不利于传播质量、效果及交互频率的提升。因此，在用户微博或是热门话题中对茶文化的讨论并不多见，对于茶文化的微博传播，目前迫切需要更多与微博用户习惯更为一致的宣传手段和方法。

---

[1] 谢萌：《中国茶企业微博营销策略分析与研究》，《福建茶叶》2016年第8期。

（四）动漫艺术

动漫艺术具有包容性和开放性，可以吸纳和融合中华传统文化精华，这就为传统茶文化元素与动漫设计的融合与创新创造了前提条件。在以动漫设计为媒介的平台上，借助拟人化的设计手法，可使人们感受到动漫与茶文化融合的新颖设计。尤其动漫是青少年喜爱的传播形式，两者结合可以让青少年主动地接受并传承中华茶文化。[1]

2012年，全球第一部以茶文化为题材的动漫《乌龙小子》在中国上映，以现代化高科技手段，用拟人化形式，讲述了一个由千年老茶树孕育出的茶精灵——乌龙——和他的小伙伴们将象征和平友谊的中国茶和茶文化历经艰险传播到世界各地的故事。这是茶文化动漫的实践之举，该动画片以动漫拟人化的方式，使广大青少年儿童通过"看电视、看动画片"这种既普及又轻松的方式认识中国茶与茶文化，意义十分重大。

三 茶文化传播新媒体产品的应用分析

信息传播方式的革新，为茶文化传播方式的创新带来了无限可能。本部分以笔者参与策划制作的以虚拟现实（VR）、3D渲染、互动触摸墙等新媒介、新技术为传播方式的产品应用为例，以期为新媒体在茶文化上的应用提供参考，拓展茶叶传播新模式。

（一）"一带一路"背景下武夷岩茶的文化传播——VR呈现

虚拟现实（VR）是近几年来国内外科技界关注的一个热点，其特有的临境性、交互性、想象性可以更好地诠释茶文化。利用VR技术可以让人们身临其境，穿越古今，以第一视角参与到茶的历史、制作和文化中，更好地传播中国茶作为"一带一路"纽带的重要性。

---

[1] 方化雨：《我国传统茶文化在动漫中的传承与传播》，《福建茶叶》2017年第6期。

"一带一路"背景下武夷岩茶 VR 产品通过大环境场景建设，首先呈现在用户眼前的是"一带一路"沿线国家的版图，用户可重走丝绸之路，体验沿线不同的景观；随后，用户将置身于万里茶道起点、世界文化与自然遗产地——武夷山，身临其境地感受"岩韵"独一无二的孕育地。其次，以大红袍传说故事为主线，采用 3D 模型引擎，对互动人物进行人物动画制作与渲染，通过配音讲述大红袍传说故事，并呈现状元荣归故里后将红袍加盖到大红袍母树上的场景。用户还可跳跃至九龙窠峭壁上去采摘已停采的大红袍母树茶叶，还可与状元一同坐在茶亭里，品茶、品味、品人生。

目前此产品正在福建省武夷山香江园示范应用，主要用于茶山生态游学高级研修班的学员进行教学体验和茶室 VIP 客户进行体验。虽然茶文化 VR 体验属于互联网新兴产品，一问世就能够吸引爱茶人士的眼球。但也有用户反映，此类山水实景体验更适合武夷山之外的非产茶区市场，比如北上广等一线城市。因为游客已经亲临武夷山寻茶，必定更倾向于茶区的实景山水与人情。

（二）沉浸"观音韵"——以经典铁观音的3D渲染产品为例

传统的茶品推荐会通常是单方面填鸭式的灌输，用户只能看到产品的外包装和销售人员的花式营销。此款产品通过现代互联网 3D 手段将传统铁观音产品进行 3D 实时互动体验说明，页面用三维方式将产品展示于方寸之间，用户可以自主地与产品进行互动，不受角度、时间、空间的限制。该产品在听觉与视觉的双重感知过程中，为用户营造了一个更丰富的体验氛围，提升了用户对品牌的认同感。通过近景快镜头视频在 30 秒内展示产品整个泡制的过程，并近景定格展示茶汤、叶底。视频融合在页面元素中让用户有身临其境的感觉，观其茶汤配合解说与音乐能够感受到其香气扑面而来，并全面了解这款茶叶在茶园的生长环境。它的应用区别于传统的 App 下载，用户可以快速浏览展示的内容并直接将其进行互联网分享，使广泛传播更便捷、高效。

本产品的核心技术在于利用了自主研发的 WebGL 渲染引擎，能够将 3D 模型在页面中进行实时渲染，同时通过自主程序 Shader 实现的渲染效果与其他虚拟现实通过硬件渲染的效果基本相当，保证了展示效果逼真度，可比拟拍摄逼真度。同时引入手势等多种互动模式，让虚拟产品与用户进行充分的互动，增加用户的参与度。逼真的展示与良好的互动成为该引擎的两大优势。导流页支持直接跳转至品牌官网，或者跳转至产品在线购买页面让用户完成购买。

该产品利用 3D 互动页展示产品，在交互体验过程中向使用者传递产品和品牌信息。让消费者通过创意展示能够感受产品的科技含量，树立茶企品牌的高端形象，让品牌在众多同类产品中脱颖而出；同时让消费者可以主动分享创意展示带来的新的销售机会；让消费者切身感受到消费物超所值。

（三）速溶茶互动触摸墙（霍格沃兹的墙）

"茉莉花茶原料→低温高速提取→离心分离→浓缩→超高温瞬杀菌→喷雾干燥/真空冷冻干"。如此抽象、专业的茶叶深加工词汇，对于茶叶消费者来说不仅乏味，更是云里雾里。可是一泡便捷美味的速溶茶是如何制成的？解释清楚这个问题既是茶叶科学普及的需要，又是商家宣传、消费者认知的需求，此款"速溶茶互动触摸墙（霍格沃兹的墙）"产品可以让用户秒懂，并成为它的粉丝。

霍格沃兹的墙，这个灵感来源于哈利·波特魔法学校的墙，其实是带顾客"穿越"速溶茶生产加工流程线的高科技屏幕，采用投影互动技术，顾客用手指触碰墙面上影像，可使屏幕上魔法般地出现神奇的动画影像。这面"魔法墙"，有声音，能发光发亮（不触碰的时候就会消失），通过多彩的图、文、声、像等形式，直观、形象、生动地作用于用户的感官，让原本枯燥乏味、难以想象的深加工流程跃然墙上，一目了然。

速溶茶互动墙整个画面分成三个部分，上部与下部为画面部分，中部为互动部分。上部表现高山云雾出好茶的意境，下部为闽江沿岸沙地的茉莉花基地。互动部分又分为两部分，起始部分表现茉莉花的成长，茉莉鲜花与茶叶一起进入工艺流程阶段。当体验者触发浇水壶时，茉莉花会从底部生长并形成花蕊，开花；上部茶山上飞落茶叶，下部茉莉花产区飞出茉莉花，一同飞进工艺流程储罐中。整个工艺流程的5个部分通过高亮流动液体管路连接，通过触控系统进行控制。触控茶包，互动墙便能展示茶叶的成分，并呈现速溶茶的冷热水泡饮方法。

四　结语

毋庸置疑，随着互联网时代的不断深入与发展，依托新媒介的中国茶传播新方式必定日新月异，革故鼎新。但是，笔者认为不应盲目追求传播新方式的升级换代，应以消费者需求为中心，考虑传播内容的有趣性，利用新媒体产品的双向传播特性，综合考量传播媒介的优劣，选择最佳的媒介组合，最终实现中华茶文化传播效用的最大化。

参考文献

[1] 匡文波：《关于新媒体核心概念的厘清》，《新闻爱好者》（上半月）2012年第10期。

[2] 易钟林、姚君喜：《新媒体产品创新的特征与过程》，《现代传播》2016年第3期。

[3] 卢雪强、黄虔菲、王岳飞：《新媒体在茶文化推广中的作用与"微茶楼"实例分析》，《茶叶》2018年第44（2）期。

[4] 黄楚新、王丹、蒋凯警：《微传播时代的品牌推广模式——以〈中国新媒体发展报告〉（2015）推广为例》，《理论前沿》2015年第9期。

[5] 杨玉婷、伊天威：《广播电视在茶文化传播中的作用探讨》，《福建茶叶》2018年第3期。

[6] 靖鸣、周燕、马丹晨：《微信传播方式、特征及其反思》，《理论前沿》2014年第7期。

[7] 胡江伟、周云倩：《微信热文中的茶文化传播解构》，《新媒体研究》2017年第16期。

[8] 谢萌：《中国茶企业微博营销策略分析与研究》，《福建茶叶》2016年第8期。

[9] 方化雨：《我国传统茶文化在动漫中的传承与传播》，《福建茶叶》2017年第6期。

Abstract

China is one of the largest producers and consumers of tea in the world, and plays a significant role in the global tea trade. In 2017, China produced approximately 2.73 million metric tons of tea, accounting for 42.6% of world tea production. Tea exports amounted to around 355260 metric tons, accounting for 23.1% of the country's total tea export. The total planting area of tea on the Chinese mainland reached about 3.06 million hectares. The tea industry in China remains the largest in the world and China will continue to lead the global tea industry in the future. Thus, it is important to examine productivity of tea, channels of tea distribution, the imbalance between supply and demand in China's tea industry, the differences in tea exports, and current situation of China's tea industry.

Since China's position on the global tea industry is getting more and more important, this series of book was devoted to examine the current situation and medium term prospects for production, consumption and trade of tea, combined with hot topics in the development of the tea industry from the perspective of science and technology studies. As the data collection in the tea industry is rather complicated, each book was determined to integrate data with combination of technical innovations and new perspectives by using scientific method in a technology view. On the basis of previous reports, the main contents of this book, combined with new problems and new situations of China's tea industry in 2016 can be summarized as follows.

1. Overall analysis of China's tea industry.

Chapter One is a systematic effort to arrange, analyze and examine the development of China's tea industry in terms of production, distribution, consumption and culture. Based on new problems and new situations of China's tea industry, this chapter addresses the key topics including imbalance in the development and imbalance between supply and demand in China's tea industry, tourism of tea culture, the effect of the Belt and Road Initiative on China's tea export, etc.

2. Regional reports of China's tea industry

To follow the traditions of previous reports, Chapter Two outlines the characteristics of dynamic variation of China's tea industry in recent years by analyzing the recent developments of each tea area in China.

3. Reports on China's tea industry of selected topics

In this chapter, the feature of development trends in China's tea industry since 2016 is discussed from macroscopic, intermediate and microcosmic aspects, including "An Analysis of the Present Situation and Rationality of Tea Price in China's Tea Industry" and "Route Selection of New Forms of the Tea Industry" based on macroeconomic data; "Establishment of Climate Quality Control Systems", "the Emerging Mass Media Form in the Tea Industry", and "the Research of the Tea Industry in Intra-product Specialization on Production Networks in Selected Exporting Countries" from intermediate perspective; "Analysis of Vertical Coordination of Enterprises in the Tea Industry" and "Research on Developing Third-party Data System in the Tea Industry" are discussed from microcosmic aspects.

Contents

I Overall Reports of the Chinese Tea Industry

B. 1 Overall Development Reports of the Chinese

Tea Industry (2018) / 001

Abstract: The developments of China's tea industry since 2016 were reviewed systematically in the field of production, circulation, consumption and culture. Combined with the new phenomena and new problems in the tea industry in China, the focus were on the unbalanced development, imbalance between domestic supply and supply, effect on tea exportation from B&R strategy, tea culture tourism and meta data from electronic commerce of tea. The policy recommendations for the future development of tea industry in China are put forward.

Keywords: Unbalanced; B&R; Tea Culture

II The Regional Reports of the Chinese Tea Industry's Development

B. 2 The Research on Tea Industry's Development of

Fujian Province / 072

Abstract: This study analyzed the development results and existing problems after summarizing the situations of tea industry in Fujian in some fields, like tea planting and processing, quality security, tea-cultural tourism, e-commerce of tea and so on. The improvement of brand and standardized tea garden construction, financing environment promotion can enhance the development of tea industry in Fujian. Besides, other policy recommendations for promoting the further development of the Fujian tea industry are proposed in the areas of sales channel construction, upgrading of science and technology, construction of tea garden traceability system, and production modes need to be improved.

Keywords: Fujian; Current Situation of Tea Industry; Problems of Tea Industry

B. 3　The Research on Tea Industry's Development of Guangdong Province　　　　／089

Abstract: As an important consumer and logistic center of tea in China, the total planting area of tea in Guangdong reached 55285 hectares in 2017. The per unit area yield of tea amounted to 109 kilograms, ranking the first in China. Green tea and oolong tea are mainly produced in Guangdong. Meanwhile, Guangdong has continued to provide higher levels of product variety in black tea. In the use of leading enterprises and foreign investments, accelerating technical progress and improving technological innovative capabilities will become the new trends in Guangdong's tea industry from the aspect of tea processing, combined with tea tourism in the primary, secondary and tertiary industries. However, many problems still remain to be solved, including lacking of fine seeds, instability of process and quality control, etc. These problems can be tackled by enhancing brand awareness, improving the level of organization and other technical measures.

Keywords: Guangdong Province; Tea Production; Tea Tourism; Brand Awareness; Upgrade in Industry

B. 4　The Research on Tea Industry's Development of
　　　　Hubei Province　　　　　　　　　　　　　　　　／115

Abstract: The tea industry is one of the preponderant industries and the key of "three agricultures" problem in Hubei. The gross output value of the tea industry has hit over 60 billion yuan in 2017 by promoting the integrated development of the primary, secondary, and tertiary industries. There are six main categories of tea in Hubei which green tea is mainly produced. Since more and more destinations in Hubei are famous for its tea, it has enabled each destination to seize its own competitive advantage and capitalize such advantage into growth for Hubei's tea industry, making profits by extending marketing channels, including local distribution, e-marketing, international trade, etc. Great progress has been made in developing strategies for cultivating new abilities in scientific research. In order to solve problems like lacking of talents and low levels of brand awareness, Hubei has continued to carry out skill training courses and adopt "going outside" strategy.

Keywords: Hubei Province; Industrial Convergence; Tea Culture; Scientific and Technological Innovation

B. 5　The Research on Tea Industry's Development of
　　　　Hunan Province　　　　　　　　　　　　　　　　／130

Abstract: In 2017, the industry scale in Hunan's tea industry continued to expand. The total planting area of organic tea has reached around 118000 hectares with three green demonstration projects of tea containing high-yield cultivation technology in connected fields. Hunan has devoted to supporting the leading tea enterprises, promoting tea culture and increasing brand awareness. To cultivate high skill talents working at the forefront of the tea industry by offering related courses at schools. Hunan's tea industry has become one of the preponderant and leading industries with new features of taking targeted measures in poverty alleviation by promoting industrial structure adjustment and building a reputation of tea, including products, brands, markets, plants and bases with high-quality. The goal is to optimize and upgrade the industrial structure of tea by achieving the transition from scale-based to quality-based development of tea production.

Keywords: Hunan Province; Taking Targeted Measures in Poverty Alleviation; Hunan's Tea Culture; Research and Teaching of Tea

B. 6　The Research on Tea Industry's Development of Jiangsu Province　/ 146

Abstract: The tea industry is one of the leading industries in Jiangsu. Green tea is mainly processed, however, the production has gone down recently. Meanwhile, the production of black tea has continued to rise as more and more companies are trying to increase the volume of its production. Under the adjustment of China's polices, mechanical methods of harvesting tea in tea plantations have emerged, which might have beaten the traditional high-quality tea by reducing production costs and increasing the output of production at the same time. Instant tea in Jiangsu has become a high volume market in China. Some technology companies are planning to develop more and more new products to meet the market needs. The increase of production costs and operating costs, the low level scale of the industry, and the resource constraints and shortages allowed on seasonal demand are limited factors for the development of the tea industry, which requires professional technical supports and services by using mechanical methods in harvesting tea, developing new varieties of black tea, utilizing seasonal resources more effectively and promoting the integrated development in the primary, secondary, and tertiary industries.

Keywords: Jiangsu Province; Mechanical Methods of Harvesting Tea in Tea Plantations; Transformation; Tea Culture; Operating Costs

B.7　The Research on Tea Industry's Development of
　　　Sichuan Province　　　　　　　　　　　　　　　／158

Abstract: The total planting area of tea in Sichuan has grown steadily in 2017, accounting for 5.344 million hectares, an increase of 4.09% compared to last year. The production of tea has increased dramatically by establishing a model of "one primary-three secondary" with competitive advantages based on high-quality green tee. The total industrial output value has reached 63 billion yuan. Remarkable achievements have been made in increasing farmer's income. Sichuan has continued to promote the tea industry with the advantages of "two belts and two areas" and the use of green technology. In 2017, the tea industry in Sichuan has made significant progress in many aspects, such as strengthening leading enterprises, creating market demand and increasing brand awareness. The production structure has been optimized continuously, and its coverage is well expanded. However, there still exists many problems, including lacking of well-known brands, low comprehensive utilization rate, a rather small number of direct exports, the low level of export values, etc.

Keywords: Sichuan Province; One Primary-three Secondary; Two Belts and Two Areas; Optimizing Structure; Industrialization

B.8　The Research on Tea Industry's Development of
　　　Yunnan Province　　　　　　　　　　　　　　　／173

Abstract: The total planting area of tea in Yunnan has reached 413300 hectares in 2017. There are more than 8 million farmers working in Yunan's tea industry. Over 11 million people have been engaged in tea business, which is nearly one quarter of Yunan's population. Yunan has ranked 7th in the export of tea in China, accounted for 7900 tons. Total volume of exports has reached 38.6

million dollars mainly based on black tea, green tea and pu-erh tea. With the development of market economy, more and more companies in Yunan's tea industry are trying to develop multichannel selling, combined with tea cultivation, tea processing and tea sales. In order to develop new areas with high additional value such as tea culture tourism, cultural creative products of tea, etc. Yunan's tea industry has been vigorously developing its tea comprehensive processing, tea derivative products and industry chain.

Keywords: Yunan Province; Pu-erh Tea; Tea Export; Tea Culture; Tea Tourism Industry

B. 9 The Research on Tea Industry's Development of Zhejiang Province / 200

Abstract: In 2017, the total planting area of tea in Zhejiang has reached 2.995 million hectares, representing an increase of 1.35% over the previous year. The output of tea rose by 179000 tons, an increase of 4.06% compared to last year. Based on co-operative reformation, Zhejiang province has been improving the organization form of tea, increasing capability of marketing competition, and promoting the standardization and scalization in producing tea for years. Besides that, the business of selling tea online is blossoming. A wide range of tea events are beneficial to promote Zhejiang's tea. Green tea in Zhejiang still remains the first in exports. However, there has been a decrease in demand for it. In addition, operating costs have been increasing because of labor shortages. Thus, Zhejiang has adopted various measures to make more profits, including improving mechanization level, promoting tea tourism and other related industries, etc. Since climatic factors are crucial for yield and quality of tea, insurance of tea plants in low-temperature freezing disasters was rated a provincial level testing project of special agriculture insurance in Zhejiang Province.

Keywords: Zhejiang Province; Co-operative; Green Tea; Tea Culture; Low Temperature Insurance

B. 10　The Research on Tea Industry's Development of
　　　　Chongqing Municipality　　　　　　　　　　　／218

Abstract: The total planting area of tea in Chongqing has been rising steadily in 2017. It has shown that the processing of high-quality tea could increase the added value of tea products by up to 200% per acre. Tea has a strong comparative advantage over other cash crops as the total industrial output value has reached 5 billion yuan. Major tea events such as Tea Tourism Culture Festival in Chongqing could be an accelerator to boost the development of recreation and tourism industry and to further promote tea culture. However, there still exists many problems, including weak infrastructure of tea gardens, low concentration ratio in the tea industry, etc. In order to fix these problems, the government need to accelerate the construction of standard tea gardens, promote modern production technology, create public brands of Chongqing's tea, strengthen the building of well-known brands and further develop professional tea market.

Keywords: Chongqing Province; Conditions of Production; Construction of Tea Culture; Market Brand; Tea Chain

Ⅲ　Frontier Problems and Hot Discussion

B. 11　Looking for the Wisdom Path in the Industrial Changes
　　　　of Chinese Tea　　　　　　　　　　　　　　／231
B. 12　Analysis on the Division Position of Chinese Tea Industry
　　　　in the Production Networks of Eight South Asian Countries
　　　　　　　　　　　　　　　　　　　　　　　　　／242
B. 13　Discussion on the Big Data Analysis System Construction
　　　　for Third Party Tea Platform　　　　　　　　／257
B. 14　The Influencing Factors of Vertical Coordination in
　　　　Tea Enterprises: A Case Study of Fujian　　　／268

B. 15	From "Good Climate" to "Climate Plus": The Conception and Realization of Climate Quality Certification for Tea in Fujian	/ 292
B. 16	Current Situation and Reasonable Analysis on the Price of Chinese Tea	/ 298
B. 17	Characteristics of Tea Consumption in New Era and Corresponding Suggestion	/ 306
B. 18	Research and Application of the New Media Communication for the Chinese Tea	/ 322

社会科学文献出版社　　皮书系列

✤ 皮书起源 ✤

"皮书"起源于十七、十八世纪的英国,主要指官方或社会组织正式发表的重要文件或报告,多以"白皮书"命名。在中国,"皮书"这一概念被社会广泛接受,并被成功运作、发展成为一种全新的出版形态,则源于中国社会科学院社会科学文献出版社。

✤ 皮书定义 ✤

皮书是对中国与世界发展状况和热点问题进行年度监测,以专业的角度、专家的视野和实证研究方法,针对某一领域或区域现状与发展态势展开分析和预测,具备原创性、实证性、专业性、连续性、前沿性、时效性等特点的公开出版物,由一系列权威研究报告组成。

✤ 皮书作者 ✤

皮书系列的作者以中国社会科学院、著名高校、地方社会科学院的研究人员为主,多为国内一流研究机构的权威专家学者,他们的看法和观点代表了学界对中国与世界的现实和未来最高水平的解读与分析。

✤ 皮书荣誉 ✤

皮书系列已成为社会科学文献出版社的著名图书品牌和中国社会科学院的知名学术品牌。2016年,皮书系列正式列入"十三五"国家重点出版规划项目;2013~2018年,重点皮书列入中国社会科学院承担的国家哲学社会科学创新工程项目;2018年,59种院外皮书使用"中国社会科学院创新工程学术出版项目"标识。

中国皮书网

（网址：www.pishu.cn）

发布皮书研创资讯，传播皮书精彩内容
引领皮书出版潮流，打造皮书服务平台

栏目设置

关于皮书：何谓皮书、皮书分类、皮书大事记、皮书荣誉、
皮书出版第一人、皮书编辑部

最新资讯：通知公告、新闻动态、媒体聚焦、网站专题、视频直播、下载专区

皮书研创：皮书规范、皮书选题、皮书出版、皮书研究、研创团队

皮书评奖评价：指标体系、皮书评价、皮书评奖

互动专区：皮书说、社科数托邦、皮书微博、留言板

所获荣誉

2008年、2011年，中国皮书网均在全国新闻出版业网站荣誉评选中获得"最具商业价值网站"称号；

2012年，获得"出版业网站百强"称号。

网库合一

2014年，中国皮书网与皮书数据库端口合一，实现资源共享。

权威报告·一手数据·特色资源

皮书数据库
ANNUAL REPORT(YEARBOOK) DATABASE

当代中国经济与社会发展高端智库平台

所获荣誉

- 2016年，入选"'十三五'国家重点电子出版物出版规划骨干工程"
- 2015年，荣获"搜索中国正能量 点赞2015""创新中国科技创新奖"
- 2013年，荣获"中国出版政府奖·网络出版物奖"提名奖
- 连续多年荣获中国数字出版博览会"数字出版·优秀品牌"奖

成为会员

通过网址www.pishu.com.cn访问皮书数据库网站或下载皮书数据库APP，进行手机号码验证或邮箱验证即可成为皮书数据库会员。

会员福利

- 使用手机号码首次注册的会员，账号自动充值100元体验金，可直接购买和查看数据库内容（仅限PC端）。
- 已注册用户购书后可免费获赠100元皮书数据库充值卡。刮开充值卡涂层获取充值密码，登录并进入"会员中心"—"在线充值"—"充值卡充值"，充值成功后即可购买和查看数据库内容（仅限PC端）。
- 会员福利最终解释权归社会科学文献出版社所有。

卡号：614373631242
密码：

数据库服务热线：400-008-6695
数据库服务QQ：2475522410
数据库服务邮箱：database@ssap.cn
图书销售热线：010-59367070/7028
图书服务QQ：1265056568
图书服务邮箱：duzhe@ssap.cn

S 基本子库
SUB DATABASE

中国社会发展数据库（下设12个子库）

全面整合国内外中国社会发展研究成果，汇聚独家统计数据、深度分析报告，涉及社会、人口、政治、教育、法律等12个领域，为了解中国社会发展动态、跟踪社会核心热点、分析社会发展趋势提供一站式资源搜索和数据分析与挖掘服务。

中国经济发展数据库（下设12个子库）

基于"皮书系列"中涉及中国经济发展的研究资料构建，内容涵盖宏观经济、农业经济、工业经济、产业经济等12个重点经济领域，为实时掌控经济运行态势、把握经济发展规律、洞察经济形势、进行经济决策提供参考和依据。

中国行业发展数据库（下设17个子库）

以中国国民经济行业分类为依据，覆盖金融业、旅游、医疗卫生、交通运输、能源矿产等100多个行业，跟踪分析国民经济相关行业市场运行状况和政策导向，汇集行业发展前沿资讯，为投资、从业及各种经济决策提供理论基础和实践指导。

中国区域发展数据库（下设6个子库）

对中国特定区域内的经济、社会、文化等领域现状与发展情况进行深度分析和预测，研究层级至县及县以下行政区，涉及地区、区域经济体、城市、农村等不同维度。为地方经济社会宏观态势研究、发展经验研究、案例分析提供数据服务。

中国文化传媒数据库（下设18个子库）

汇聚文化传媒领域专家观点、热点资讯，梳理国内外中国文化发展相关学术研究成果、一手统计数据，涵盖文化产业、新闻传播、电影娱乐、文学艺术、群众文化等18个重点研究领域。为文化传媒研究提供相关数据、研究报告和综合分析服务。

世界经济与国际关系数据库（下设6个子库）

立足"皮书系列"世界经济、国际关系相关学术资源，整合世界经济、国际政治、世界文化与科技、全球性问题、国际组织与国际法、区域研究6大领域研究成果，为世界经济与国际关系研究提供全方位数据分析，为决策和形势研判提供参考。

法律声明

"皮书系列"（含蓝皮书、绿皮书、黄皮书）之品牌由社会科学文献出版社最早使用并持续至今，现已被中国图书市场所熟知。"皮书系列"的相关商标已在中华人民共和国国家工商行政管理总局商标局注册，如LOGO（ ）、皮书、Pishu、经济蓝皮书、社会蓝皮书等。"皮书系列"图书的注册商标专用权及封面设计、版式设计的著作权均为社会科学文献出版社所有。未经社会科学文献出版社书面授权许可，任何使用与"皮书系列"图书注册商标、封面设计、版式设计相同或者近似的文字、图形或其组合的行为均系侵权行为。

经作者授权，本书的专有出版权及信息网络传播权等为社会科学文献出版社享有。未经社会科学文献出版社书面授权许可，任何就本书内容的复制、发行或以数字形式进行网络传播的行为均系侵权行为。

社会科学文献出版社将通过法律途径追究上述侵权行为的法律责任，维护自身合法权益。

欢迎社会各界人士对侵犯社会科学文献出版社上述权利的侵权行为进行举报。电话：010-59367121，电子邮箱：fawubu@ssap.cn。

社会科学文献出版社